발 빠르게 자격증을 취득한다!

DIAT
프리젠테이션
파워포인트 2021

실전
모의고사
18회분
수록!

최신
기출문제
10회분
수록!

최적화된
자동 채점
프로그램
제공!

이 책의 구성

문제 미리보기

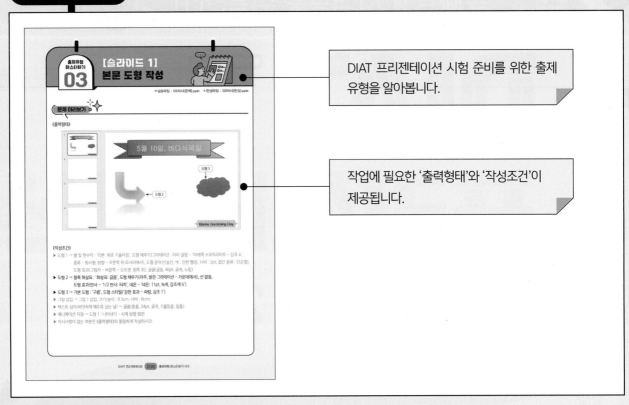

DIAT 프리젠테이션 시험 준비를 위한 출제 유형을 알아봅니다.

작업에 필요한 '출력형태'와 '작성조건'이 제공됩니다.

작업과정 미리보기

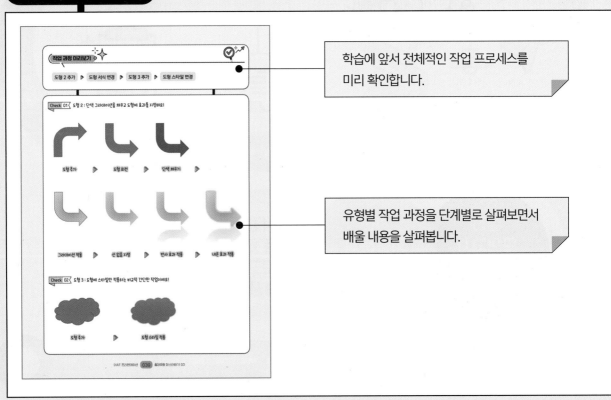

학습에 앞서 전체적인 작업 프로세스를 미리 확인합니다.

유형별 작업 과정을 단계별로 살펴보면서 배울 내용을 살펴봅니다.

출제 유형 따라하기

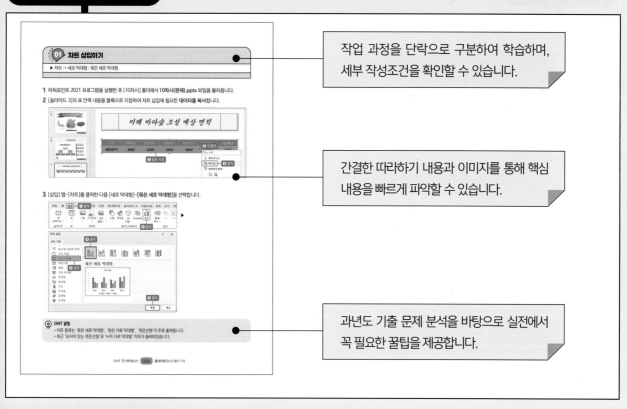

작업 과정을 단락으로 구분하여 학습하며,
세부 작성조건을 확인할 수 있습니다.

간결한 따라하기 내용과 이미지를 통해 핵심
내용을 빠르게 파악할 수 있습니다.

과년도 기출 문제 분석을 바탕으로 실전에서
꼭 필요한 꿀팁을 제공합니다.

유형정리 연습문제

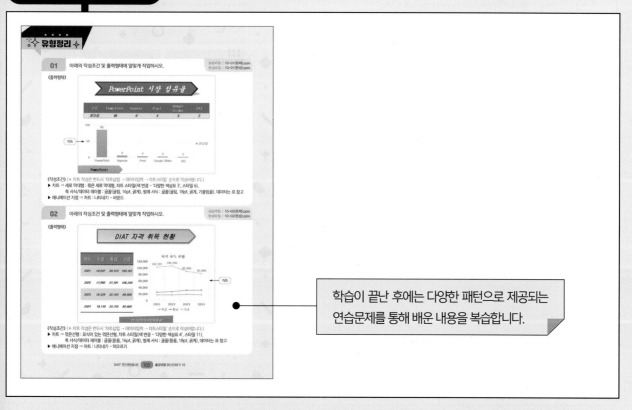

학습이 끝난 후에는 다양한 패턴으로 제공되는
연습문제를 통해 배운 내용을 복습합니다.

실전모의고사

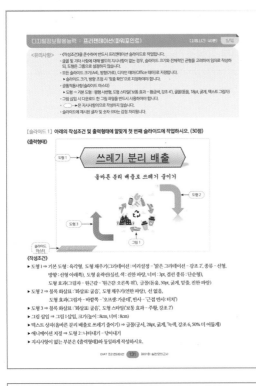

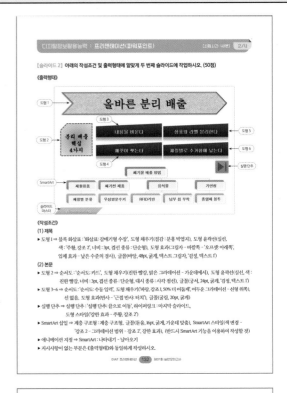

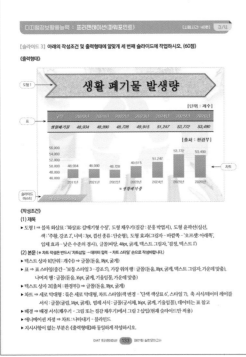

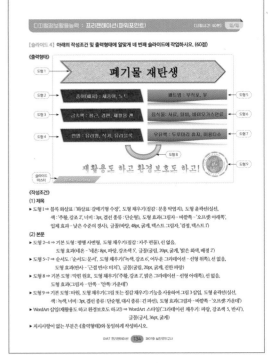

과년도 출제된 문제의 패턴을 분석하여 다양한 유형의 실전모의고사 18회분을 제공합니다.

DIAT 프리젠테이션 시험 합격을 위해 40분 안에 4문제를 완성할 수 있도록 꾸준한 연습이 필요합니다.

최신기출문제

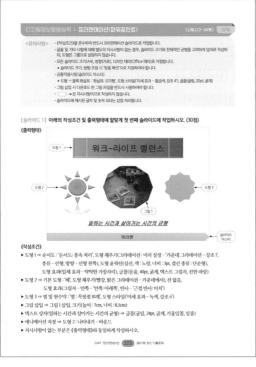

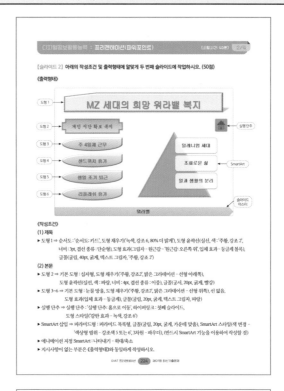

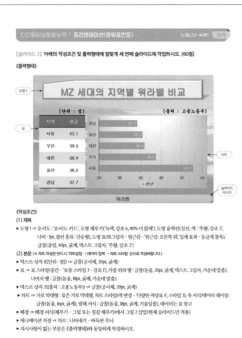

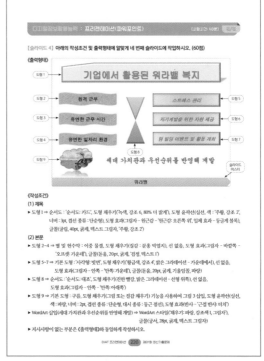

최근에 출제된 기출문제 10회 분량을 수록하였습니다. 제한 시간 40분 안에 빠르고 정확하게 답안을 작성해 보세요.

이 책의 목차

들어가기 전

- 이 책의 구성 ·· 002
- 이 책의 목차 ·· 006
- DIAT 시험 정보 ·································· 008
- 시험 진행 과정 미리보기 ···················· 010
- 채점프로그램 활용하기 ······················ 011
- 출제 패턴 분석 ·································· 012

PART 01
출제유형 마스터하기

- 유형 01 작업 준비 및 슬라이드 마스터 ·············· 018
- 유형 02 [슬라이드 1] 제목 도형 작성 ············ 030
- 유형 03 [슬라이드 1] 본문 도형 작성 ············ 038
- 유형 04 [슬라이드 1] 그림 및 텍스트 상자 추가 ····· 046
- 유형 05 [슬라이드 1] 애니메이션 지정 ············ 052
- 유형 06 [슬라이드 2] 제목 도형 작성 ············ 058
- 유형 07 [슬라이드 2] 본문 도형 작성 ············ 066
- 유형 08 [슬라이드 2] SmartArt 삽입 ············ 076
- 유형 09 [슬라이드 3] 표 작성 및 편집 ············ 086
- 유형 10 [슬라이드 3] 차트 작성 및 편집 ············ 092
- 유형 11 [슬라이드 3] 텍스트 상자 및 배경 적용 ····· 104
- 유형 12 [슬라이드 4] 본문 도형 작성 ············ 110
- 유형 13 [슬라이드 4] WordArt 작성 ············ 122

★ PART 02
실전모의고사

● 제01회 실전모의고사 ⋯⋯⋯⋯⋯⋯⋯ 130
● 제02회 실전모의고사 ⋯⋯⋯⋯⋯⋯⋯ 135
● 제03회 실전모의고사 ⋯⋯⋯⋯⋯⋯⋯ 140
● 제04회 실전모의고사 ⋯⋯⋯⋯⋯⋯⋯ 145
● 제05회 실전모의고사 ⋯⋯⋯⋯⋯⋯⋯ 150
● 제06회 실전모의고사 ⋯⋯⋯⋯⋯⋯⋯ 155
● 제07회 실전모의고사 ⋯⋯⋯⋯⋯⋯⋯ 160
● 제08회 실전모의고사 ⋯⋯⋯⋯⋯⋯⋯ 165
● 제09회 실전모의고사 ⋯⋯⋯⋯⋯⋯⋯ 170
● 제10회 실전모의고사 ⋯⋯⋯⋯⋯⋯⋯ 175
● 제11회 실전모의고사 ⋯⋯⋯⋯⋯⋯⋯ 180
● 제12회 실전모의고사 ⋯⋯⋯⋯⋯⋯⋯ 185
● 제13회 실전모의고사 ⋯⋯⋯⋯⋯⋯⋯ 190
● 제14회 실전모의고사 ⋯⋯⋯⋯⋯⋯⋯ 195
● 제15회 실전모의고사 ⋯⋯⋯⋯⋯⋯⋯ 200
● 제16회 실전모의고사 ⋯⋯⋯⋯⋯⋯⋯ 205
● 제17회 실전모의고사 ⋯⋯⋯⋯⋯⋯⋯ 210
● 제18회 실전모의고사 ⋯⋯⋯⋯⋯⋯⋯ 215

★ PART 03
최신기출문제

● 제01회 최신기출문제 ⋯⋯⋯⋯⋯⋯⋯ 222
● 제02회 최신기출문제 ⋯⋯⋯⋯⋯⋯⋯ 227
● 제03회 최신기출문제 ⋯⋯⋯⋯⋯⋯⋯ 232
● 제04회 최신기출문제 ⋯⋯⋯⋯⋯⋯⋯ 237
● 제05회 최신기출문제 ⋯⋯⋯⋯⋯⋯⋯ 242
● 제06회 최신기출문제 ⋯⋯⋯⋯⋯⋯⋯ 247
● 제07회 최신기출문제 ⋯⋯⋯⋯⋯⋯⋯ 252
● 제08회 최신기출문제 ⋯⋯⋯⋯⋯⋯⋯ 257
● 제09회 최신기출문제 ⋯⋯⋯⋯⋯⋯⋯ 262
● 제10회 최신기출문제 ⋯⋯⋯⋯⋯⋯⋯ 267

DIAT 시험 정보

시험 과목

검정과목	사용 프로그램	검정방법	문항수	시험시간	배점	합격기준
프리젠테이션	MS 파워포인트	작업식	4문항	40분	200점	− 초급 : 80 ~ 119점 − 중급 : 120 ~ 159점 − 고급 : 160 ~ 200점
스프레드시트	MS 엑셀		5문항			
워드프로세서	한컴오피스 한글		2문항			
멀티미디어제작	포토샵/곰믹스		3문항			
인터넷정보검색	인터넷		8문항		100점	− 초급 : 40 ~ 59점 − 중급 : 60 ~ 79점 − 고급 : 80 ~ 100점
정보통신상식	CBT 프로그램	객관식	40문항			

프리젠테이션 출제 기준

문항	점수		출제 내용
공통적용사항		페이지 설정	슬라이드 크기, 방향, 디자인 테마 지정
		슬라이드 마스터	도형 삽입, 도형 스타일, 글꼴
슬라이드 1	30점	도형 1	도형 삽입, 도형 서식, 도형 효과, 글꼴
		도형 2	도형 삽입, 도형 서식, 도형 효과
		도형 3	도형 삽입, 도형 스타일
		그림 삽입	그림 1 삽입, 크기
		텍스트 상자	글꼴
		애니메이션	도형 또는 그림에 애니메이션 지정
슬라이드 2	50점	도형 1	도형 삽입, 도형 서식, 도형 효과, 글꼴
		도형 2	도형 삽입, 도형 서식, 글꼴
		도형 3~6	도형 삽입, 도형 서식, 도형 효과, 글꼴
		실행 단추	도형 삽입, 하이퍼링크, 도형 스타일
		SmartArt(스마트아트)	SmartArt 삽입, 글꼴, SmartArt 스타일
		애니메이션	SmartArt에 애니메이션 지정
슬라이드 3	60점	도형 1	도형 삽입, 도형 서식, 도형 효과, 글꼴
		표	표 삽입, 표 스타일, 글꼴
		차트	차트 삽입, 차트 스타일, 기타 서식
		텍스트 상자 1~2	글꼴
		배경	그림 2 삽입
		애니메이션	차트에 애니메이션 지정
슬라이드 4	60점	도형 1	도형 삽입, 도형 서식, 도형 효과, 글꼴
		도형 2~4	
		도형 5~7	
		도형 8	도형 삽입, 도형 서식, 도형 효과
		도형 9	도형 삽입, 도형 서식(그림 3 삽입), 도형 효과
		WordArt(워드아트)	WordArt 삽입, WordArt 스타일, 글꼴

프리젠테이션 시험지 미리보기

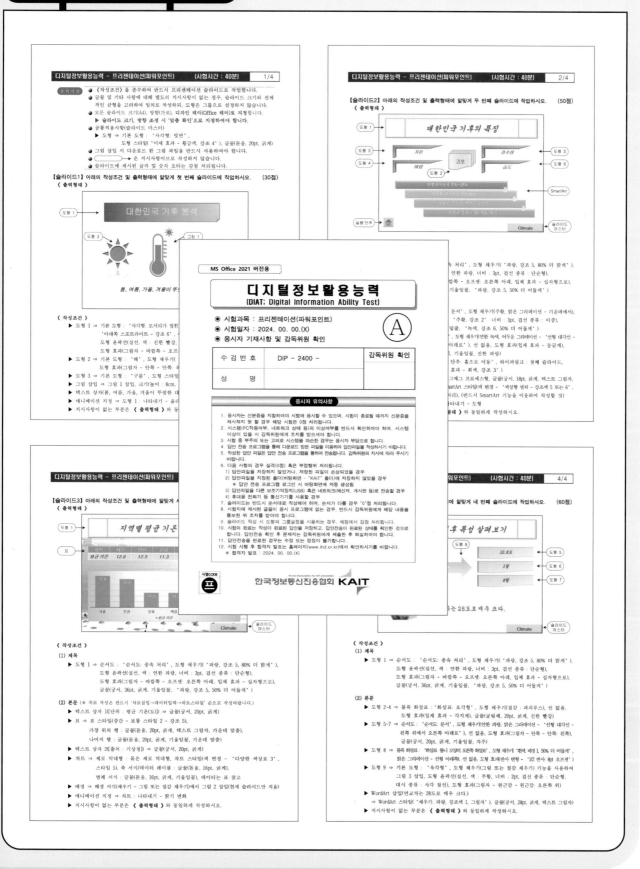

01 www.ihd.or.kr 회원가입

02 시험 접수

05 시험 진행

04 시험 당일, 고사장 도착

03 꾸준한 연습

1고사실
2고사실

#수험표
#신분증
#필기도구

FIGHTING

06 약 1달 후 합격자 발표

07 자격증 발급 신청

채점프로그램 활용하기

STEP 01
채점프로그램 다운로드

❶ 마린북스 홈페이지(www.mrbooks.kr)의 [자료실]에서 채점프로그램을 다운로드합니다.

❷ 압축 파일을 풀고 프로그램을 설치합니다.

STEP 02
실전모의고사 또는
최신기출문제 작성

❶ PART 01에서 연습한 내용을 바탕으로 답안 파일을 작성해 보세요. 제한된 시간은 40분입니다.

❷ 작성이 완료된 답안 파일은 바탕화면 또는 찾기 쉬운 폴더에 저장합니다.

❸ 답안 채점을 위해 파워포인트 프로그램을 종료합니다.

STEP 03
채점프로그램 활용

❶ 채점 프로그램을 실행한 후 교재 종류와 시험 회차를 선택합니다.

❷ <파일열기> 단추를 선택해 작성된 답안 파일을 불러온 다음 <채점시작하기>를 클릭합니다.

❸ 채점이 완료되면 결과를 확인합니다. [상세채점분석]을 클릭하면 자세한 채점 결과를 확인할 수 있습니다.

구분	배점	득점	감점
공통(오탈자 개당·2점 감점)	-	0	28
공통	5	5	0
슬라이드 마스터	15	15	0
슬라이드1	25	23	2
슬라이드2	45	45	0
슬라이드3	55	55	0
슬라이드4	55	55	0
합산	200	198	2 + 추가(오타 -28)
개인 최종 점수 및 등급	고급	170 (198-28)	

출제 패턴은 과년도 기출문제를 분석하여 만든 자료로,
변동이 생길수 있습니다.

슬라이드 마스터 및 [슬라이드 1]

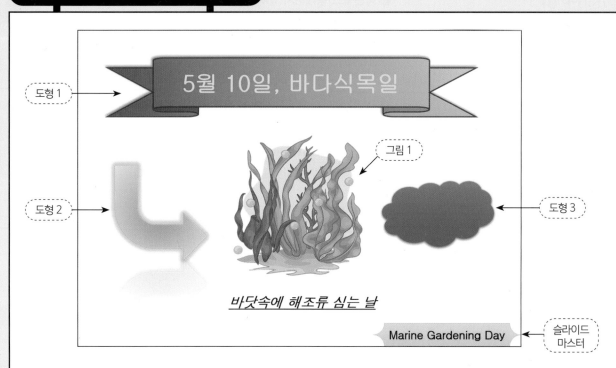

문제 구분	세부 항목	출제 패턴
슬라이드 마스터 도형	도형 위치	● '왼쪽, 가운데, 오른쪽'이 자주 출제되며, 가끔씩 전체 크기로 출제됨
	도형 스타일	● '미세효과, 보통효과, 강한효과'가 자주 출제됨 ● '밝은색 1 윤곽선, 색 채우기'는 가끔씩 출제됨
도형 1	도형 채우기	● [슬라이드 1]의 도형 1은 [도형 서식]의 '그라데이션 채우기'로 작업함 ● '그라데이션 미리설정'에 포함된 모든 그라데이션이 랜덤으로 출제됨
	도형 윤곽선	● '선 색-너비-겹선 종류'가 묶여서 출제됨 ● 겹선 종류는 '단순형'이 자주 출제됨
	도형 효과	● '그림자'가 자주 출제되며, 가끔씩 '입체 효과'가 출제됨
도형 2	도형 채우기	● '도형 채우기(단색), 밝은 그라데이션, 어두운 그라데이션'이 출제되며, '도형 채우기(단색)'이 자주 출제됨
	도형 윤곽선	● '선 없음'으로 자주 출제됨
	도형 효과	● '반사-입체 효과'와 '그림자-반사'가 자주 출제됨 ● '반사-네온'과 '그림자-네온'은 가끔씩 출제됨
도형 3	도형 스타일	● '미세효과, 보통효과, 강한효과'가 자주 출제됨 ● '색 윤곽선, 밝은색 1 윤곽선, 색 채우기'는 가끔씩 출제됨
그림 1	높이/너비	● 바탕화면의 [KAIT] 폴더에서 '그림1'을 삽입 ● '높이'와 '너비'를 지정하는 문제가 출제됨
애니메이션	나타내기	● '도형 1'에 나타내기 애니메이션을 지정하도록 출제됨

[슬라이드 2]

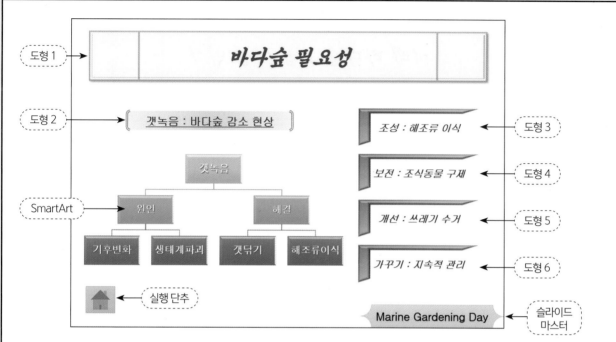

도형 1 → 바다숲 필요성

도형 2 → 갯녹음 : 바다숲 감소 현상

도형 3 → 조성 : 해조류 이식

도형 4 → 보전 : 조식동물 구제

도형 5 → 개선 : 쓰레기 수거

도형 6 → 가꾸기 : 지속적 관리

SmartArt → 갯녹음 / 원인 / 해결 / 기후변화 / 생태계파괴 / 갯닦기 / 해조류이식

실행 단추

슬라이드 마스터 → Marine Gardening Day

문제 구분	세부 항목	출제 패턴
도형1 [슬라이드 2~4] 공통	도형 채우기	● '도형 채우기(단색), 밝은 그라데이션, 어두운 그라데이션'이 출제됨 ● '도형 채우기(단색)'이 자주 출제되며, 가끔씩 '질감'이 출제됨
	도형 윤곽선	● '선 색-너비-겹선 종류'가 묶여서 출제됨 ● 겹선 종류는 '단순형'이 자주 출제됨
	도형 효과	● '그림자-네온', '그림자-입체 효과', '그림자-반사'가 자주 출제됨
도형 2	도형 채우기	● '밝은 그라데이션'과 '어두운 그라데이션'이 출제됨
	도형 윤곽선	● '선 색-너비-겹선 종류' 또는 '선 색-너비-겹선 종류-대시 종류'가 묶여서 출제되며, '이중'이 자주 출제되지만 가끔식 '얇고 굵음'과 '삼중'이 출제됨 ● 대시 종류는 '둥근 점선'과 '파선'이 자주 출제됨
도형 3~6	도형 채우기	● '밝은 그라데이션'과 '어두운 그라데이션'이 출제됨
	도형 효과	● '입체 효과'와 '그림자'가 자주 출제됨 ● '입체 효과-반사'와 '그림자-입체 효과'는 가끔씩 출제됨
실행 단추	도형 모양	● '실행 단추: 홈으로 이동, 실행 단추: 앞으로 또는 다음으로 이동, 실행 단추: 끝으로 이동'이 자주 출제됨
	하이퍼링크	● '첫째 슬라이드, 다음 슬라이드, 마지막 슬라이드'가 자주 출제됨
	스타일	● '미세 효과'와 '강한 효과'가 자주 출제됨 ● '색 윤곽선'과 '색 채우기'는 가끔씩 출제됨
SmartArt 삽입	색 변경	● 색상형 그룹(강조색, 강조색 2또는 3 등)에서 주로 출제됨 ● '색 윤곽선'과 '그라데이션 범위'는 가끔씩 출제됨
	스타일	● '3차원_광택 처리, 3차원_벽돌, 3차원_경사, 3차원_파우더'가 자주 출제됨 ● 3차원이 아닌 '보통 효과'와 '강한 효과'는 가끔씩 출제됨
애니메이션	나타내기	● 'SmartArt'에 나타내기 애니메이션을 지정하도록 출제됨

[슬라이드 3]

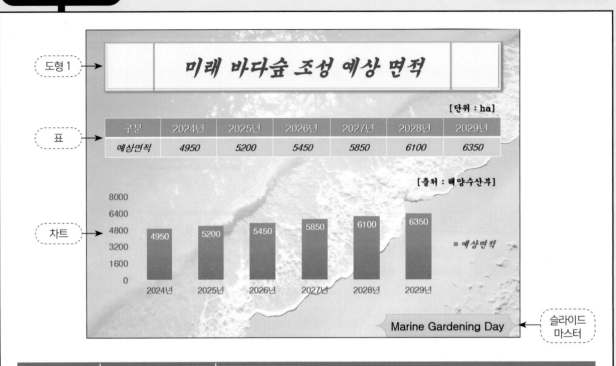

문제 구분	세부 항목	출제 패턴
표	표 스타일	• '보통 스타일' 계열이 자주 출제됨 • '밝은 스타일' 계열은 가끔씩 출제됨
	가장 위의 행	• '글꼴-글꼴 크기-굵게-텍스트 그림자-가운데 맞춤'이 묶여서 출제됨 • 글꼴 속성은 '굵게-텍스트 그림자'가 자주 출제됨
	나머지 행	• '글꼴-글꼴 크기-굵게-기울임꼴-가운데 맞춤'이 묶여서 출제됨 • 글꼴 속성은 '굵게-기울임꼴'이 세트로 자주 출제됨
차트	종류	• '묶은 세로 막대형, 묶은 가로 막대형, 꺾은선형'이 자주 출제됨 • '표식이 있는 꺾은선형'은 가끔씩 출제됨
	차트 스타일	• '색상형'–'다양한 색상표' 계열이 자주 출제됨 • '단색형'–'단색 색상표' 계열은 가끔씩 출제됨
	범례	• 글꼴 : '글꼴-글꼴 크기-속성'이 묶여서 출제됨 • 글꼴 속성은 '굵게-기울임꼴'이 자주 출제되며, 가끔씩 '굵게'만 출제됨
	데이터 레이블 위치	• 묶은 세로 및 가로 차트는 '바깥쪽 끝에'와 '안쪽 끝에'가 자주 출제됨 • 꺾은선형은 '위쪽'과 '오른쪽'이 자주 출제됨
	축 서식	• 축의 '최대값' 및 '기본 값' 변경은 가끔씩 출제됨
배경	배경 서식	• 바탕화면의 [KAIT] 폴더에서 '그림2'를 삽입(현재 슬라이드)
애니메이션	나타내기	• '차트'에 나타내기 애니메이션을 지정하도록 출제됨

[슬라이드 4]

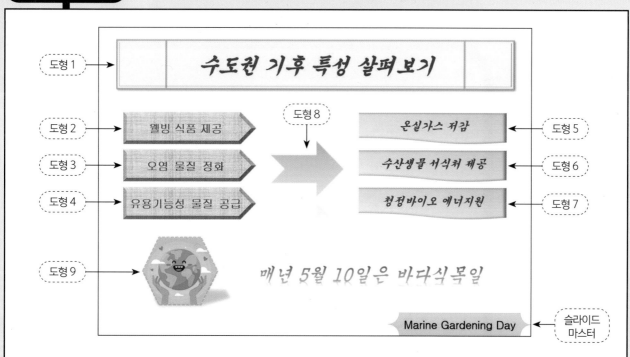

문제 구분	세부 항목	출제 패턴
도형 2~4	도형 채우기	● '질감'이 자주 출제되지만 가끔씩 '밝은 그라데이션'이 출제됨
	도형 윤곽선	● '선 없음'이 자주 출제됨
	도형 효과	● '그림자, 반사, 입체 효과, 네온'이 랜덤으로 출제되며, '그림자'가 가장 많이 출제됨
도형 5~7	도형 채우기	● '밝은 그라데이션, 어두운 그라데이션'이 자주 출제됨 ● '도형 채우기(단색)은 가끔씩 출제됨
	도형 윤곽선	● '선 없음'으로 자주 출제됨
	도형 효과	● '그림자, 반사, 입체 효과, 네온'이 랜덤으로 출제되며, '그림자와 입체 효과'가 가장 많이 출제됨
도형 8	도형 채우기	● '밝은 그라데이션, 어두운 그라데이션'이 자주 출제됨
	도형 윤곽선	● '선 없음'으로 자주 출제됨
	도형 효과	● '그림자, 반사, 입체 효과, 네온'이 랜덤으로 출제되며, '네온'이 가장 많이 출제됨
도형 9	도형 채우기	● 도형 채우기를 그림으로 삽입 ● 바탕화면의 [KAIT] 폴더에서 '그림3'을 선택
	도형 윤곽선	● '선 색-너비-겹선 종류-대시 종류'로 묶어서 출제됨 ● 겹선 종류는 '단순형'이 자주 출제됨 ● 대시 종류는 '둥근 점선'과 '파선'이 자주 출제되지만 가끔씩 '파선'과 '긴 파선'이 출제됨
	도형 효과	● '그림자, 반사, 네온'이 자주 출제되며, 가끔씩 '입체 효과'가 출제됨
WordArt 삽입	WordArt 스타일	● 20개의 스타일이 랜덤으로 출제됨

Digital Information Ability Test

PART 01

출제유형
마스터하기

 DIAT 프리젠테이션 시험의 최신 출제 유형을 연습하여
발빠르게 자격증을 취득해 보세요!

유형 01 작업 준비 및 슬라이드 마스터

유형 02 [슬라이드 1] 제목 도형 작성

유형 03 [슬라이드 1] 본문 도형 작성

유형 04 [슬라이드 1] 그림 및 텍스트 상자 추가

유형 05 [슬라이드 1] 애니메이션 지정

유형 06 [슬라이드 2] 제목 도형 작성

유형 07 [슬라이드 2] 본문 도형 작성

유형 08 [슬라이드 2] SmartArt 삽입

유형 09 [슬라이드 3] 표 작성 및 편집

유형 10 [슬라이드 3] 차트 작성 및 편집

유형 11 [슬라이드 3] 텍스트 상자 및 배경 적용

유형 12 [슬라이드 4] 본문 도형 작성

유형 13 [슬라이드 4] WordArt 작성

작업 준비 및 슬라이드 마스터

※ 실습파일 : 01차시(문제).pptx ※ 완성파일 : 01차시(완성).pptx

문제 미리보기

《유의사항》

• 《작성조건》을 준수하여 반드시 프리젠테이션 슬라이드로 작업합니다.

• 글꼴 및 기타 사항에 대해 별도의 지시사항이 없는 경우, 슬라이드 크기와 전체적인 균형을 고려하여 임의로 작성하되, 도형은 그룹으로 설정하지 않습니다.

• 모든 슬라이드 크기(A4), 방향(가로), 디자인 테마(Office 테마)로 지정합니다.

▶ 슬라이드 크기, 방향 조정 시 '맞춤 확인'으로 지정하여야 합니다.

• 공통적용사항(슬라이드 마스터)

▶ 도형 ⇒ 기본 도형 : '배지', 도형 스타일('미세 효과 – 황금색, 강조 4'), 글꼴(돋움, 20pt, 굵게)

• 그림 삽입 시 다운로드 한 그림 파일을 반드시 사용하여야 합니다.

• ⌐‾‾‾‾¬⟶ 은 지시사항이므로 작성하지 않습니다.

• 슬라이드에 제시된 글자 및 숫자 오타는 감점 처리됩니다.

《출력형태》

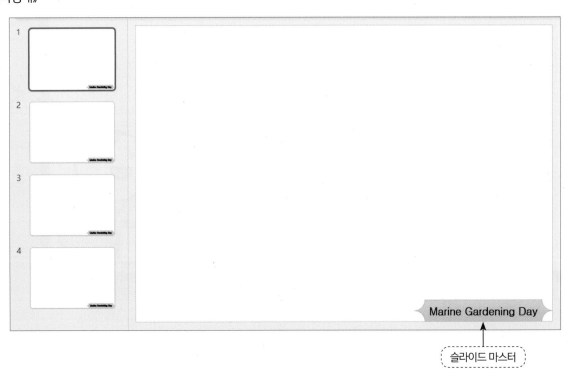

슬라이드 마스터

슬라이드 크기 변경 ▷ 레이아웃 변경 ▷ 슬라이드 추가 ▷ 슬라이드 마스터 작성(도형 작업)

Check 01 시험 작업 준비 : DIAT 프리젠테이션 시험을 위한 기본 작업이 필요해요!

제목을 추가하려면 클릭 하십시오.

부제목을 입력하십시오

▷

슬라이드 크기 변경

비어있는 4개의 슬라이드 만들기

Check 02 슬라이드 마스터 도형 : 슬라이드 마스터 기능으로 도형을 추가해요!

도형 추가

▷ 도형 모양 변형

▷ 도형 스타일 적용

▷ Marine Gardening Day

내용 입력 & 글꼴 서식 변경

STEP 01 슬라이드 크기 변경하기

- 모든 슬라이드 크기(A4), 방향(가로), 디자인 테마(Office 테마)로 지정합니다.
  - ▶ 슬라이드 크기, 방향 조정 시 '맞춤 확인'으로 지정하여야 합니다.

1 파워포인트 2021 프로그램을 실행한 후 **[열기]-[찾아보기]**를 클릭합니다.

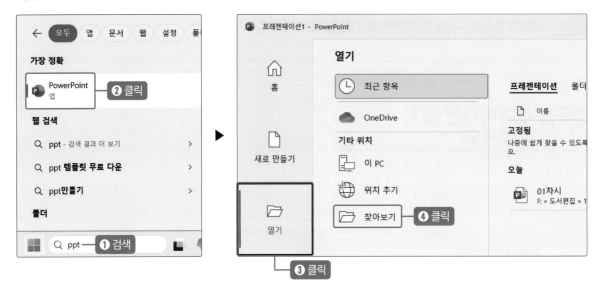

2 [01차시] 폴더에서 **01차시(문제).pptx** 파일을 불러옵니다.

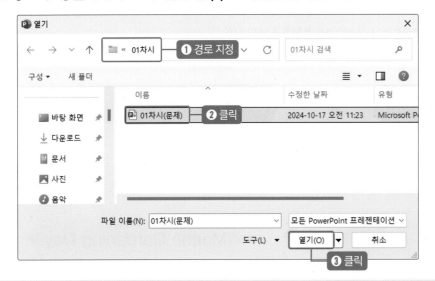

◈ **DIAT 꿀팁**
- 시험장에서는 시험 시작과 동시에 [바탕화면]-[KAIT]-[제출파일] 폴더의 답안 파일이 자동으로 열립니다.
- 답안 파일명은 'dip_123456_홍길동.pptx'와 같이 수험번호와 수검자 이름으로 저장되어 있습니다.

3 파일이 열리면 슬라이드의 크기를 지정하기 위해 [디자인] 탭-[슬라이드 크기]-[**사용자 지정 슬라이드 크기**]를 선택합니다.

4 조건에 따라 아래 그림과 같이 **슬라이드의 크기**와 **방향**을 지정하고 <**맞춤 확인**>을 선택합니다.

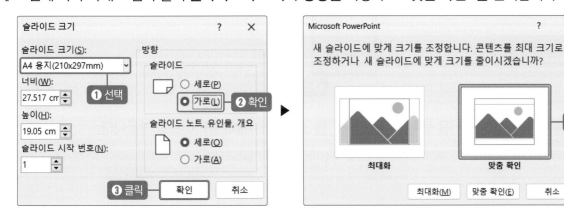

5 슬라이드 크기가 변경되면 적용되어 있는 디자인 테마를 확인합니다.

💿 프로그램 처음 실행 시 'Office 테마'가 기본값으로 설정되어 있는지 체크해요.

STEP 02 레이아웃 변경 및 슬라이드 추가하기

1 축소판 그림창 위에서 마우스 오른쪽 버튼을 눌러 슬라이드 레이아웃을 **'빈 화면'**으로 변경합니다.

➕ 주어진 조건에 맞추어 편리하게 개체를 삽입 및 편집하기 위해서 '빈 화면'으로 지정해요.

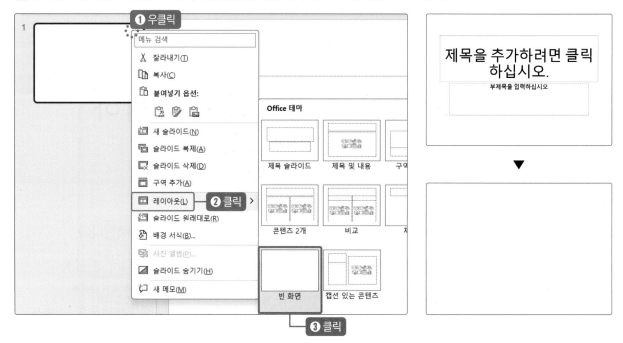

2 축소판 그림창의 [슬라이드 1]을 클릭한 다음 Enter를 3번 눌러 4개의 슬라이드를 만듭니다.

➕ DIAT 프리젠테이션 시험에서는 총 4개의 슬라이드를 작성하는 문제가 출제돼요.

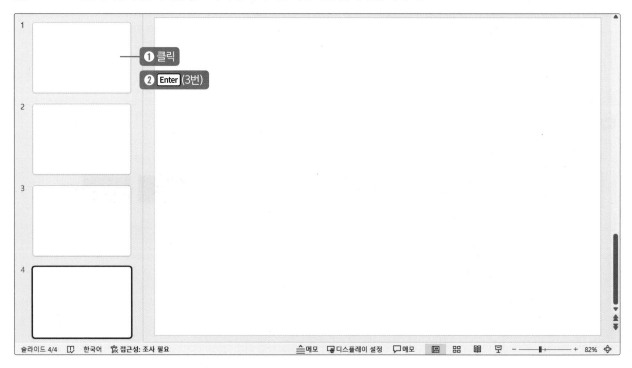

03 슬라이드 마스터 작성하기

- 공통적용사항(슬라이드 마스터)
  ▶ 도형 ⇒ 기본 도형 : '배지', 도형 스타일('미세 효과 – 황금색, 강조 4'), 글꼴(돋움, 20pt, 굵게)

1 [보기] 탭-[슬라이드 마스터]를 클릭합니다.

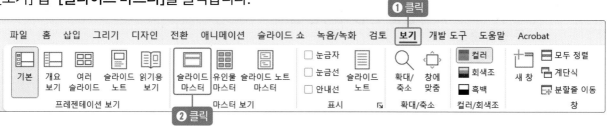

슬라이드 마스터

슬라이드 마스터란 여러 개의 슬라이드에 같은 디자인과 스타일을 쉽게 적용할 수 있는 기능입니다. 슬라이드 마스터를 통해 폰트, 색상, 배경, 로고 등을 지정하면, 모든 슬라이드에 일관된 디자인을 적용할 수 있기 때문에 효율적인 작업이 가능합니다.

2 맨 위쪽 슬라이드(Office 테마 슬라이드 마스터)를 클릭한 다음 [삽입] 탭-[도형] → **[기본 도형 – 배지(⬡)]**를 선택합니다.

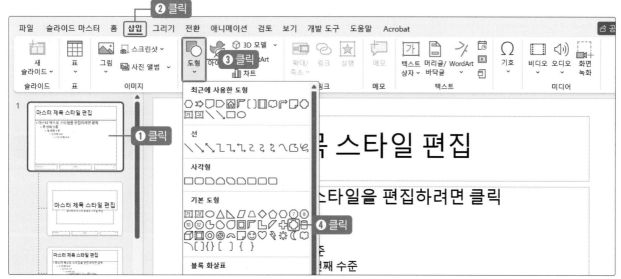

도형 빨리 찾기

- 조건에서 제시한 도형이 속해 있는 그룹(기본 도형, 블록 화살표, 수식 도형 등)을 먼저 찾은 다음 필요한 도형을 선택합니다.
- 도형 위에 마우스를 올려 놓으면 도형의 이름이 표시됩니다.

3 드래그하여 도형을 그린 후 노란 조절점()을 이용해 모양을 변형합니다.

4 크기 조정 핸들()을 드래그해 도형의 크기를 적당하게 조절하고 위치를 맞춰줍니다.

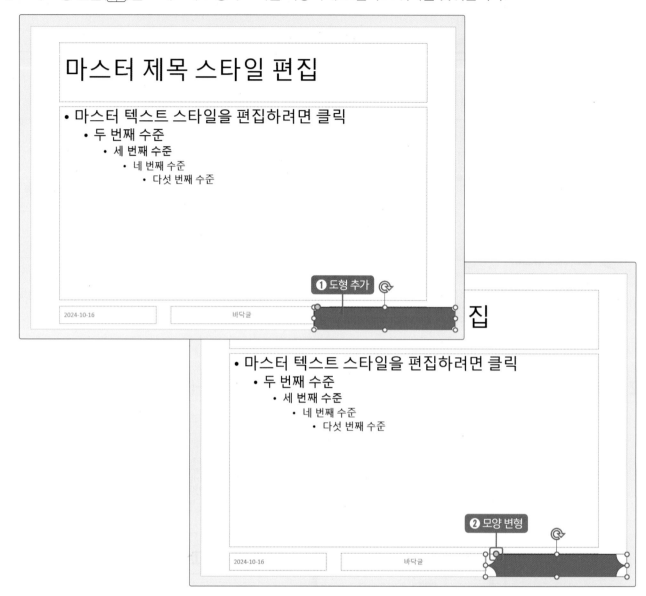

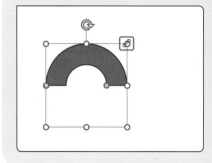
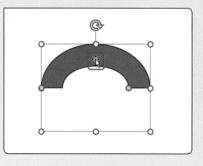
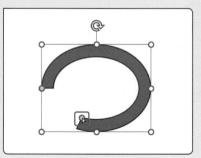

5 [도형 서식] 탭에서 자세히 단추(⌄)를 눌러 **[미세 효과 – 황금색, 강조 4]**를 선택합니다.

➕ 서식을 변경할 도형이 선택된 상태에서 작업해요.

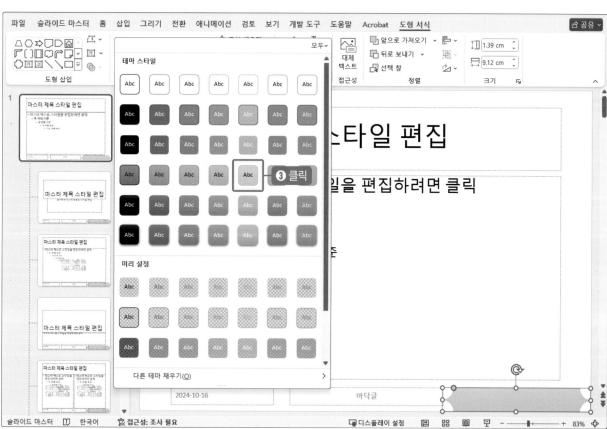

◈ **DIAT 꿀팁**

슬라이드 마스터에 삽입되는 도형의 서식은 '도형 스타일'을 적용하도록 출제되고 있어요.

6 도형이 선택된 상태에서 'Marine Gardening Day'를 입력한 후 Esc를 누릅니다.

➕ 한/영 키를 이용해 영문을 입력하며, Caps Lock 또는 Shift 키를 눌러 대/소문자 입력이 가능해요.

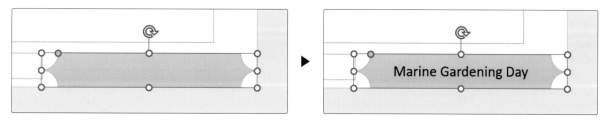

LEVEL UP 글자가 한 줄로 입력되지 않아요!

입력된 내용에 비해 도형의 폭이 좁으면 글자가 넘칠 수 있어요. 이런 경우에는 도형의 가로 길이를 늘려줍니다.

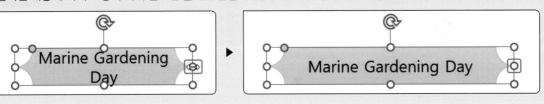

7 도형이 선택된 상태에서 [홈] 탭을 클릭해 **글꼴 서식(돋움, 20pt, 굵게)**을 지정합니다.

➡ 018 페이지의 문제지를 참고해 슬라이드 마스터 도형의 글꼴 조건 확인이 가능해요.

 **LEVEL UP 글꼴 그룹 살펴보기**

글꼴 그룹 중 DIAT 프리젠테이션 시험에서 꼭 필요한 기능만 표시했으니 숙지하도록 합니다.

① 글꼴
② 글꼴 크기
③ 굵게
④ 기울임꼴
⑤ 밑줄
⑥ 텍스트 그림자
⑦ 글꼴 색

8 슬라이드 마스터 도형 작성이 완료되면 [슬라이드 마스터] 탭-[마스터 보기 닫기]를 클릭합니다.

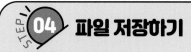

STEP 04 파일 저장하기

1 모든 슬라이드에 도형이 표시되는 것을 확인합니다.

　➊ 도형의 서식 지정이 잘못되었다면 [보기] 탭-[슬라이드 마스터]에서 수정이 가능해요.

2 작업이 완료되면 [저장(🖫)]을 클릭하거나 Ctrl + S 를 눌러 **답안 파일을 저장**합니다.

　➊ 시험이 진행되는 40분 동안 수시로 저장하여 작업된 내용이 누락되지 않도록 해요.

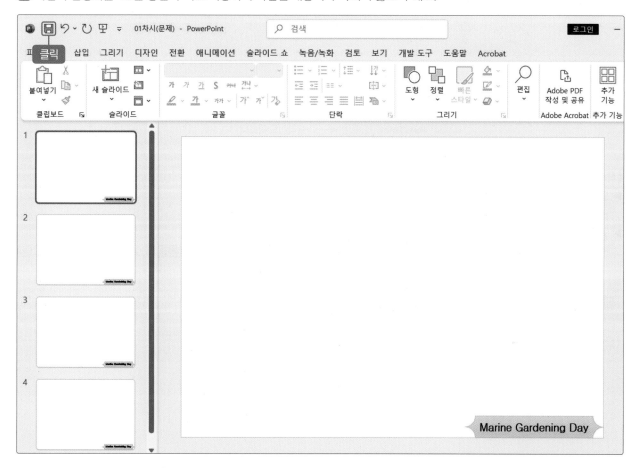

◆ **DIAT 꿀팁**

파일 저장은 시험에서 가장 중요한 단계입니다. DIAT 시험 진행 시 답안 파일 이름과 저장 폴더를 변경하면 안 되기 때문에 반드시 [저장(🖫)(Ctrl + S)]기능으로만 답안 파일 저장을 진행합니다.

01 아래의 작성조건 및 출력형태에 알맞게 작업하시오.

실습파일 : 01-01(문제).pptx
완성파일 : 01-01(완성).pptx

《출력형태》

《작성조건》
▶ 모든 슬라이드 크기(A4), 방향(가로), 디자인 테마(Office 테마)로 지정합니다.
  - 슬라이드 크기, 방향 조정 시 '맞춤 확인'으로 지정하여야 합니다.
▶ 공통적용사항(슬라이드 마스터)
  - 도형 ⇒ 블록 화살표 : '화살표: 오각형', 도형 스타일('미세 효과 – 파랑, 강조 5'), 글꼴(돋움체, 20pt, 굵게, 텍스트 그림자)

02 아래의 작성조건 및 출력형태에 알맞게 작업하시오.

실습파일 : 01-02(문제).pptx
완성파일 : 01-02(완성).pptx

《출력형태》

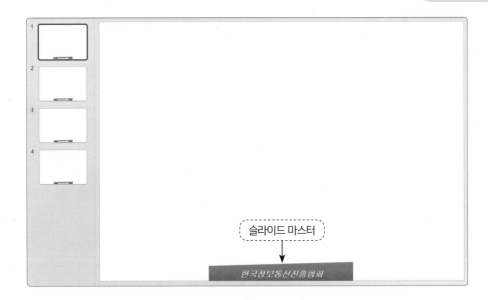

《작성조건》
▶ 모든 슬라이드 크기(A4), 방향(가로), 디자인 테마(Office 테마)로 지정합니다.
  - 슬라이드 크기, 방향 조정 시 '맞춤 확인'으로 지정하여야 합니다.
▶ 공통적용사항(슬라이드 마스터)
  - 도형 ⇒ 순서도 : '순서도: 수동 입력', 도형 스타일('보통 효과 – 주황, 강조 2'), 글꼴(굴림, 18pt, 굵게, 기울임꼴)

03 아래의 작성조건 및 출력형태에 알맞게 작업하시오.

실습파일 : 01-03(문제).pptx
완성파일 : 01-03(완성).pptx

《출력형태》

《작성조건》
▶ 모든 슬라이드 크기(A4), 방향(가로), 디자인 테마(Office 테마)로 지정합니다.
　– 슬라이드 크기, 방향 조정 시 '맞춤 확인'으로 지정하여야 합니다.
▶ 공통적용사항(슬라이드 마스터)
　– 도형 ⇒ 별 및 현수막 : '이중 물결', 도형 스타일('강한 효과 – 파랑, 강조 1'), 글꼴(궁서체, 20pt, 굵게, 밑줄, 노랑)

04 아래의 작성조건 및 출력형태에 알맞게 작업하시오.

실습파일 : 01-04(문제).pptx
완성파일 : 01-04(완성).pptx

《출력형태》

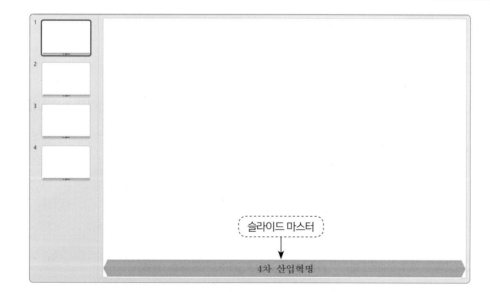

《작성조건》
▶ 모든 슬라이드 크기(A4), 방향(가로), 디자인 테마(Office 테마)로 지정합니다.
　– 슬라이드 크기, 방향 조정 시 '맞춤 확인'으로 지정하여야 합니다.
▶ 공통적용사항(슬라이드 마스터)
　– 도형 ⇒ 기본 도형 : '육각형', 도형 스타일('밝은 색 1 윤곽선, 색 채우기 – 황금색, 강조 4'), 글꼴(바탕체, 20pt, 굵게, 빨강)

[슬라이드 1]
제목 도형 작성

✵ 실습파일 : 02차시(문제).pptx   ✵ 완성파일 : 02차시(완성).pptx

문제 미리보기

《출력형태》

《작성조건》

▶ 도형 1 ⇒ 별 및 현수막 : '리본: 위로 기울어짐', 도형 채우기(그라데이션 : 미리 설정 – '아래쪽 스포트라이트 – 강조 6', 종류 – 방사형, 방향 – 오른쪽 위 모서리에서), 도형 윤곽선(실선, 색 : 진한 빨강, 너비 : 2pt, 겹선 종류 : 단순형), 도형 효과(그림자 – 바깥쪽 – 오프셋: 왼쪽 위), 글꼴(굴림, 40pt, 굵게, 노랑)

▶ 도형 2 ⇒ 블록 화살표 : '화살표: 굽음', 도형 채우기(자주, 밝은 그라데이션 – 가운데에서), 선 없음, 도형 효과(반사 – '1/2 반사: 터치', 네온 – '네온: 11pt, 녹색, 강조색 6')

▶ 도형 3 ⇒ 기본 도형 : '구름', 도형 스타일('강한 효과 – 파랑, 강조 1')

▶ 그림 삽입 ⇒ 그림 1 삽입, 크기(높이 : 8.5cm, 너비 : 8cm)

▶ 텍스트 상자(바닷속에 해조류 심는 날) ⇒ 글꼴(돋움, 24pt, 굵게, 기울임꼴, 밑줄)

▶ 애니메이션 지정 ⇒ 도형 1 : 나타내기 – 시계 방향 회전

▶ 지시사항이 없는 부분은 《출력형태》와 동일하게 작성하시오.

도형 삽입 ▷ 도형 서식 변경 ▷ 도형 효과 ▷ 내용 입력 ▷ 글꼴 서식 변경

Check 01〉 도형1 : 도형 서식을 지정하고 내용을 입력해요!

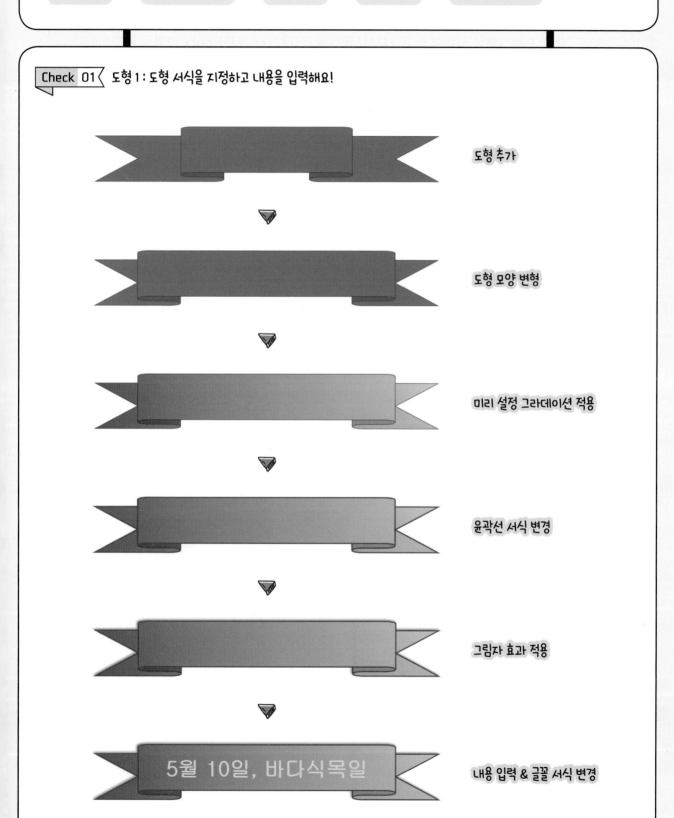

도형 추가

도형 모양 변형

미리 설정 그라데이션 적용

윤곽선 서식 변경

그림자 효과 적용

5월 10일, 바다식목일

내용 입력 & 글꼴 서식 변경

01 도형 삽입하기

▶ 도형 1 ⇒ 별 및 현수막 : '리본: 위로 기울어짐'

1 파워포인트 2021 프로그램을 실행한 후 [02차시] 폴더에서 **02차시(문제).pptx** 파일을 불러옵니다.

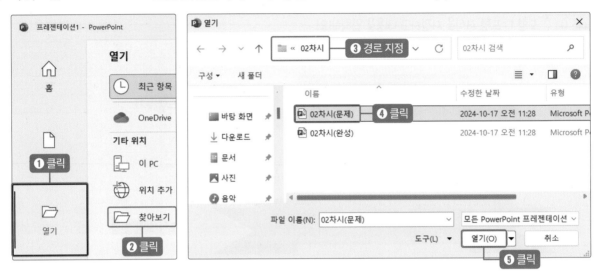

2 [슬라이드 1]을 클릭한 다음 [삽입] 탭-[도형] → **[별 및 현수막 – 리본: 위로 기울어짐(🎀)]**을 선택해 도형을 추가합니다.

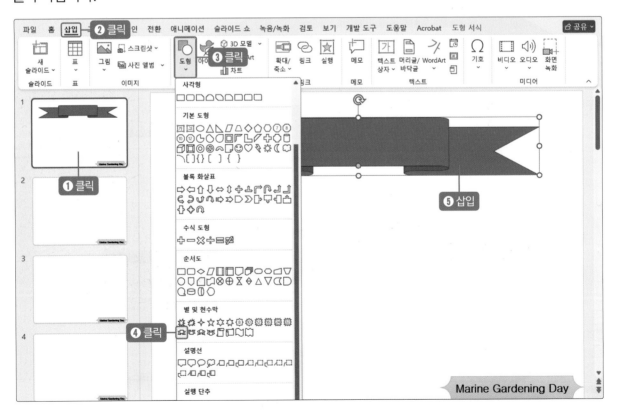

3 도형 왼쪽의 노란 조절점()을 이용해 모양을 변형합니다.

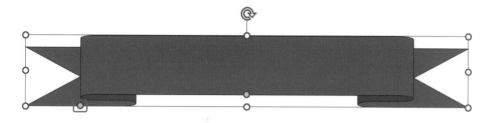

◈ **DIAT 꿀팁**

《출력형태》를 참고하여 도형의 모양을 조금씩 변형하는 문제가 출제되고 있습니다.

STEP 02 · 도형 채우기 및 윤곽선 지정하기

▶ 도형 채우기(그라데이션 : 미리 설정 –'아래쪽 스포트라이트 – 강조 6', 종류 – 방사형,
방향 – 오른쪽 위 모서리에서), 도형 윤곽선(실선, 색 : 진한 빨강, 너비 : 2pt, 겹선 종류 : 단순형)

1 도형에 미리 설정된 그라데이션을 적용하기 위해 마우스 오른쪽 버튼을 눌러 [도형 서식]을 클릭합니다.

2 [도형 서식] 작업 창에서 [아래쪽 스포트라이트 – 강조 6]을 선택하고, **종류와 방향을** 지정합니다.

➕ 화면 우측에 표시되는 서브 메뉴는 '작업 창'이라고 불러요.

DIAT 꿀팁

그라데이션은 두 가지 유형으로 출제되고 있으니 적용 방법을 숙지해야 합니다.
① 미리 설정 그라데이션 : 테마 색상에 맞추어 기본 제공되는 그라데이션입니다.
② 단색 그라데이션 : 도형에 채워진 색상을 기반으로 밝은 또는 어두운 그라데이션 선택이 가능합니다.

3 도형에 그라데이션이 적용된 것을 확인해 보세요.

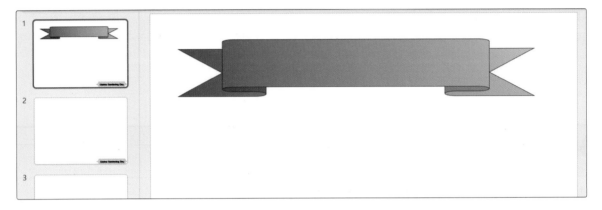

4 [도형 서식] 작업 창에서 선의 색상(**진한 빨강**)과 너비(**2pt**), 겹선 종류를 지정한 후 작업 창을 종료합니다.

🔧 겹선 종류가 기본값인 '단순형'으로 지정되어 있는지 확인해요.

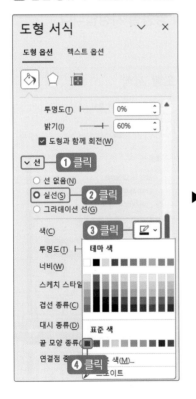 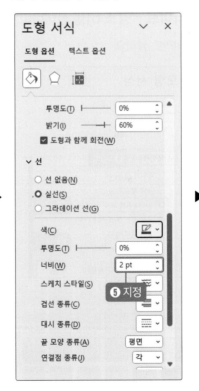 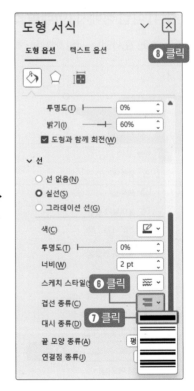

STEP 03 도형 효과 지정 후 글꼴 서식 변경하기

▶ 도형 효과(그림자 – 바깥쪽 – 오프셋: 왼쪽 위), 글꼴(굴림, 40pt, 굵게, 노랑)

1 [도형 서식] 탭-[도형 효과]-[그림자] → **[바깥쪽 – 오프셋: 왼쪽 위]**를 선택합니다.

2 그림자 효과가 적용된 도형을 선택해 '**5월 10일, 바다식목일**'을 입력한 후 Esc 를 한 번 누릅니다.

3 [홈] 탭을 클릭해 글꼴 서식(**굴림, 40pt, 굵게, 노랑**)을 지정합니다.

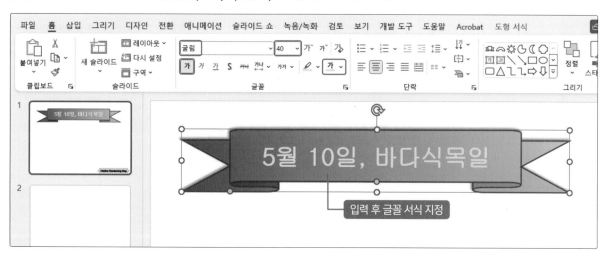

입력 후 글꼴 서식 지정

LEVEL UP 글자 입력하기

• 슬라이드에 텍스트를 입력했을 때 빨간색 밑줄이 표시더라도 《출력형태》와 동일하게 입력했다면 감점사항이 아닙니다.
• 제목 도형의 글꼴 서식 지정 후 《출력형태》를 참고해 도형의 크기와 위치를 맞춰주세요.

4 작업이 완료되면 [저장(💾)]을 클릭하거나 Ctrl + S 를 눌러 **답안 파일을 저장**합니다.

⚡ 시험이 진행되는 40분 동안 수시로 저장하여 작업된 내용이 누락되지 않도록 해요.

01 아래의 작성조건 및 출력형태에 알맞게 작업하시오.

실습파일 : 02-01(문제).pptx
완성파일 : 02-01(완성).pptx

《출력형태》

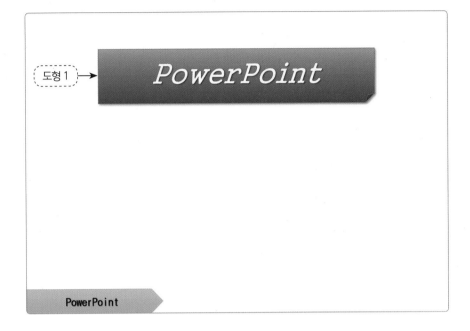

《작성조건》
▶ 도형 1 ⇒ 기본 도형 : '사각형: 모서리가 접힌 도형', 도형 채우기(그라데이션 : 미리 설정 – '가운데 그라데이션 – 강조 1', 종류 – 선형, 방향 – 선형 위쪽), 도형 윤곽선(실선, 색 : '파랑, 강조 1', 너비 : 1pt, 겹선 종류 : 단순형), 도형 효과(그림자 – 바깥쪽 – 오프셋: 오른쪽 아래), 글꼴(궁서, 50pt, 기울임꼴, 텍스트 그림자)

02 아래의 작성조건 및 출력형태에 알맞게 작업하시오.

실습파일 : 02-02(문제).pptx
완성파일 : 02-02(완성).pptx

《출력형태》

《작성조건》
▶ 도형 1 ⇒ 순서도 : '순서도: 문서', 도형 채우기(그라데이션 : 미리 설정 – '위쪽 스포트라이트 강조 4', 종류 – 방사형, 방향 – 가운데에서), 도형 윤곽선(실선, 색 : '황금색, 강조 4', 너비 : 2pt, 겹선 종류 : 단순형), 도형 효과(입체 효과 – 둥글게), 글꼴(돋움체, 44pt, 굵게, 기울임꼴, '검정, 텍스트 1')

아래의 작성조건 및 출력형태에 알맞게 작업하시오.

실습파일 : 02-03(문제).pptx
완성파일 : 02-03(완성).pptx

《출력형태》

《작성조건》
▶ 도형 1 ⇒ 별 및 현수막 : '물결', 도형 채우기(그라데이션 : 미리 설정 – '방사형 그라데이션 – 강조 6', 종류 – 방사형,
방향 – 왼쪽 위 모서리에서), 도형 윤곽선(실선, 색 : 녹색 강조 6, 너비 : 3pt, 겹선 종류 : 단순형),
도형 효과(입체 효과 – 리블렛), 글꼴(굴림, 48pt, 굵게, 기울임꼴, 텍스트 그림자, '황금색, 강조 4')

아래의 작성조건 및 출력형태에 알맞게 작업하시오.

실습파일 : 02-04(문제).pptx
완성파일 : 02-04(완성).pptx

《출력형태》

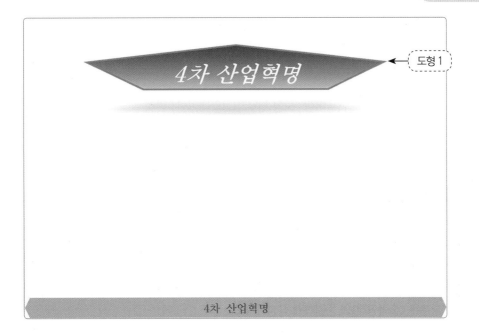

《작성조건》
▶ 도형 1 ⇒ 기본 도형 : '오각형', 도형 채우기(그라데이션 : 미리 설정 – '아래쪽 스포트라이트 강조 2', 종류 – 선형,
방향 – 선형 위쪽), 도형 윤곽선(실선, 색 : '주황, 강조 2', 너비 : 3pt, 겹선 종류 : 단순형),
도형 효과(그림자 – 원근감 – 원근감: 아래), 글꼴(바탕, 40pt, 굵게, 기울임꼴)

[슬라이드 1]
본문 도형 작성

※ 실습파일 : 03차시(문제).pptx　　※ 완성파일 : 03차시(완성).pptx

《출력형태》

《작성조건》

▶ 도형 1 ⇒ 별 및 현수막 : '리본: 위로 기울어짐', 도형 채우기(그라데이션 : 미리 설정 – '아래쪽 스포트라이트 – 강조 6', 종류 – 방사형, 방향 – 오른쪽 위 모서리에서), 도형 윤곽선(실선, 색 : 진한 빨강, 너비 : 2pt, 겹선 종류 : 단순형), 도형 효과(그림자 – 바깥쪽 – 오프셋: 왼쪽 위), 글꼴(굴림, 40pt, 굵게, 노랑)

▶ 도형 2 ⇒ 블록 화살표 : '화살표: 굽음', 도형 채우기(자주, 밝은 그라데이션 – 가운데에서), 선 없음, 도형 효과(반사 – '1/2 반사: 터치', 네온 – '네온: 11pt, 녹색, 강조색 6')

▶ 도형 3 ⇒ 기본 도형 : '구름', 도형 스타일('강한 효과 – 파랑, 강조 1')

▶ 그림 삽입 ⇒ 그림 1 삽입, 크기(높이 : 8.5cm, 너비 : 8cm)

▶ 텍스트 상자(바닷속에 해조류 심는 날) ⇒ 글꼴(돋움, 24pt, 굵게, 기울임꼴, 밑줄)

▶ 애니메이션 지정 ⇒ 도형 1 : 나타내기 – 시계 방향 회전

▶ 지시사항이 없는 부분은 《출력형태》와 동일하게 작성하시오.

작업 과정 미리보기

도형 2 추가 ▷ 도형 서식 변경 ▷ 도형 3 추가 ▷ 도형 스타일 변경

Check 01 도형 2 : 단색 그라데이션을 채우고 도형에 효과를 지정해요!

도형 추가 ▷ 도형 회전 ▷ 단색 채우기 ▷

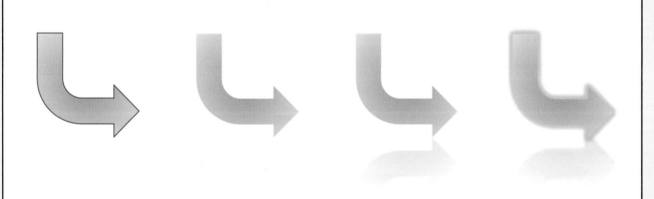

그라데이션 적용 ▷ 선 없음 지정 ▷ 반사 효과 적용 ▷ 네온 효과 적용

Check 02 도형 3 : 도형에 스타일만 적용하는 비교적 간단한 작업이에요!

도형 추가 ▷ 도형 스타일 적용

STEP 01 도형 2 작성하기

▶ 도형 2 ⇒ 블록 화살표 : '화살표: 굽음', 도형 채우기(자주, 밝은 그라데이션 – 가운데에서), 선 없음
   도형 효과(반사 – '1/2 반사: 터치', 네온 – '네온: 11pt, 녹색, 강조색 6')

1 파워포인트 2021 프로그램을 실행한 후 [03차시] 폴더에서 **03차시(문제).pptx** 파일을 불러옵니다.

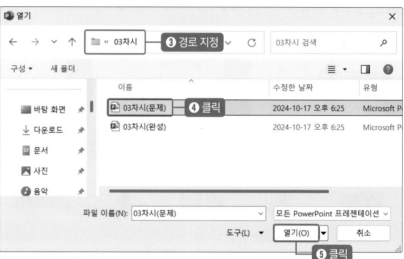

2 [슬라이드 1]을 클릭한 다음 [삽입] 탭-[도형] → **[블록 화살표 – 화살표: 굽음(🠒)]**을 선택해 도형을 추가합니다.

➡ 도형의 크기와 위치는 038 페이지의 《출력형태》를 참고하여 비슷하게 작업해요.

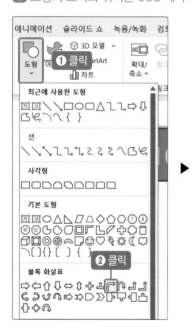
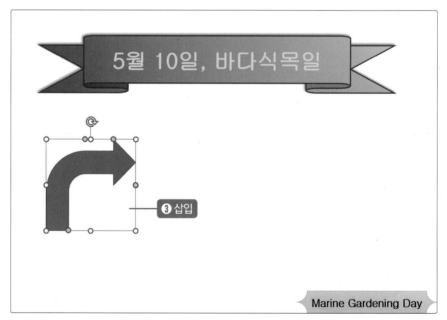

3 《출력형태》와 동일한 모양으로 도형을 회전하기 위해 [도형 서식] 탭에서 [회전] → **[상하 대칭]**을 클릭합니다.

4 [도형 서식] 탭-[도형 채우기] → **[자주]**를 선택한 후 [그라데이션] → **[밝은 그라데이션 - 가운데에서]**를 지정합니다.

 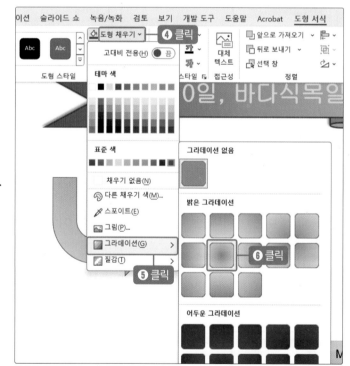

5 [도형 서식] 탭-[도형 윤곽선] → **[윤곽선 없음]**을 클릭해 도형의 선을 없애줍니다.

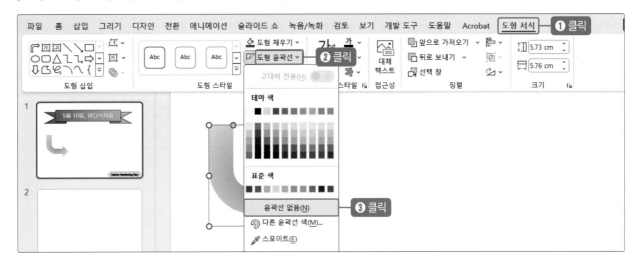

6 이번에는 [도형 서식] 탭-[도형 효과]-[반사] → **[1/2반사: 터치]**를 선택해 효과를 적용합니다.

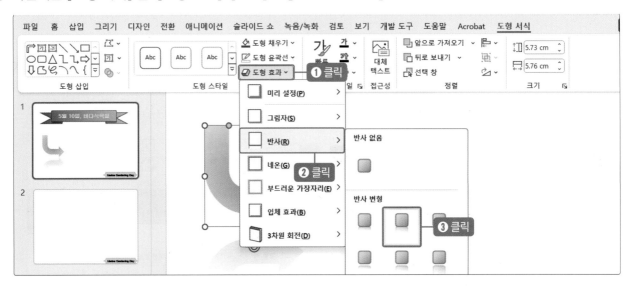

7 [도형 효과]-[네온] → **[네온: 11pt, 녹색, 강조색 6]**을 선택해 도형 2의 서식 변경을 완료합니다.

STEP 02 도형 3 작성하기

▶ 도형 3 ⇒ 기본 도형 : '구름', 도형 스타일('강한 효과 – 파랑, 강조 1')

1 [삽입] 탭-[도형] → [기본 도형 – 구름(◌)]을 선택해 도형을 추가합니다.

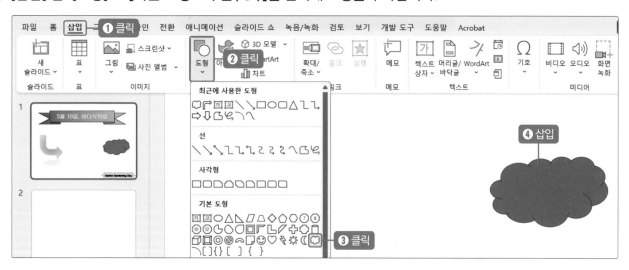

2 [도형 서식] 탭에서 자세히 단추(▽)를 눌러 [강한 효과 – 파랑, 강조 1]을 선택합니다.

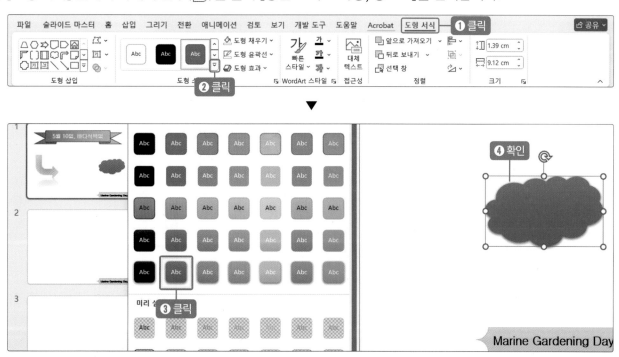

3 작업이 완료되면 [저장(💾)]을 클릭하거나 Ctrl + S 를 눌러 **답안 파일을 저장**합니다.

> 🔅 시험이 진행되는 40분 동안 수시로 저장하여 작업된 내용이 누락되지 않도록 해요.

01 아래의 작성조건 및 출력형태에 알맞게 작업하시오.

실습파일 : 03-01(문제).pptx
완성파일 : 03-01(완성).pptx

《출력형태》

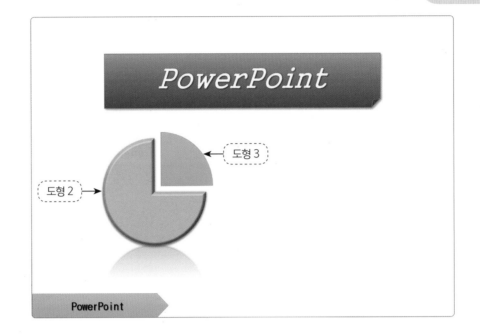

《작성조건》
▶ 도형 2 ⇒ 기본 도형 : '부분 원형', 도형 채우기('황금색, 강조 4'), 선 없음,
   도형 효과(반사 – '근접 반사: 터치', 입체 효과 – 기울기)
▶ 도형 3 ⇒ 기본 도형 : '부분 원형', 도형 스타일('미세 효과 – 녹색, 강조 6')

02 아래의 작성조건 및 출력형태에 알맞게 작업하시오.

실습파일 : 03-02(문제).pptx
완성파일 : 03-02(완성).pptx

《출력형태》

《작성조건》
▶ 도형 2 ⇒ 기본 도형 : '원형: 비어 있음', 도형 채우기(자주, 밝은 그라데이션 – 선형 위쪽), 선 없음,
   도형 효과(그림자 – 바깥쪽 – 오프셋: 왼쪽 위, 반사 – '1/2 반사: 터치')
▶ 도형 3 ⇒ 사각형 : '직사각형', 도형 스타일('보통 효과 – 녹색, 강조 6')

아래의 작성조건 및 출력형태에 알맞게 작업하시오.

실습파일 : 03-03(문제).pptx
완성파일 : 03-03(완성).pptx

《출력형태》

《작성조건》
▶ 도형 2 ⇒ 사각형 : '사각형: 둥근 모서리', 도형 채우기(진한 빨강, 어두운 그라데이션 – 선형 오른쪽), 선 없음,
　　　　　　도형 효과(그림자 – 원근감 – 원근감: 왼쪽 위, 입체 효과 – 부드럽게 둥글리기)
▶ 도형 3 ⇒ 기본 도형 : '이등변 삼각형', 도형 스타일('색 윤곽선 – 주황, 강조 2')

아래의 작성조건 및 출력형태에 알맞게 작업하시오.

실습파일 : 03-04(문제).pptx
완성파일 : 03-04(완성).pptx

《출력형태》

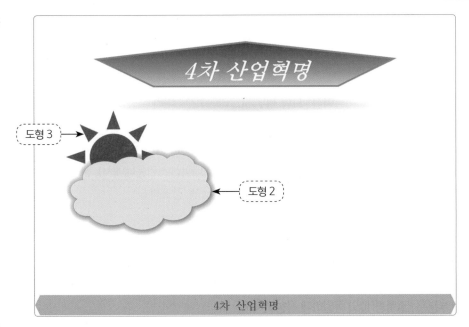

《작성조건》
▶ 도형 2 ⇒ 기본 도형 : '구름', 도형 채우기('밝은 회색, 배경 2'), 선 없음,
　　　　　　도형 효과(그림자 – 바깥쪽 – 오프셋: 오른쪽 아래, 네온 – '네온: 11pt, 회색, 강조색 3')
▶ 도형 3 ⇒ 기본 도형 : '해', 도형 채우기(빨강), 선 없음

[슬라이드 1]
그림 및 텍스트 상자 추가

※ 실습파일 : 04차시(문제).pptx   ※ 완성파일 : 04차시(완성).pptx

문제 미리보기

《출력형태》

《작성조건》

▶ 도형 1 ⇒ 별 및 현수막 : '리본: 위로 기울어짐', 도형 채우기(그라데이션 : 미리 설정 – '아래쪽 스포트라이트 – 강조 6',
　　　　　종류 – 방사형, 방향 – 오른쪽 위 모서리에서), 도형 윤곽선(실선, 색 : 진한 빨강, 너비 : 2pt, 겹선 종류 : 단순형),
　　　　　도형 효과(그림자 – 바깥쪽 – 오프셋: 왼쪽 위), 글꼴(굴림, 40pt, 굵게, 노랑)

▶ 도형 2 ⇒ 블록 화살표 : '화살표: 굽음', 도형 채우기(자주, 밝은 그라데이션 – 가운데에서), 선 없음,
　　　　　도형 효과(반사 – '1/2 반사: 터치', 네온 – '네온: 11pt, 녹색, 강조색 6')

▶ 도형 3 ⇒ 기본 도형 : '구름', 도형 스타일('강한 효과 – 파랑, 강조 1')

▶ 그림 삽입 ⇒ 그림 1 삽입, 크기(높이 : 8.5cm, 너비 : 8cm)

▶ 텍스트 상자(바닷속에 해조류 심는 날) ⇒ 글꼴(돋움, 24pt, 굵게, 기울임꼴, 밑줄)

▶ 애니메이션 지정 ⇒ 도형 1 : 나타내기 – 시계 방향 회전

▶ 지시사항이 없는 부분은 《출력형태》와 동일하게 작성하시오.

그림 삽입 ▷ 그림 크기 지정 ▷ 텍스트 상자에 내용 입력 ▷ 글꼴 서식 변경

Check 01 그림 : 그림 1을 삽입한 후 수치를 입력해 조건에 제시된 크기로 지정해요!

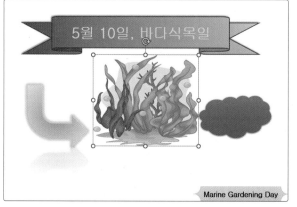

그림 추가

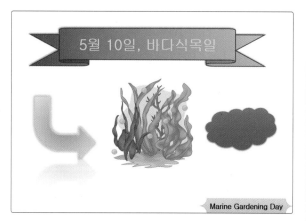

그림 크기 지정 & 위치 변경

Check 02 텍스트 상자 : 텍스트 상자로 글자를 입력한 다음 글꼴 서식을 변경해요!

가로 텍스트 상자 추가

글꼴 서식 지정 & 위치 변경

01 그림 삽입하기

▶ 그림 삽입 ⇒ 그림 1 삽입, 크기(높이 : 8.5cm, 너비 : 8cm)

1 파워포인트 2021 프로그램을 실행한 후 [04차시] 폴더에서 **04차시(문제).pptx** 파일을 불러옵니다.

2 [슬라이드 1]에서 [삽입] 탭-[그림]을 클릭한 다음 [04차시] 폴더의 '**그림 1**' 이미지를 삽입합니다.

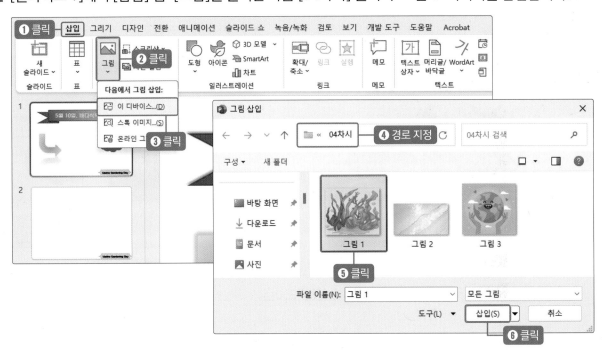

3 그림 위에서 마우스 오른쪽 버튼을 눌러 [크기 및 위치]를 선택합니다. 이어서 '**가로 세로 비율 고정**'을 해제하고 **높이와 너비**를 입력합니다.

➕ 그림의 위치는 046 페이지의 《출력형태》를 참고하여 비슷하게 작업해요.

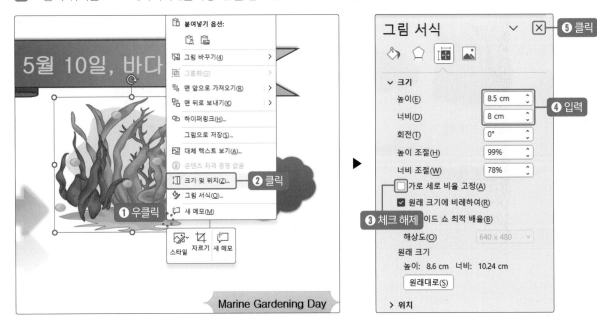

02 텍스트 상자 작성하기

▶ 텍스트 상자(바닷속에 해조류 심는 날) ⇒ 글꼴(돋움, 24pt, 굵게, 기울임꼴, 밑줄)

1 [삽입] 탭-[가로 텍스트 상자 그리기]를 선택한 후 슬라이드의 빈 곳을 클릭해 내용을 입력합니다.

2 텍스트 상자의 테두리가 선택된 상태에서 [홈] 탭을 클릭해 **글꼴 서식(돋움, 24pt, 굵게, 기울임꼴, 밑줄)**을 지정합니다.

➕ 텍스트 상자의 위치는 046 페이지의 《출력형태》를 참고하여 비슷하게 작업해요.

3 작업이 완료되면 [저장(🖫)]을 클릭하거나 Ctrl+S를 눌러 답안 파일을 저장합니다.

➕ 시험이 진행되는 40분 동안 수시로 저장하여 작업된 내용이 누락되지 않도록 해요.

01 아래의 작성조건 및 출력형태에 알맞게 작업하시오.

실습파일 : 04-01(문제).pptx
완성파일 : 04-01(완성).pptx

《출력형태》

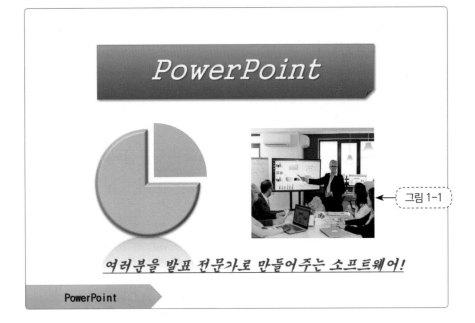

그림 1-1

《작성조건》
▶ 그림 삽입 ⇒ '그림1-1 삽입', 크기(높이 : 7cm, 너비 : 8cm)
▶ 텍스트 상자(여러분을 발표 전문가로 만들어주는 소프트웨어!)
　 ⇒ 글꼴(궁서, 26pt, 굵게, 기울임꼴, 밑줄, 진한 빨강)

02 아래의 작성조건 및 출력형태에 알맞게 작업하시오.

실습파일 : 04-02(문제).pptx
완성파일 : 04-02(완성).pptx

《출력형태》

그림 1-2

《작성조건》
▶ 그림 삽입 ⇒ '그림1-2 삽입', 크기(높이 : 8cm, 너비 : 13cm)
▶ 텍스트 상자(여러분의 소중한 꿈을 응원합니다.)
　 ⇒ 글꼴(굴림, 26pt, 굵게, 기울임꼴, 진한 파랑)

03 아래의 작성조건 및 출력형태에 알맞게 작업하시오.

실습파일 : 04-03(문제).pptx
완성파일 : 04-03(완성).pptx

《출력형태》

그림 1-3

《작성조건》
▶ 그림 삽입 ⇒ '그림1-3 삽입', 크기(높이 : 5cm, 너비 : 12cm)
▶ 텍스트 상자(초등학생 희망직업 4위)
    ⇒ 글꼴(돋움, 28pt, 기울임꼴, 밑줄)

04 아래의 작성조건 및 출력형태에 알맞게 작업하시오.

실습파일 : 04-04(문제).pptx
완성파일 : 04-04(완성).pptx

《출력형태》

그림 1-4

《작성조건》
▶ 그림 삽입 ⇒ '그림1-4 삽입', 크기(높이 : 8cm, 너비 : 13cm)
▶ 텍스트 상자(정보통신기술(ICT)의 융합으로 이뤄지는 산업혁명)
    ⇒ 글꼴(바탕, 26pt, 굵게, 기울임꼴, 파랑)

[슬라이드 1] 애니메이션 지정

※ 실습파일 : 05차시(문제).pptx ※ 완성파일 : 05차시(완성).pptx

 **문제 미리보기**

《출력형태》

《작성조건》

▶ 도형 1 ⇒ 별 및 현수막 : '리본: 위로 기울어짐', 도형 채우기(그라데이션 : 미리 설정 – '아래쪽 스포트라이트 – 강조 6', 종류 – 방사형, 방향 – 오른쪽 위 모서리에서), 도형 윤곽선(실선, 색 : 진한 빨강, 너비 : 2pt, 겹선 종류 : 단순형), 도형 효과(그림자 – 바깥쪽 – 오프셋: 왼쪽 위), 글꼴(굴림, 40pt, 굵게, 노랑)

▶ 도형 2 ⇒ 블록 화살표 : '화살표: 굽음', 도형 채우기(자주, 밝은 그라데이션 – 가운데에서), 선 없음, 도형 효과(반사 – '1/2 반사: 터치', 네온 – '네온: 11pt, 녹색, 강조색 6')

▶ 도형 3 ⇒ 기본 도형 : '구름', 도형 스타일('강한 효과 – 파랑, 강조 1')

▶ 그림 삽입 ⇒ 그림 1 삽입, 크기(높이 : 8.5cm, 너비 : 8cm)

▶ 텍스트 상자(바닷속에 해조류 심는 날) ⇒ 글꼴(돋움, 24pt, 굵게, 기울임꼴, 밑줄)

▶ 애니메이션 지정 ⇒ 도형 1 : 나타내기 – 시계 방향 회전

▶ 지시사항이 없는 부분은 《출력형태》와 동일하게 작성하시오.

 작업 과정 미리보기

개체 선택 ▷ 애니메이션 지정 ▷ 애니메이션 확인

Check 01 ◁ 애니메이션 : 도형 1에 나타내기 애니메이션을 지정해요!

애니메이션을 적용할 개체 선택

시계 방향 회전 애니메이션 적용

'도형 1'에 적용된 애니메이션 확인

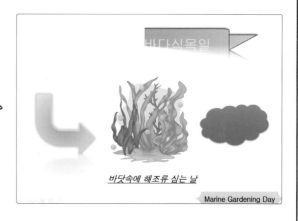

01 그림에 애니메이션 적용하기

▶ 애니메이션 지정 ⇒ 도형 1 : 나타내기 – 시계 방향 회전

1 파워포인트 2021 프로그램을 실행한 후 [05차시] 폴더에서 **05차시(문제).pptx** 파일을 불러옵니다.

2 [슬라이드 1]에 삽입된 '도형 1'을 선택한 후 [애니메이션] 탭–자세히 단추(▽) → [**추가 나타내기 효과**]를 클릭합니다.

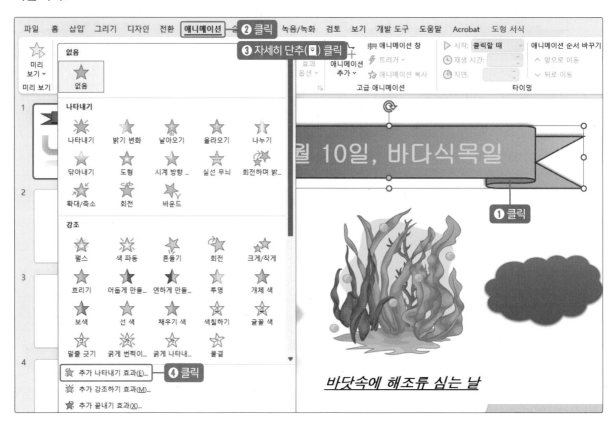

3 목록이 표시되면 [**시계 방향 회전**] 애니메이션을 선택한 후 <확인>을 클릭합니다.

LEVEL UP 자주 사용되는 애니메이션 목록

[애니메이션] 탭에서 자세히 단추(▽)를 클릭하면 기본 애니메이션 목록이 표시됩니다. 해당 목록에서 필요한 애니메이션이 있는지 먼저 살펴보고, 없다면 [추가 나타내기 효과]에서 선택하도록 합니다.

4 F5를 눌러 '도형 1'에 애니메이션이 지정된 것을 확인할 수 있습니다.

🔄 만약 애니메이션을 잘못 지정하였을 경우 054 페이지를 다시 작업해요.

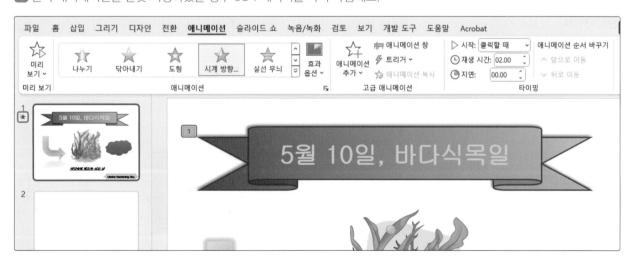

5 작업이 완료되면 [저장(💾)]을 클릭하거나 Ctrl+S를 눌러 **답안 파일을 저장**합니다.

🔄 시험이 진행되는 40분 동안 수시로 저장하여 작업된 내용이 누락되지 않도록 해요.

01 아래의 작성조건 및 출력형태에 알맞게 작업하시오.

실습파일 : 05-01(문제).pptx
완성파일 : 05-01(완성).pptx

《출력형태》

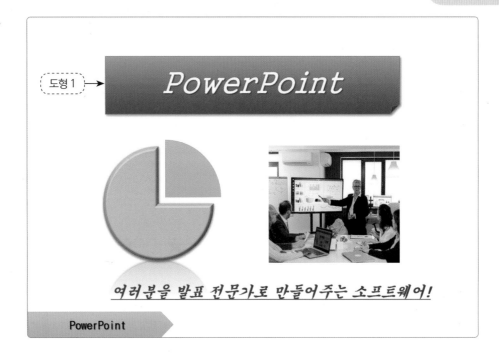

《작성조건》
▶ 애니메이션 지정 ⇒ 도형 1 : 나타내기 – 날아오기

02 아래의 작성조건 및 출력형태에 알맞게 작업하시오.

실습파일 : 05-02(문제).pptx
완성파일 : 05-02(완성).pptx

《출력형태》

《작성조건》
▶ 애니메이션 지정 ⇒ 도형 1 : 나타내기 – 도형

03 아래의 작성조건 및 출력형태에 알맞게 작업하시오.

실습파일 : 05-03(문제).pptx
완성파일 : 05-03(완성).pptx

《출력형태》

《작성조건》
▶ 애니메이션 지정 ⇒ 도형 1 : 나타내기 - 흩어 뿌리기

04 아래의 작성조건 및 출력형태에 알맞게 작업하시오.

실습파일 : 05-04(문제).pptx
완성파일 : 05-04(완성).pptx

《출력형태》

《작성조건》
▶ 애니메이션 지정 ⇒ 도형 1 : 나타내기 - 압축

[슬라이드 2]
제록 도형 작성

※ 실습파일 : 06차시(문제).pptx   ※ 완성파일 : 06차시(완성).pptx

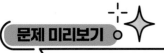 **문제 미리보기**

《출력형태》

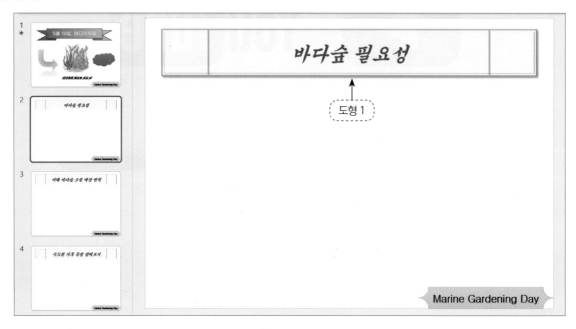

《작성조건》

(1) 제목

▶ 도형 1 ⇒ 순서도 : '순서도: 종속 처리', 도형 채우기('파랑, 강조 5, 80% 더 밝게'), 도형 윤곽선(실선, 색 : 연한 파랑,
　　　　　너비 : 3pt, 겹선 종류 : 단순형), 도형 효과(그림자 – 바깥쪽 – 오프셋: 오른쪽 아래, 입체 효과 – 십자형으로),
　　　　　글꼴(궁서, 36pt, 굵게, 기울임꼴, '파랑, 강조 5, 50% 더 어둡게')

(2) 본문

▶ 도형 2 ⇒ 기본 도형 : ' 양쪽 대괄호', 도형 채우기(주황, 밝은 그라데이션 – 가운데에서), 도형 윤곽선(실선, 색 : '주황,
　　　　　강조 2', 너비 : 4pt, 겹선 종류 : 이중), 글꼴(굴림, 20pt, 굵게, 밑줄, '녹색, 강조 6, 50% 더 어둡게')

▶ 도형 3~6 ⇒ 기본 도형 : '1/2 액자', 도형 채우기(연한 녹색, 어두운 그라데이션 – '선형 대각선 – 왼쪽 위에서 오른쪽
　　　　　　아래로'), 선 없음, 도형 효과(입체 효과 – 둥글게), 글꼴(굴림, 18pt, 굵게, 기울임꼴, 진한 파랑)

▶ 실행 단추 ⇒ 실행 단추 : '실행 단추: 홈으로 이동', 하이퍼링크 : 첫째 슬라이드, 도형 스타일('미세 효과 – 회색, 강조 3')

▶ SmartArt 삽입 ⇒ 계층구조형 : 조직도형, 글꼴(돋움, 18pt, 굵게, 텍스트 그림자, 가운데 맞춤),
　　　　　　　　　SmartArt 스타일(색 변경 – '색상형 범위 – 강조색 5 또는 6', 3차원 – 광택 처리),
　　　　　　　　　(반드시 SmartArt 기능을 이용하여 작성할 것)

▶ 애니메이션 지정 ⇒ SmartArt : 나타내기 – 도형

▶ 지시사항이 없는 부분은 《출력형태》와 동일하게 작성하시오.

도형 삽입 ▷ 도형 서식 변경 ▷ 내용 입력 ▷ 글꼴 서식 변경 ▷ 도형 복제 ▷ 텍스트 수정

Check 01 ▷ 도형 1 : 도형 작업 후 필요한 슬라이드로 복제해요!

도형 추가

▼

채우기 & 윤곽선 서식 변경

▼

그림자 & 입체 효과 적용

▼

바다숲 필요성

내용 입력 & 글꼴 서식 변경

▼

미래 바다숲 조성 예상 면적

[슬라이드 3]으로 복제 후 내용 수정

▼

수도권 기후 특성 살펴보기

[슬라이드 4]로 복제 후 내용 수정

STEP 01 제목 도형 삽입하기

▶ 도형 1 ⇒ 순서도 : '순서도: 종속 처리'

1 파워포인트 2021 프로그램을 실행한 후 [06차시] 폴더에서 **06차시(문제).pptx** 파일을 불러옵니다.

2 [슬라이드 2]에서 [삽입] 탭-[도형] → [순서도 – 순서도: 종속 처리(▢)]를 삽입합니다.

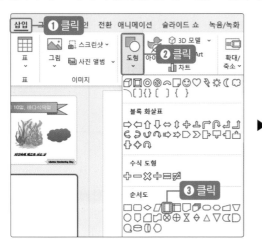

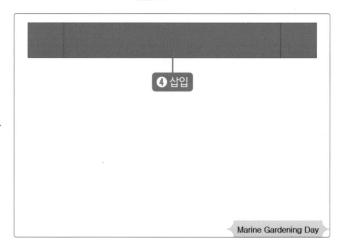

STEP 02 도형 서식 변경하기

▶ 도형 채우기('파랑, 강조 5, 80% 더 밝게'), 도형 윤곽선(실선, 색 : 연한 파랑, 너비 : 3pt, 겹선 종류 : 단순형),
도형 효과(그림자 – 바깥쪽 – 오프셋: 오른쪽 아래, 입체 효과 – 십자형으로)

1 도형이 선택된 상태에서 [도형 서식] 탭-[도형 채우기] → **[파랑, 강조 5, 80% 더 밝게]**를 클릭합니다.

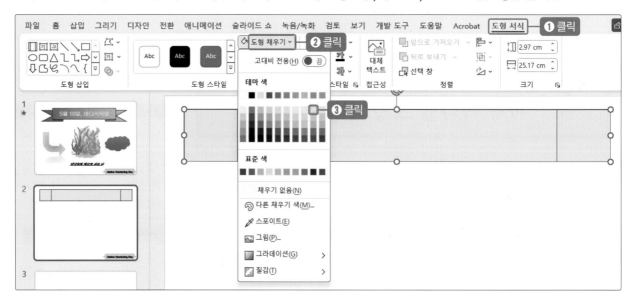

2 [도형 서식] 탭-[도형 윤곽선] → **[연한 파랑]**을 선택해 윤곽선 색상을 변경합니다.

3 윤곽선 두께를 변경하기 위해 [도형 윤곽선] → **[두께]-[3pt]**를 클릭합니다.

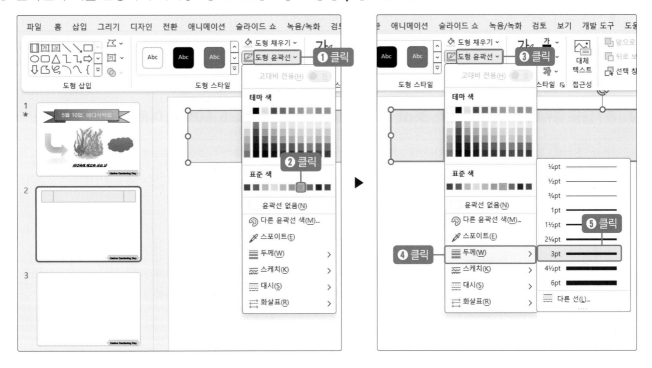

4 도형에 그림자 효과를 적용하기 위해 [도형 서식] 탭-[도형 효과]-[그림자] → **[바깥쪽 – 오프셋: 오른쪽 아래]**를 클릭합니다.

5 동일한 방법으로 [입체 효과] → **[십자형으로]**를 선택합니다.

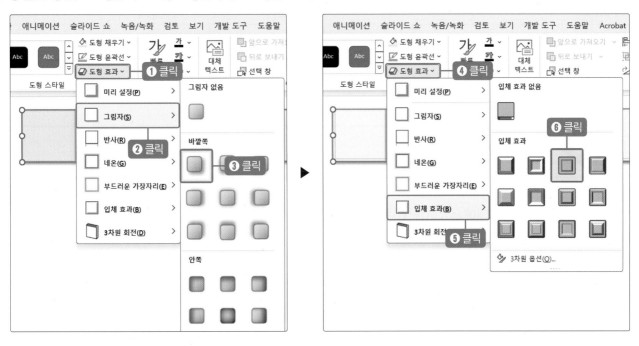

03 텍스트 입력 및 글꼴 서식 지정하기

▶ 글꼴(궁서, 36pt, 굵게, 기울임꼴, '파랑, 강조 5, 50% 더 어둡게')

1 도형이 선택된 상태에서 제목(**바다숲 필요성**)을 입력합니다.

2 [홈] 탭을 클릭해 글꼴 서식(궁서, 36pt, 굵게, 기울임꼴, '파랑, 강조 5, 50% 더 어둡게')을 지정합니다.

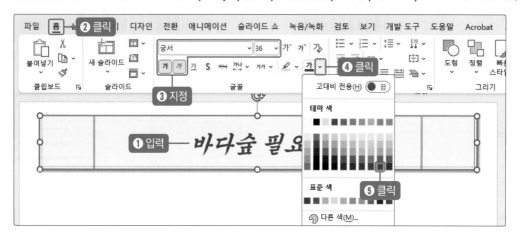

글꼴 그룹 살펴보기

글꼴 그룹 중 DIAT 프리젠테이션 시험에서 꼭 필요한 기능만 표시했으니 숙지하도록 합니다.

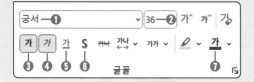

① 글꼴
② 글꼴 크기
③ 굵게
④ 기울임꼴
⑤ 밑줄
⑥ 텍스트 그림자
⑦ 글꼴 색

04 제목 도형 복사하기

1 제목 도형이 선택된 상태에서 Ctrl + C 를 눌러 도형을 **복사**합니다.

➡ 도형 위에서 마우스 오른쪽 버튼을 누르면 표시되는 바로 가기 메뉴의 [복사]를 이용하는 방법도 있어요.

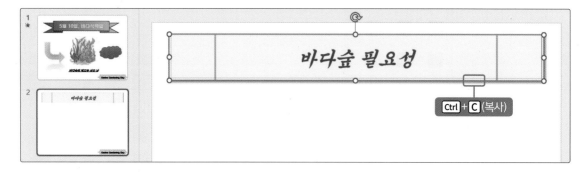

2 [슬라이드 3]을 클릭한 후 Ctrl+V를 눌러 **도형을 붙여넣고** 수정할 내용(**미래 바다숲 조성 예상 면적**)을 입력합니다.

➕ 슬라이드의 빈 곳 위에서 마우스 오른쪽 버튼을 누르면 표시되는 [붙여넣기 옵션 – 대상 테마 사용] 메뉴를 이용하는 방법도 있어요.

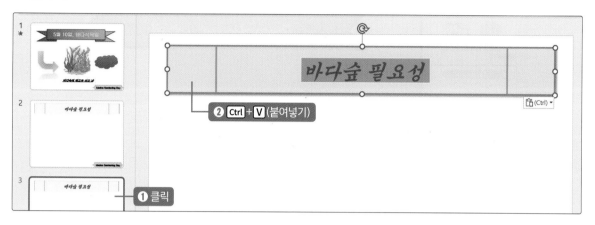

▼

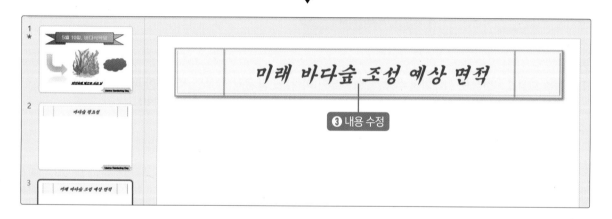

3 똑같은 방법으로 [슬라이드 4]의 제목을 완성합니다.

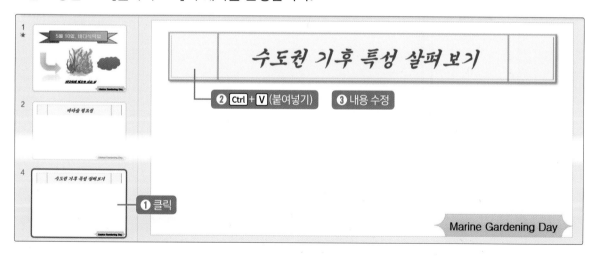

4 작업이 완료되면 [저장(🖫)]을 클릭하거나 Ctrl+S를 눌러 **답안 파일을 저장**합니다.

➕ 시험이 진행되는 40분 동안 수시로 저장하여 작업된 내용이 누락되지 않도록 해요.

01 아래의 작성조건 및 출력형태에 알맞게 작업하시오.

실습파일 : 06-01(문제).pptx
완성파일 : 06-01(완성).pptx

《출력형태》

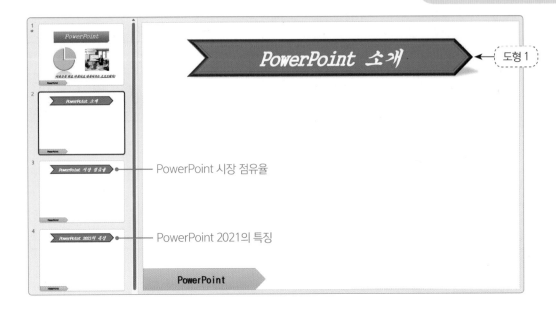

《작성조건》

▶ 도형 1 ⇒ 블록 화살표 : '화살표: 갈매기형 수장', 도형 채우기(파랑), 도형 윤곽선(실선, 색 : 진한 파랑, 너비 : 6pt, 겹선 종류 : 단순형), 도형 효과(그림자 – 원근감 – 원근감: 오른쪽 위, 입체 효과 – 디벗), 글꼴(궁서체, 40pt, 굵게, 기울임꼴)

02 아래의 작성조건 및 출력형태에 알맞게 작업하시오.

실습파일 : 06-02(문제).pptx
완성파일 : 06-02(완성).pptx

《출력형태》

《작성조건》

▶ 도형 1 ⇒ 블록 화살표 : '화살표: 오각형', 도형 채우기(연한 파랑, 밝은 그라데이션 – '선형 대각선 – 오른쪽 위에서 왼쪽 아래로'), 도형 윤곽선(실선, 색 : 파랑, 너비 : 3pt, 겹선 종류 : 단순형), 도형 효과(그림자 – 바깥쪽 – 오프셋: 아래쪽, 네온 – '네온: 8pt, 파랑, 강조색 5'), 글꼴(굴림체, 36pt, 기울임꼴, 텍스트 그림자, '검정, 텍스트 1')

03 아래의 작성조건 및 출력형태에 알맞게 작업하시오.

실습파일 : 06-03(문제).pptx
완성파일 : 06-03(완성).pptx

《출력형태》

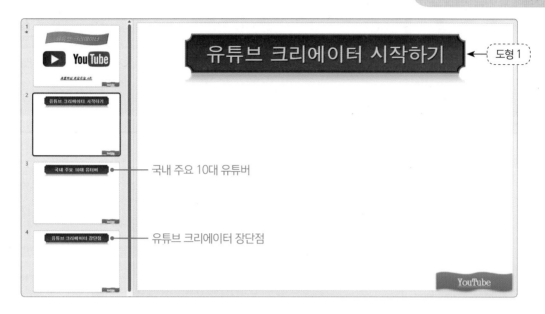

《작성조건》

▶ 도형 1 ⇒ 기본 도형 : '배지', 도형 채우기(진한 빨강, 어두운 그라데이션 – 선형 아래쪽),
도형 윤곽선(실선, 색 : '주황, 강조 2, 25% 더 어둡게', 너비 : 2.5pt, 겹선 종류 : 단순형),
도형 효과(반사 – '근접반사: 터치', 입체 효과 – 볼록하게), 글꼴(돋움, 40pt, 굵게, 텍스트 그림자, 노랑)

---

04 아래의 작성조건 및 출력형태에 알맞게 작업하시오.

실습파일 : 06-04(문제).pptx
완성파일 : 06-04(완성).pptx

《출력형태》

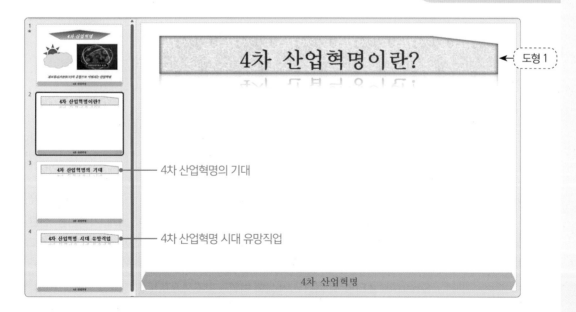

《작성조건》

▶ 도형 1 ⇒ 순서도 : '순서도: 카드', 도형 채우기(질감 : 파랑 박엽지),
도형 윤곽선(실선, 색 : 파랑, 너비 : 1pt, 겹선 종류 : 단순형),
도형 효과(그림자 – 안쪽 – 안쪽: 가운데, 반사 – '1/2 반사: 터치'), 글꼴(바탕체, 44pt, 굵게, 진한 파랑)

[슬라이드 2]
본론 도형 작성

❋실습파일 : 07차시(문제).pptx ❋ㄴ완성파일 : 07차시(완성).pptx

문제 미리보기

《출력형태》

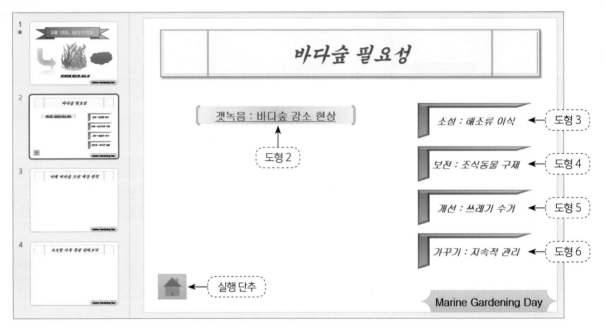

《작성조건》

(2) 본문

▶ 도형 2 ⇒ 기본 도형 : ' 양쪽 대괄호', 도형 채우기(주황, 밝은 그라데이션 – 가운데에서),
　　　　　　　도형 윤곽선(실선, 색 : '주황, 강조 2', 너비 : 4pt, 겹선 종류 : 이중),
　　　　　　　글꼴(굴림, 20pt, 굵게, 밑줄, '녹색, 강조 6, 50% 더 어둡게')

▶ 도형 3~6 ⇒ 기본 도형 : '1/2 액자', 도형 채우기(연한 녹색, 어두운 그라데이션 – '선형 대각선 – 왼쪽 위에서 오른쪽
　　　　　　　아래로'), 선 없음, 도형 효과(입체 효과 – 둥글게), 글꼴(굴림, 18pt, 굵게, 기울임꼴, 진한 파랑)

▶ 실행 단추 ⇒ 실행 단추 : '실행 단추: 홈으로 이동', 하이퍼링크 : 첫째 슬라이드, 도형 스타일('미세 효과 – 회색, 강조 3')

▶ SmartArt 삽입 ⇒ 계층구조형 : 조직도형, 글꼴(돋움, 18pt, 굵게, 텍스트 그림자, 가운데 맞춤),
　　　　　　　SmartArt 스타일(색 변경 – '색상형 범위 – 강조색 5 또는 6', 3차원 – 광택 처리),
　　　　　　　(반드시 SmartArt 기능을 이용하여 작성할 것)

▶ 애니메이션 지정 ⇒ SmartArt : 나타내기 – 도형

▶ 지시사항이 없는 부분은 《출력형태》와 동일하게 작성하시오.

작업 과정 미리보기

도형 2 작성 ▶ 도형 3~6 작성 ▶ 실행 단추 작성

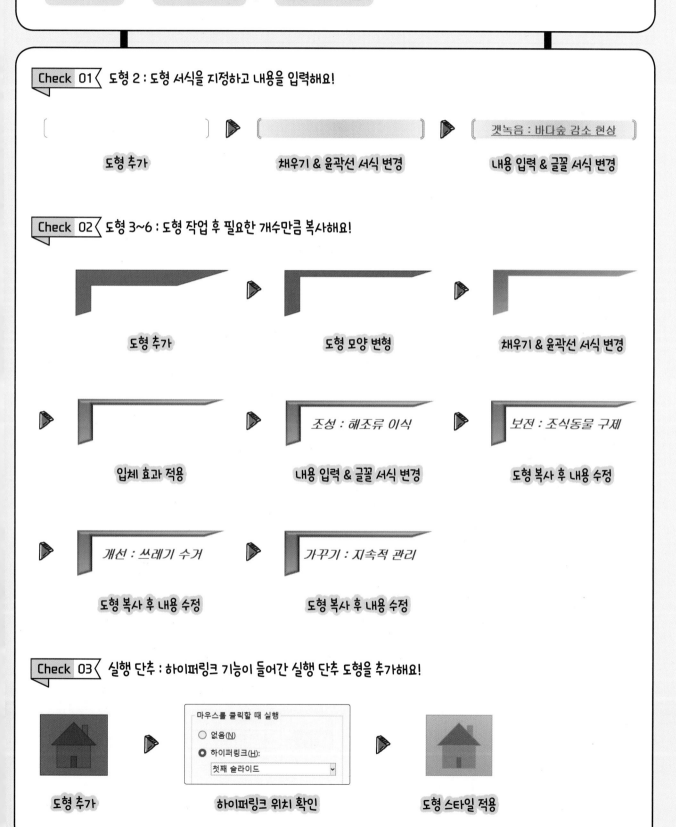

Check 01 도형 2 : 도형 서식을 지정하고 내용을 입력해요!

[   ] ▶ [   ] ▶ [갯녹음 : 바다숲 감소 현상]

도형 추가 　　　　 채우기 & 윤곽선 서식 변경 　　　　 내용 입력 & 글꼴 서식 변경

Check 02 도형 3~6 : 도형 작업 후 필요한 개수만큼 복사해요!

도형 추가 　　　　 도형 모양 변형 　　　　 채우기 & 윤곽선 서식 변경

입체 효과 적용 　　　　 *조성 : 해조류 이식* 　　　　 *보전 : 조식동물 구제*

　　　　 내용 입력 & 글꼴 서식 변경 　　　　 도형 복사 후 내용 수정

개선 : 쓰레기 수거 　　　　 *가꾸기 : 지속적 관리*

도형 복사 후 내용 수정 　　　　 도형 복사 후 내용 수정

Check 03 실행 단추 : 하이퍼링크 기능이 들어간 실행 단추 도형을 추가해요!

마우스를 클릭할 때 실행
○ 없음(N)
● 하이퍼링크(H):
　첫째 슬라이드

도형 추가 　　　　 하이퍼링크 위치 확인 　　　　 도형 스타일 적용

STEP 01 도형 2 작성하기

▶ 도형 2 ⇒ 기본 도형 : '양쪽 대괄호', 도형 채우기(주황, 밝은 그라데이션 – 가운데에서),
　　　　　도형 윤곽선(실선, 색 : '주황, 강조 2', 너비 : 4pt, 겹선 종류 : 이중),
　　　　　글꼴(굴림, 20pt, 굵게, 밑줄, '녹색, 강조 6, 50% 더 어둡게')

1 파워포인트 2021 프로그램을 실행한 후 [07차시] 폴더에서 **07차시(문제).pptx** 파일을 불러옵니다.

2 [슬라이드 2]에서 [삽입] 탭-[도형] → **[기본 도형 – 양쪽 대괄호(〔〕)]**를 삽입합니다.

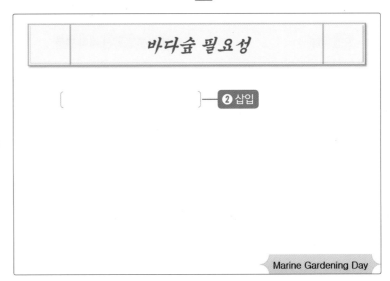

3 [도형 서식] 탭-[도형 채우기] → **[주황]**을 선택한 후 [그라데이션] → **[밝은 그라데이션 – 가운데에서]**를 지정합니다.

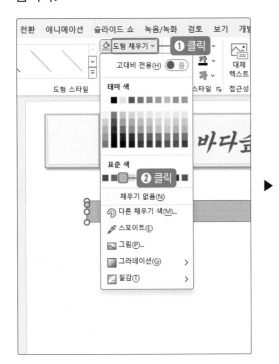

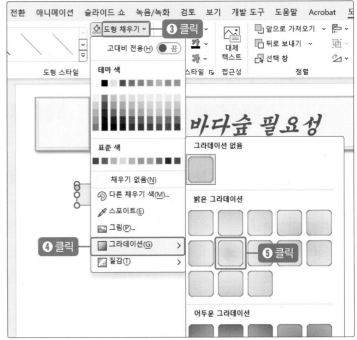

4 도형 윤곽선 서식을 지정하기 위해 도형 위에서 마우스 오른쪽 버튼을 눌러 **[도형 서식]**을 클릭합니다.

5 아래 그림을 참고하여 **선 색(주황, 강조 2), 너비(4pt), 겹선 종류(이중)**를 지정합니다.

6 도형이 선택된 상태에서 필요한 내용을 입력한 후 **글꼴 서식(굴림, 20pt, 굵게, 밑줄, '녹색, 강조 6, 50% 더 어둡게)**을 지정합니다.

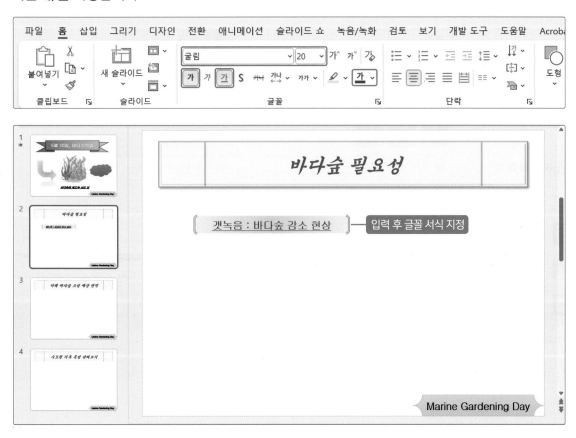

02 도형 3~6 작성하기

▶ 도형 3~6 ⇒ 기본 도형 : '1/2 액자', 도형 채우기(연한 녹색, 어두운 그라데이션 – '선형 대각선 – 왼쪽 위에서 오른쪽 아래로'), 선 없음, 도형 효과(입체 효과 – 둥글게), 글꼴(굴림, 18pt, 굵게, 기울임꼴, 진한 파랑)

1 [삽입] 탭-[도형] → [기본 도형 – 1/2 액자(⌐)]를 삽입한 후 노란 조절점(◉)으로 모양을 얇게 변형합니다.

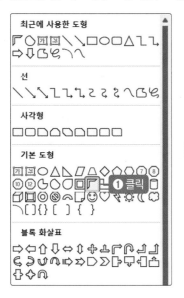 ▶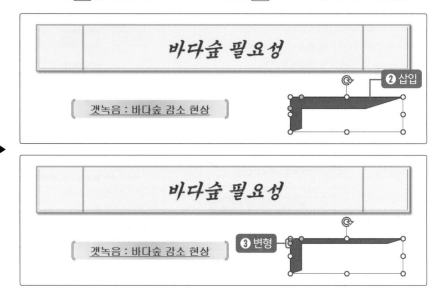

2 《작성조건》과 아래 과정을 참고하여 도형을 완성합니다.

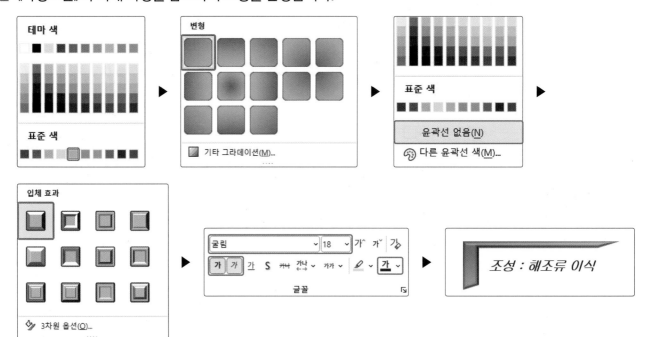

3 [Ctrl]+[Shift]를 누른 채 도형을 아래쪽으로 드래그하여 **복사한 후 내용을 수정합니다.**

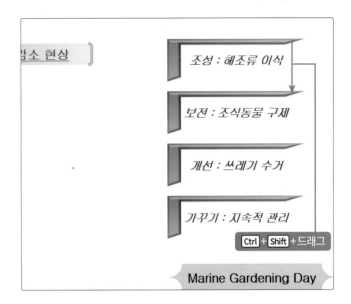

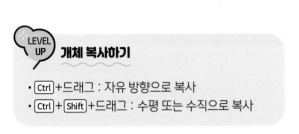

개체 복사하기

- [Ctrl]+드래그 : 자유 방향으로 복사
- [Ctrl]+[Shift]+드래그 : 수평 또는 수직으로 복사

STEP 03 실행 단추 작성하기

▶ 실행 단추 ⇒ 실행 단추 : '실행 단추: 홈으로 이동', 하이퍼링크 : 첫째 슬라이드, 도형 스타일('미세 효과 – 회색, 강조 3')

1 [삽입] 탭-[도형] → [실행 단추 – 실행 단추: 홈으로 이동(⌂)]을 삽입합니다.

2 [도형 서식] 탭에서 자세히 단추(▾)를 눌러 [미세 효과 – 회색, 강조 3]을 선택합니다.

➕ 실행 단추에는 '도형 스타일'을 적용하도록 출제되고 있어요. 043 페이지를 참고해 스타일을 선택해 보세요.

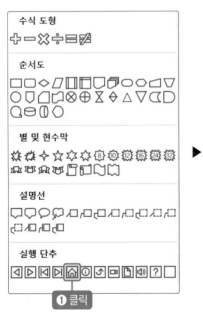

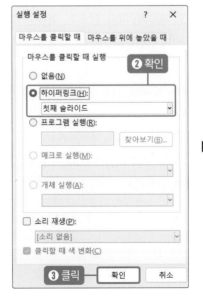

3 작업이 완료되면 [저장(💾)]을 클릭하거나 [Ctrl]+[S]를 눌러 **답안 파일을 저장합니다.**

➕ 시험이 진행되는 40분 동안 수시로 저장하여 작업된 내용이 누락되지 않도록 해요.

01 아래의 작성조건 및 출력형태에 알맞게 작업하시오.

실습파일 : 07-01(문제).pptx
완성파일 : 07-01(완성).pptx

《출력형태》

《작성조건》

▶ 도형 2 ⇒ 순서도 : '순서도: 자기 디스크', 도형 채우기('파랑, 강조 1', 어두운 그라데이션 – 선형 위쪽),
도형 윤곽선(실선, 색 : 진한 파랑, 너비 : 3pt, 겹선 종류 : 단순형, 대시 종류 : 둥근 점선),
글꼴(궁서, 22pt, 굵게, 기울임꼴)

▶ 도형 3~6 ⇒ 순서도 : '순서도: 문서', 도형 채우기('파랑, 강조 1', 밝은 그라데이션 – 선형 아래쪽), 선 없음,
도형 효과(그림자 – 바깥쪽 – 오프셋: 위쪽, 입체 효과 – 각지게),
글꼴(궁서, 18pt, 굵게, 텍스트 그림자, '청회색, 텍스트 2')

▶ 실행 단추 ⇒ 실행 단추 : '실행 단추 : 끝으로 이동', 하이퍼링크 : 마지막 슬라이드,
도형 스타일('미세 효과 – 황금색, 강조 4')

02 아래의 작성조건 및 출력형태에 알맞게 작업하시오.

실습파일 : 07-02(문제).pptx
완성파일 : 07-02(완성).pptx

《출력형태》

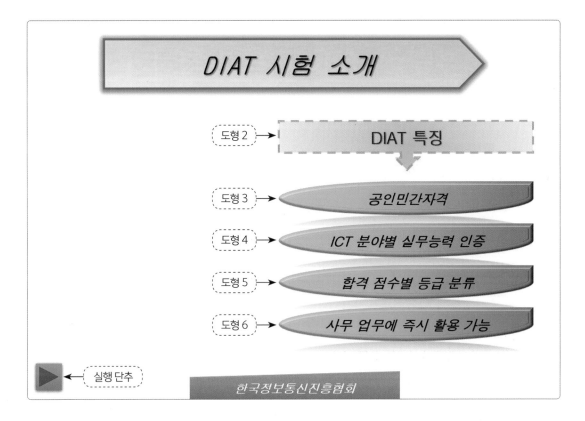

《작성조건》

▶ 도형 2 ⇒ 블록 화살표 : '설명선: 아래쪽 화살표', 도형 채우기(녹색, 밝은 그라데이션 – 가운데에서),
　　　　　도형 윤곽선(실선, 색 : '녹색, 강조 6', 너비 : 3pt, 겹선 종류 : 이중, 대시 종류 : 파선),
　　　　　글꼴(돋움, 24pt, 굵게, 텍스트 그림자, 진한 파랑)

▶ 도형 3~6 ⇒ 기본 도형 : '눈물 방울', 도형 채우기(연한 녹색, 어두운 그라데이션 – 선형 왼쪽), 선 없음,
　　　　　도형 효과(입체 효과 – 리블렛, 반사 – '근접 반사: 터치'),
　　　　　글꼴(돋움, 20pt, 굵게, 기울임꼴, '검정, 텍스트 1')

▶ 실행 단추 ⇒ 실행 단추 : '실행 단추 : 앞으로 또는 다음으로 이동', 하이퍼링크 : 다음 슬라이드,
　　　　　도형 스타일('강한 효과 – 파랑, 강조 5')

《출력형태》

《작성조건》

▶ 도형 2 ⇒ 별 및 현수막 : '리본: 위로 기울어짐', 도형 채우기(파랑, 어두운 그라데이션 – 선형 위쪽),
　　　　　도형 윤곽선(실선, 색 : '흰색, 배경 1', 너비 : 2pt, 겹선 종류 : 굵고 얇음),
　　　　　글꼴(굴림체, 22pt, 굵게, 밑줄)

▶ 도형 3~6 ⇒ 순서도 : '순서도: 저장 데이터', 도형 채우기('주황, 강조 2', 밝은 그라데이션 – '선형 대각선 – 왼쪽 위에서
　　　　　오른쪽 아래로'), 선 없음, 도형 효과(그림자 – 바깥쪽 – 오프셋: 아래쪽),
　　　　　글꼴(굴림체, 20pt, 굵게, 기울임꼴, '청회색, 텍스트 2')

▶ 실행 단추 ⇒ 실행 단추 : '실행 단추 : 뒤로 또는 앞으로 이동', 하이퍼링크 : 이전 슬라이드,
　　　　　도형 스타일('색 채우기 – 녹색 강조 6')

《출력형태》

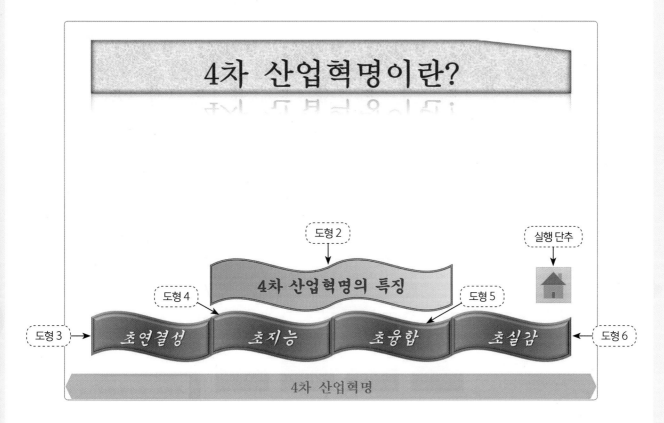

《작성조건》

▶ 도형 2 ⇒ 별 및 현수막 : '이중 물결', 도형 채우기('파랑', 밝은 그라데이션 – 왼쪽 위 모서리에서),
　　　　　도형 윤곽선(실선, 색 : '파랑, 강조 1, 50% 더 어둡게', 너비 : 3pt, 겹선 종류 : 이중),
　　　　　글꼴(궁서, 24pt, 굵게, '청회색, 텍스트 2')

▶ 도형 3~6 ⇒ 별 및 현수막 : '물결', 도형 채우기('주황, 강조 2', 어두운 그라데이션 – 가운데에서), 선 없음,
　　　　　도형 효과(입체 효과 – 둥글게 볼록), 글꼴(궁서, 24pt, 기울임꼴, 텍스트 그림자)

▶ 실행 단추 ⇒ 실행 단추 : '실행 단추 : 홈으로 이동', 하이퍼링크 : 첫째 슬라이드,
　　　　　도형 스타일('미세 효과 – 황금색, 강조 4')

✳ 실습파일 : 08차시(문제).pptx   ✳ 완성파일 : 08차시(완성).pptx

문제 미리보기

《출력형태》

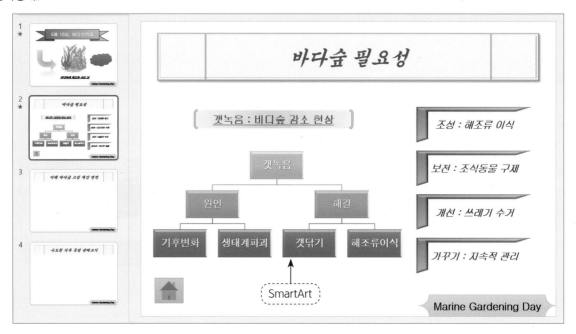

《작성조건》

(2) 본문

▶ 도형 2 ⇒ 기본 도형 : ' 양쪽 대괄호', 도형 채우기(주황, 밝은 그라데이션 – 가운데에서),
　　　　　　도형 윤곽선(실선, 색 : '주황, 강조 2', 너비 : 4pt, 겹선 종류 : 이중),
　　　　　　글꼴(굴림, 20pt, 굵게, 밑줄, '녹색, 강조 6, 50% 더 어둡게')

▶ 도형 3~6 ⇒ 기본 도형 : '1/2 액자', 도형 채우기(연한 녹색, 어두운 그라데이션 – '선형 대각선 – 왼쪽 위에서 오른쪽
　　　　　　　아래로'), 선 없음, 도형 효과(입체 효과 – 둥글게), 글꼴(굴림, 18pt, 굵게, 기울임꼴, 진한 파랑)

▶ 실행 단추 ⇒ 실행 단추 : '실행 단추: 홈으로 이동', 하이퍼링크 : 첫째 슬라이드, 도형 스타일('미세 효과 – 회색, 강조 3')

▶ SmartArt 삽입 ⇒ 계층구조형 : 조직도형, 글꼴(돋움, 18pt, 굵게, 텍스트 그림자, 가운데 맞춤),
　　　　　　　　SmartArt 스타일(색 변경 – '색상형 범위 – 강조색 5 또는 6', 3차원 – 광택 처리),
　　　　　　　　(반드시 SmartArt 기능을 이용하여 작성할 것)

▶ 애니메이션 지정 ⇒ SmartArt : 나타내기 – 도형

▶ 지시사항이 없는 부분은《출력형태》와 동일하게 작성하시오.

작업 과정 미리보기

SmartArt(스마트아트) 작성 ▷ SmartArt 스타일 지정 ▷ 애니메이션 지정

Check 01〉 SmartArt : 제시된 모양을 찾아 출력형태와 동일하게 편집한 후 애니메이션을 지정해요!

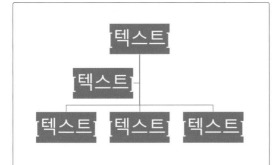

스마트아트 추가

불필요한 도형 삭제

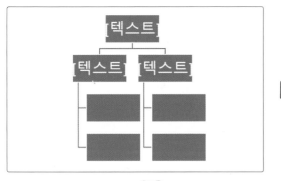

아래에 도형 추가

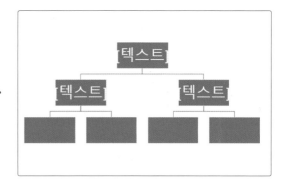

스마트아트 레이아웃 변경

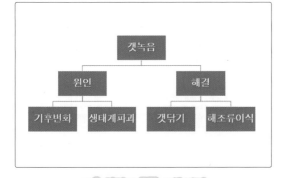

내용 입력 & 글꼴 서식 변경

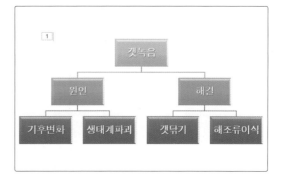

스마트아트 스타일 지정 & 애니메이션 적용

01 SmartArt 추가하기

▶ SmartArt 삽입 ⇒ 계층구조형 : 조직도형

1 파워포인트 2021 프로그램을 실행한 후 [08차시] 폴더에서 **08차시(문제).pptx** 파일을 불러옵니다.

2 [슬라이드 2]에서 [삽입] 탭-[SmartArt] → [계층 구조형]-[**조직도형**]을 선택한 후 <확인>을 클릭합니다.

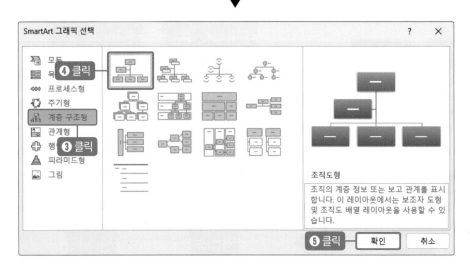

3 스마트아트가 삽입되면 '보조자' 도형의 테두리를 선택한 후 Delete 를 눌러 삭제합니다. 이어서, 두 번째 수준의 도형을 하나 더 삭제합니다.

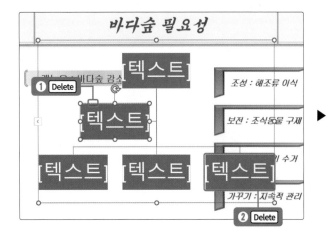 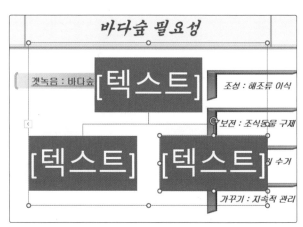

4 둘째 수준에서 앞쪽 도형을 선택한 후 [SmartArt 디자인]-[도형 추가] → **[아래에 도형 추가]**를 클릭합니다.

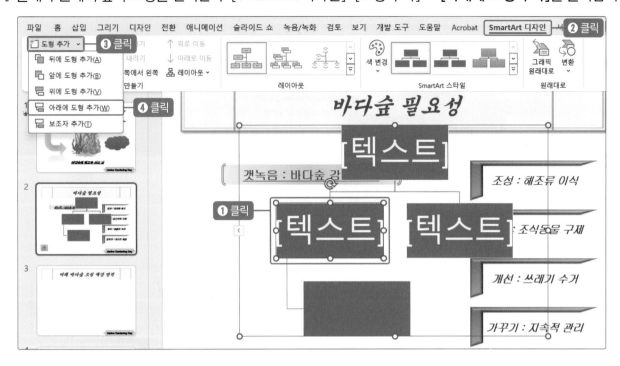

5 똑같은 방법으로 둘째 수준의 앞쪽 도형을 선택한 후 **[아래에 도형 추가]**를 클릭합니다.

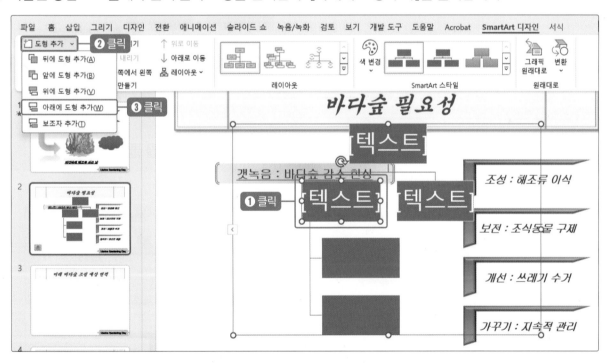

> ◈ **DIAT 꿀팁**
> 스마트아트의 종류는 다양하게 출제되고 있습니다. 책에서는 비교적 작업이 까다로운 '계층구조형 - 조직도형'을 만들었으며,
> 084-085 페이지의 연습문제를 통해 여러 가지 유형의 스마트아트를 작성하는 방법을 숙지하시기 바랍니다.

6 둘째 수준의 뒤쪽 도형 아래에도 2개의 도형을 추가해 봅니다.

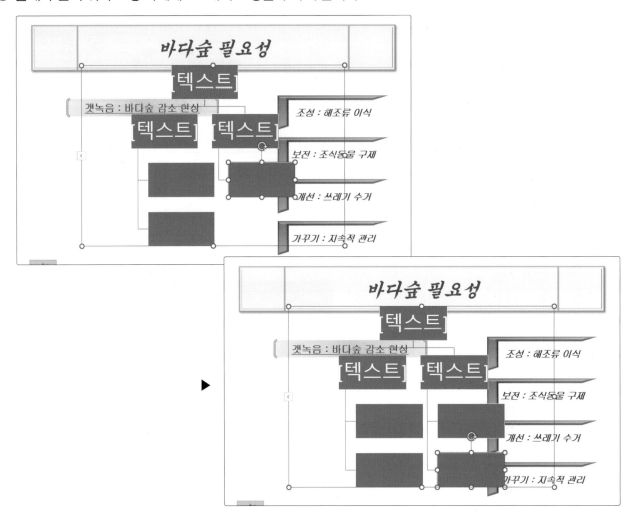

7 둘째 수준에서 앞쪽 도형을 선택한 후 [SmartArt 디자인]-[레이아웃] → **[표준]**을 클릭합니다.

8 똑같은 방법으로 뒤쪽 도형의 레이아웃을 변경합니다.

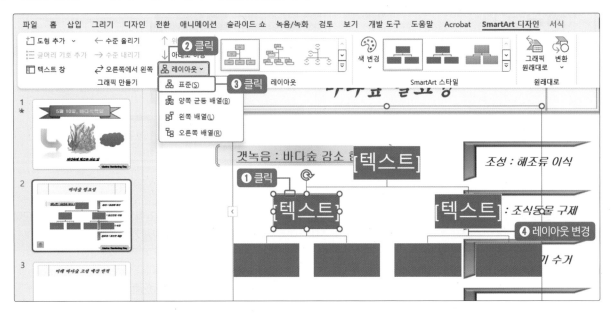

02 STEP SmartArt의 글꼴 서식 변경하기

▶ 글꼴(돋움, 18pt, 굵게, 텍스트 그림자, 가운데 맞춤)

1 《출력형태》와 비슷한 크기와 위치로 스마트아트를 조절한 뒤 도형을 선택해 내용을 입력합니다.

➕ 필요에 따라 Shift + Enter 를 누르면 2줄로 입력이 가능해요.

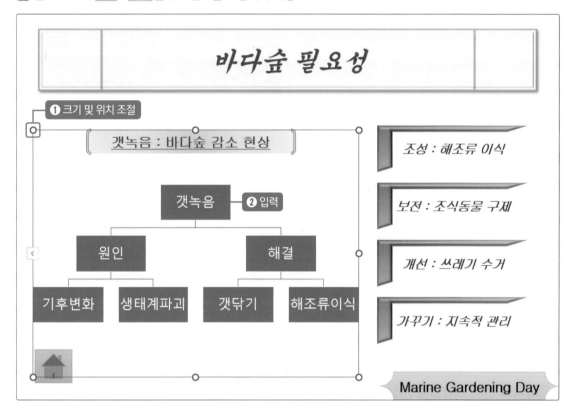

2 스마트아트의 바깥쪽 테두리가 선택된 상태에서 [홈] 탭을 클릭해 **글꼴 서식(돋움, 18pt, 굵게, 텍스트 그림자, 가운데 맞춤)**을 지정합니다.

LEVEL UP **글꼴 크기 변경**

글꼴 크기가 18+ 처럼 표시된다면, 18pt보다 크거나 작아질 수 있다는 뜻이에요. 글꼴 크기는 반드시 직접 입력하거나 선택하여 제시된 조건과 동일한 숫자가 표시(18)되도록 지정합니다.

SmartArt의 스타일 지정하기

▶ SmartArt 스타일(색 변경 – '색상형 범위 – 강조색 5 또는 6', 3차원 – 광택 처리),
 (반드시 SmartArt 기능을 이용하여 작성할 것)

1 스마트아트의 색상을 변경하기 위해 [SmartArt 디자인]–[색 변경] → **[색상형 범위 – 강조색 5 또는 6]**을 클릭합니다.

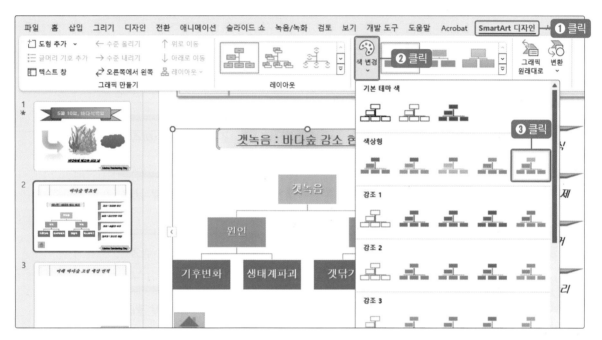

2 스마트아트 그래픽의 전체 스타일을 변경하기 위해 [SmartArt 디자인] 탭에서 자세히 단추(▽)를 눌러 [**3차원 – 광택 처리**]를 선택합니다.

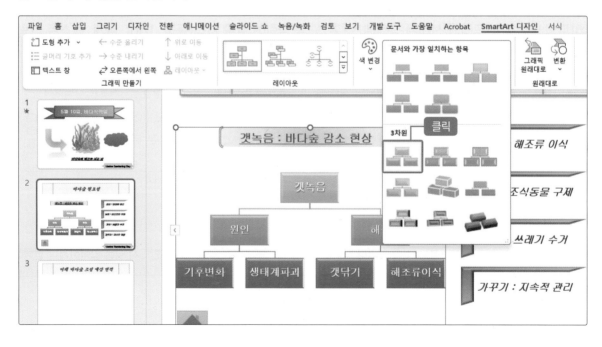

▶ 애니메이션 지정 ⇒ SmartArt : 나타내기 – 도형

1 스마트아트가 선택된 상태에서 [애니메이션] 탭-자세히 단추(▾) → [나타내기]-[도형]을 클릭합니다.

💬 목록에 필요한 애니메이션이 없을 경우, [추가 나타내기 효과]에서 찾을 수 있어요.

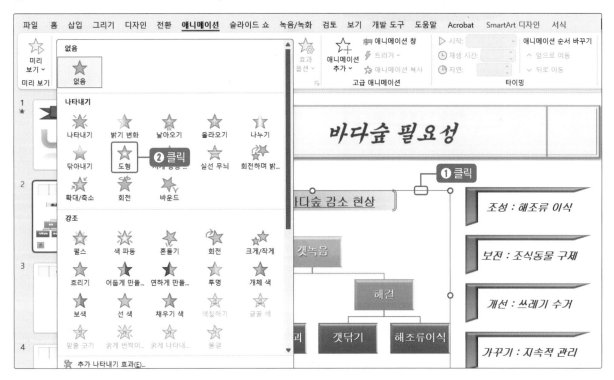

2 F5를 눌러 '스마트아트'에 애니메이션이 지정된 것을 확인할 수 있습니다.

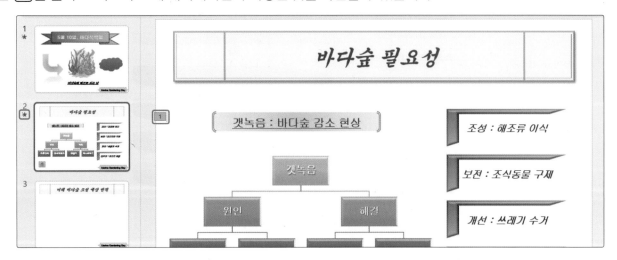

3 작업이 완료되면 [저장(💾)]을 클릭하거나 Ctrl+S를 눌러 **답안 파일을 저장**합니다.

💬 시험이 진행되는 40분 동안 수시로 저장하여 작업된 내용이 누락되지 않도록 해요.

01 아래의 작성조건 및 출력형태에 알맞게 작업하시오.

실습파일 : 08-01(문제).pptx
완성파일 : 08-01(완성).pptx

《출력형태》

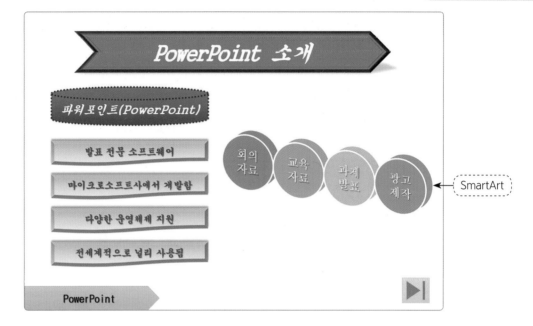

《작성조건》
▶ SmartArt 삽입 ⇒ 프로세스형 : 하위 단계 프로세스형, 글꼴(바탕체, 24pt, 굵게, 텍스트 그림자, 가운데 맞춤),
　　　　　　　　　　SmartArt 스타일(색 변경 – '색상형 – 강조색', 3차원 – 벽돌),
　　　　　　　　　　(반드시 SmartArt 기능을 이용하여 작성할 것)
▶ 애니메이션 지정 ⇒ SmartArt : 나타내기 – 나누기

02 아래의 작성조건 및 출력형태에 알맞게 작업하시오.

실습파일 : 08-02(문제).pptx
완성파일 : 08-02(완성).pptx

《출력형태》

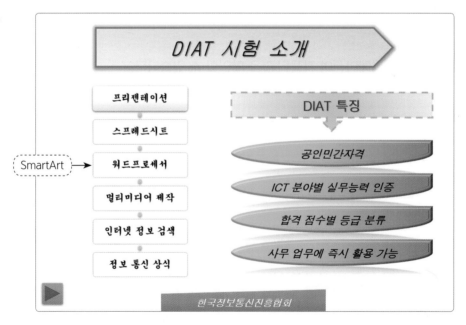

《작성조건》
▶ SmartArt 삽입 ⇒ 프로세스형 : 프로세스 목록형, 글꼴(궁서, 18pt, 굵게, 가운데 맞춤),
　　　　　　　　　　SmartArt 스타일(색 변경 – '색 윤곽선 – 강조 6', 강한 효과),
　　　　　　　　　　(반드시 SmartArt 기능을 이용하여 작성할 것)
▶ 애니메이션 지정 ⇒ SmartArt : 나타내기 – 밝기 변화

03 아래의 작성조건 및 출력형태에 알맞게 작업하시오.

실습파일 : 08-03(문제).pptx
완성파일 : 08-03(완성).pptx

《출력형태》

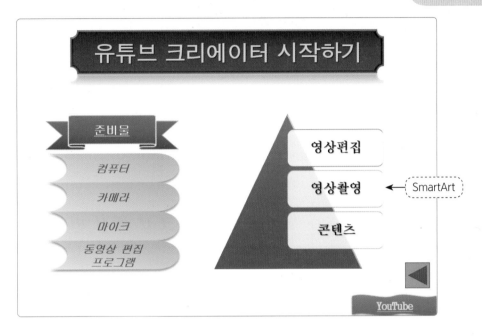

《작성조건》
▶ SmartArt 삽입 ⇒ 피라미드형 : 피라미드 목록형, 글꼴(바탕체, 24pt, 굵게, 텍스트 그림자, 가운데 맞춤),
　　　　　　　　　　SmartArt 스타일(색 변경 – '강조 2 – 그라데이션 반복 – 강조 2', 3차원 – 광택처리),
　　　　　　　　　　(반드시 SmartArt 기능을 이용하여 작성할 것)
▶ 애니메이션 지정 ⇒ SmartArt : 나타내기 – 도형

04 아래의 작성조건 및 출력형태에 알맞게 작업하시오.

실습파일 : 08-04(문제).pptx
완성파일 : 08-04(완성).pptx

《출력형태》

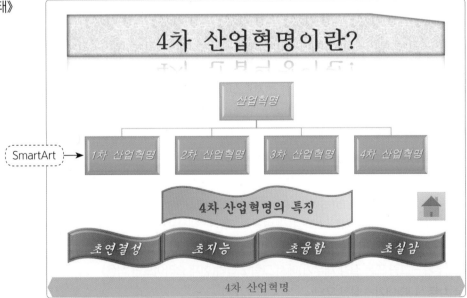

《작성조건》
▶ SmartArt 삽입 ⇒ 계층 구조형 : 조직도형, 글꼴(돋움체, 20pt, 기울임꼴, 텍스트 그림자, 가운데 맞춤),
　　　　　　　　　　SmartArt 스타일(색 변경 – '색상형 범위 – 강조색 5 또는 6', 3차원-경사),
　　　　　　　　　　(반드시 SmartArt 기능을 이용하여 작성할 것)
▶ 애니메이션 지정 ⇒ SmartArt : 나타내기 – 확장

DIAT 프리젠테이션　085　출제유형 마스터하기 08

출제유형 마스터하기 09

[슬라이드 3] 표 작성 및 편집

✹ 실습파일 : 09차시(문제).pptx　✹ 완성파일 : 09차시(완성).pptx

《출력형태》

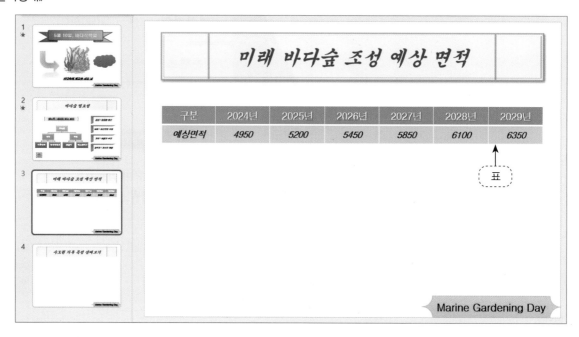

《작성조건》

(2) 본문 (※ 차트 작성은 반드시 '차트삽입 → 데이터입력 → 차트스타일' 순으로 작성바랍니다.)

▶ 텍스트 상자 1([단위 : ha]) ⇒ 글꼴(궁서, 16pt, 굵게)

▶ 표 ⇒ 표 스타일(중간 – 보통 스타일 2 – 강조 6),

　　　가장 위의 행 : 글꼴(돋움, 18pt, 굵게, 텍스트 그림자, 가운데 맞춤),

　　　나머지 행 : 글꼴(돋움, 16pt, 굵게, 기울임꼴, 가운데 맞춤)

▶ 텍스트 상자 2([출처 : 해양수산부]) ⇒ 글꼴(궁서, 16pt, 굵게)

▶ 차트 ⇒ 세로 막대형 : 묶은 세로 막대형, 차트 스타일(색 변경 – '다양한 색상표 3', 스타일 7),

　　　축 서식/데이터 레이블 : 글꼴(돋움, 15pt, 굵게), 범례 서식 : 글꼴(궁서, 16pt, 굵게, 기울임꼴), 데이터는 표 참고

▶ 배경 ⇒ 배경 서식(채우기 – 그림 또는 질감 채우기)에서 그림 2 삽입(현재 슬라이드만 적용)

▶ 애니메이션 지정 ⇒ 차트 : 나타내기 – 실선 무늬

▶ 지시사항이 없는 부분은 《출력형태》와 동일하게 작성하시오.

표 삽입 ▷ 표 스타일 지정 ▷ 표 내용 입력 ▷ 글꼴 서식 변경 ▷ 내용 정렬

Check 01 표 : 출력형태를 참고하여 비슷한 크기와 위치에 표를 삽입한 후 편집해요!

▽ 표 삽입

▽ 표 스타일 지정

구분	2024년	2025년	2026년	2027년	2028년	2029년
예상면적	4950	5200	5450	5850	6100	6350

▽ 표 내용 입력

구분	2024년	2025년	2026년	2027년	2028년	2029년
예상면적	4950	5200	5450	5850	6100	6350

▽ 가장 위의 행 글꼴 서식 변경

구분	2024년	2025년	2026년	2027년	2028년	2029년
예상면적	4950	5200	5450	5850	6100	6350

▽ 나머지 행 글꼴 서식 변경

구분	2024년	2025년	2026년	2027년	2028년	2029년
예상면적	4950	5200	5450	5850	6100	6350

내용 정렬

▶ 표 ⇒ 표 스타일(중간 – 보통 스타일 2 – 강조 6)

1 파워포인트 2021 프로그램을 실행한 후 [09차시] 폴더에서 **09차시(문제).pptx** 파일을 불러옵니다.

2 [슬라이드 3]에서 [삽입] 탭–[표]를 클릭해 **7×2 사이즈**로 표를 삽입한 후 크기와 위치를 조절합니다.

　➕ [표]–[표 삽입]을 클릭해 숫자를 입력하는 방법도 있어요. (열 : 가로 칸, 행 : 세로 줄)

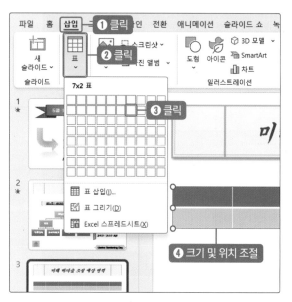

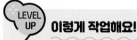

LEVEL UP 이렇게 작업해요!

• 086 페이지의 《출력형태》를 참고해 크기와 위치를 맞춰줍니다.
• 표 크기 조절 : 표 주변에 표시된 조절점(◓)을 드래그
• 셀 크기 조절 : 셀을 구분짓는 선(╫)을 드래그
• 표 위치 변경 : 표의 테두리(⊞)를 드래그

3 [테이블 디자인] 탭에서 자세히 단추(▽)를 눌러 **[중간 – 보통 스타일 2 – 강조 6]**을 클릭합니다.

　➕ 표 스타일을 변경하면 표 안의 글꼴 서식이 함께 변경되기 때문에 표 스타일 지정 후 글꼴 서식을 변경해요.

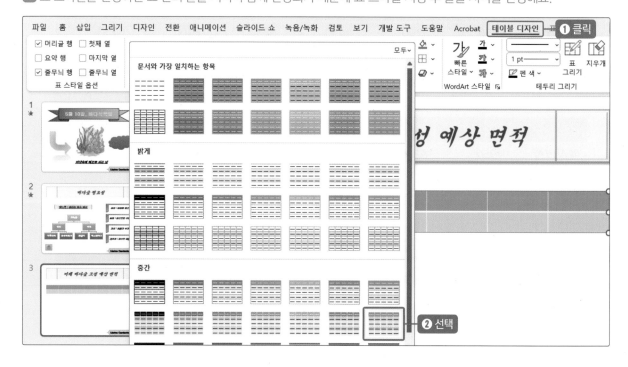

STEP 02 표 안의 글꼴 서식 변경하기

▶ 가장 위의 행 : 글꼴(돋움, 18pt, 굵게, 텍스트 그림자, 가운데 맞춤),
  나머지 행 : 글꼴(돋움, 16pt, 굵게, 기울임꼴, 가운데 맞춤)

1 아래 그림을 참고하여 표 내용을 입력해 봅니다.

　🔧 표 안쪽 셀이 선택된 상태에서 [Tab]이나 방향키를 눌러 다음 칸으로 이동시킬 수 있어요.

2 가장 위의 행을 블록으로 지정한 후 **글꼴 서식(돋움, 18pt, 굵게, 텍스트 그림자)**을 변경합니다.

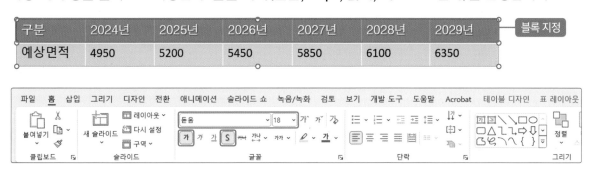

3 이번에는 나머지 행을 블록으로 지정한 후 **글꼴 서식(돋움, 16pt, 굵게, 기울임꼴)**을 변경합니다.

4 표의 테두리를 선택한 다음 [홈] 탭에서 **[가운데 맞춤]**과 [텍스트 맞춤]-[중간]을 지정합니다.

5 작업이 완료되면 [저장(🖫)]을 클릭하거나 [Ctrl]+[S]를 눌러 **답안 파일을 저장**합니다.

　🔧 시험이 진행되는 40분 동안 수시로 저장하여 작업된 내용이 누락되지 않도록 해요.

01 아래의 작성조건 및 출력형태에 알맞게 작업하시오.

실습파일 : 09-01(문제).pptx
완성파일 : 09-01(완성).pptx

《출력형태》

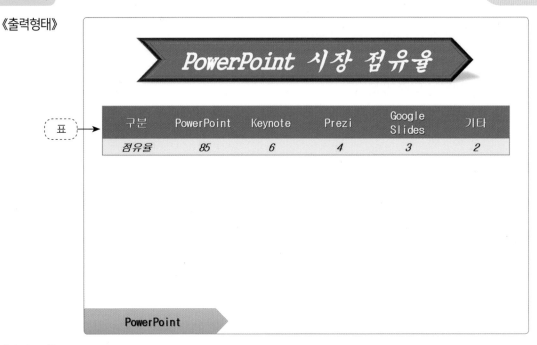

《작성조건》
▶ 표 ⇒ 표 스타일(중간 – 보통 스타일 1 – 강조 1), 가장 위의 행 : 글꼴(굴림체, 20pt, 굵게, 텍스트 그림자, 가운데 맞춤),
나머지 행 : 글꼴(굴림체, 18pt, 굵게, 기울임꼴, 가운데 맞춤)

02 아래의 작성조건 및 출력형태에 알맞게 작업하시오.

실습파일 : 09-02(문제).pptx
완성파일 : 09-02(완성).pptx

《출력형태》

DIAT 자격 취득 현황

연도	초급	중급	고급
2021	18,097	26,310	102,301
2022	17,980	27,581	106,256
2023	19,329	32,163	89,868
2024	18,148	32,750	82,669

한국정보통신진흥협회

《작성조건》
▶ 표 ⇒ 표 스타일(중간 – 보통 스타일 3 – 강조 2), 가장 위의 행 : 글꼴(돋움, 22pt, 굵게, 텍스트 그림자, 가운데 맞춤),
나머지 행 : 글꼴(돋움, 16pt, 굵게, 기울임꼴, 가운데 맞춤)

아래의 작성조건 및 출력형태에 알맞게 작업하시오.

실습파일 : 09-03(문제).pptx
완성파일 : 09-03(완성).pptx

《출력형태》

《작성조건》
▶ 표 ⇒ 표 스타일(밝게 – 밝은 스타일 2 – 강조 5), 가장 위의 행 : 글꼴(바탕, 20pt, 굵게, 텍스트 그림자, 가운데 맞춤),
　　나머지 행 : 글꼴(바탕, 18pt, 굵게, 기울임꼴, 가운데 맞춤)

04 아래의 작성조건 및 출력형태에 알맞게 작업하시오.

실습파일 : 09-04(문제).pptx
완성파일 : 09-04(완성).pptx

《출력형태》

《작성조건》
▶ 표 ⇒ 표 스타일(중간 – 보통 스타일 2 – 강조 6), 가장 위의 행 : 글꼴(궁서, 22pt, 굵게, 텍스트 그림자, 가운데 맞춤),
　　나머지 행 : 글꼴(궁서, 18pt, 굵게, 기울임꼴, 가운데 맞춤)

[슬라이드 3]
차트 작성 및 편집

※ 실습파일 : 10차시(문제).pptx　　※ 완성파일 : 10차시(완성).pptx

문제 미리보기

《출력형태》

차트

《작성조건》

(2) 본문 (※ 차트 작성은 반드시 '차트삽입 → 데이터입력 → 차트스타일' 순으로 작성바랍니다.)

▶ 텍스트 상자 1([단위 : ha]) ⇒ 글꼴(궁서, 16pt, 굵게)

▶ 표 ⇒ 표 스타일(중간 – 보통 스타일 2 – 강조 6),

　　　가장 위의 행 : 글꼴(돋움, 18pt, 굵게, 텍스트 그림자, 가운데 맞춤),

　　　나머지 행 : 글꼴(돋움, 16pt, 굵게, 기울임꼴, 가운데 맞춤)

▶ 텍스트 상자 2([출처 : 해양수산부]) ⇒ 글꼴(궁서, 16pt, 굵게)

▶ 차트 ⇒ 세로 막대형 : 묶은 세로 막대형, 차트 스타일(색 변경 – '다양한 색상표 3', 스타일 7),

　　　축 서식/데이터 레이블 : 글꼴(돋움, 15pt, 굵게), 범례 서식 : 글꼴(궁서, 16pt, 굵게, 기울임꼴), 데이터는 표 참고

▶ 배경 ⇒ 배경 서식(채우기 – 그림 또는 질감 채우기)에서 그림 2 삽입(현재 슬라이드만 적용)

▶ 애니메이션 지정 ⇒ 차트 : 나타내기 – 실선 무늬

▶ 지시사항이 없는 부분은 《출력형태》와 동일하게 작성하시오.

차트 삽입 ▶ 데이터 입력 ▶ 차트 스타일 지정 ▶ 차트 요소 변경 ▶ 글꼴 서식 변경 ▶ 애니메이션 지정

Check 01 차트 : 제시된 차트 모양을 찾아 편집한 후 애니메이션을 지정해요!

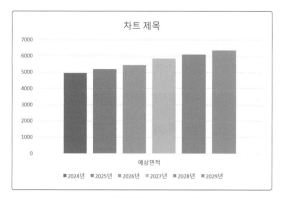

표 데이터를 활용해 차트 만들기

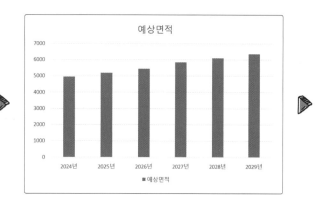

행/열 전환

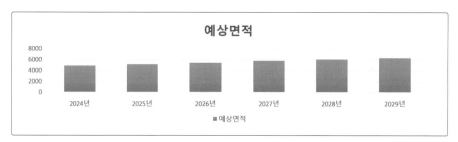

차트 스타일 변경

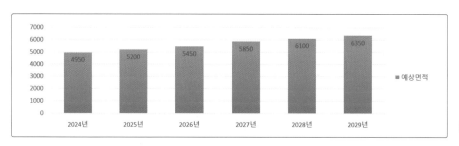

차트 요소 변경

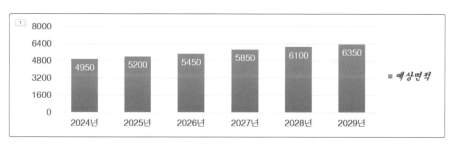

차트 글꼴 변경 & 애니메이션 적용

차트 삽입하기

▶ 차트 ⇒ 세로 막대형 : 묶은 세로 막대형

1 파워포인트 2021 프로그램을 실행한 후 [10차시] 폴더에서 **10차시(문제).pptx** 파일을 불러옵니다.

2 [슬라이드 3]의 표 안쪽 내용을 블록으로 지정하여 차트 삽입에 필요한 **데이터를 복사**합니다.

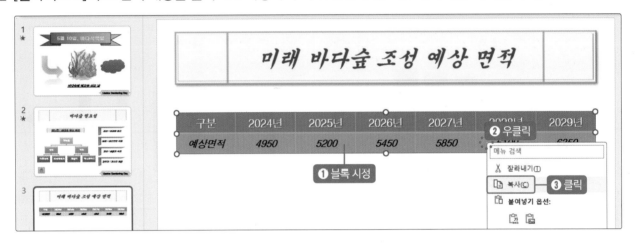

3 [삽입] 탭-[차트]를 클릭한 다음 [세로 막대형]-[**묶은 세로 막대형**]을 선택합니다.

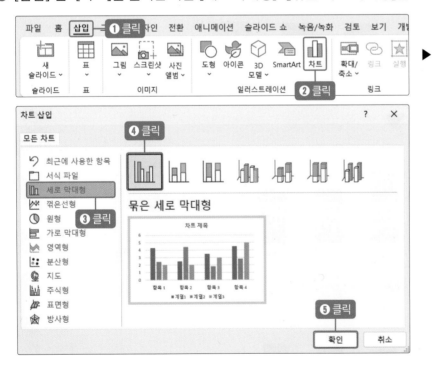

◇ **DIAT 꿀팁**
- 차트 종류는 '묶은 세로 막대형', '묶은 가로 막대형', '꺾은선형'이 주로 출제됩니다.
- 최근 '표식이 있는 꺾은선형'과 '누적 가로 막대형' 차트가 출제되었습니다.

4 차트가 삽입되면서 엑셀 창이 활성화되면 [A1] 셀을 클릭한 후 **데이터를 붙여넣기** 합니다.

➕ [A1] 셀을 클릭한 후 Ctrl + V 를 눌러 복사된 데이터를 붙여넣을 수 있어요.

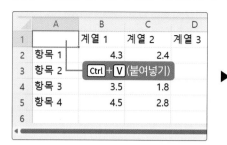
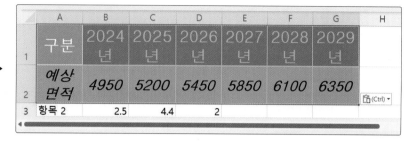

5 불필요한 데이터를 삭제하기 위해 **3~5행 머리글**을 드래그한 후 마우스 오른쪽 버튼을 눌러 **[삭제]**합니다.

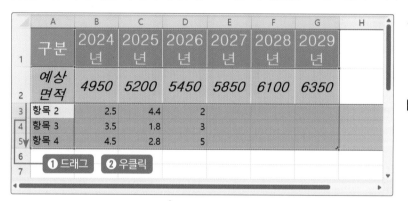

6 아래와 같이 차트에 사용될 데이터가 표시되는 것을 확인합니다.

➕ 차트 데이터를 직접 입력해도 되지만 표 내용을 복사 후 붙여넣으면 더 빠르고 정확하게 입력이 가능해요.

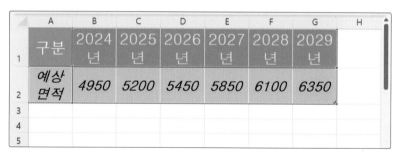

데이터 포함 범위 확인하기

셀의 우측 하단에 표시된 파란색 사각형 점까지가 차트를 만들 때 포함될 데이터 범위입니다.

7 [차트 디자인] 탭에서 [행/열 전환]을 클릭해《출력형태》와 동일한 모양으로 바꿔줍니다.

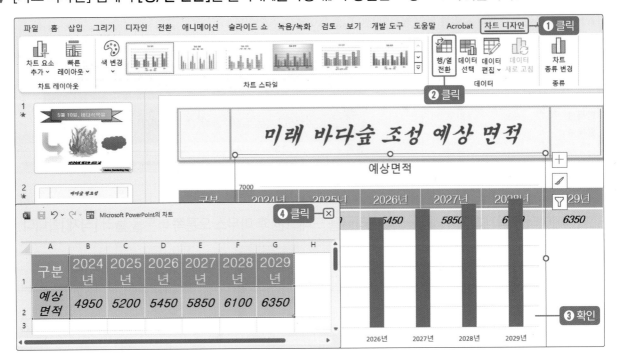

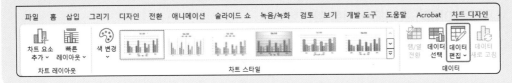

데이터 행/열 전환

[행/열 전환] 기능은 엑셀(Excel) 창이 실행된 상태에서만 작업이 가능합니다. 만약 데이터가 입력된 엑셀 창을 종료했다면, [차트 디자인] 탭-[데이터 편집]을 클릭하여 활성화해주세요.

8 아래 그림을 참고하여 차트의 크기와 위치를 조절합니다.

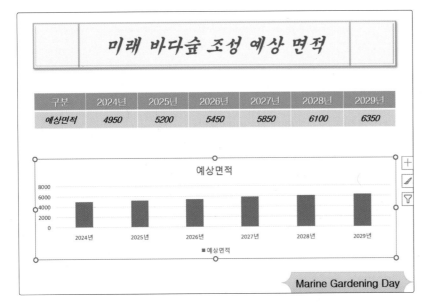

02 차트 스타일 변경하기

▶ 차트 스타일(색 변경 – '다양한 색상표 3', 스타일 7)

1 차트에 색상을 적용하기 위해 [차트 디자인] 탭에서 [색 변경] → [다양한 색상표 3]을 선택합니다.

2 이번에는 [차트 디자인] 탭에서 자세히 단추(⌄)를 눌러 [스타일 7]을 선택합니다.

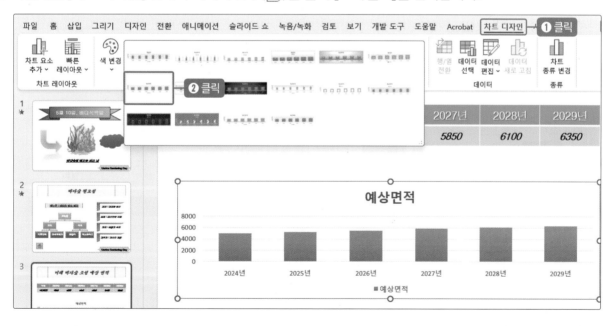

◈ DIAT 꿀팁

차트를 작성할 때는 《작성조건》에 표시된 순서대로 작업해야만 《출력형태》와 동일한 결과를 얻을 수 있습니다. 반드시 '차트 삽입 → 데이터입력 → 차트스타일' 순으로 작성바랍니다.

03 차트 요소 변경하기

1 《출력형태》와 같이 차트 제목을 없애기 위해 [차트 디자인] 탭에서 [차트 요소 추가]-[차트 제목] → **[없음]**을 클릭합니다.

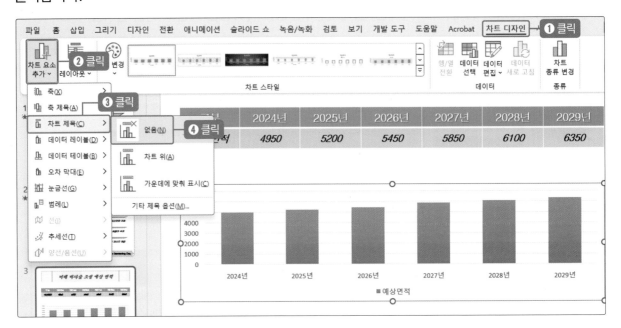

DIAT 꿀팁

차트 요소와 관련된 별도의 조건이 없기 때문에 《출력형태》를 참고해 동일한 레이아웃으로 편집합니다.

2 이번에는 범례를 이동시키기 위해 [차트 요소 추가]-[범례] → **[오른쪽]**을 클릭합니다.

➕ '범례'란 차트에서 표시하는 색깔 또는 모양이 무엇을 뜻하는지 설명하기 위한 요소예요.

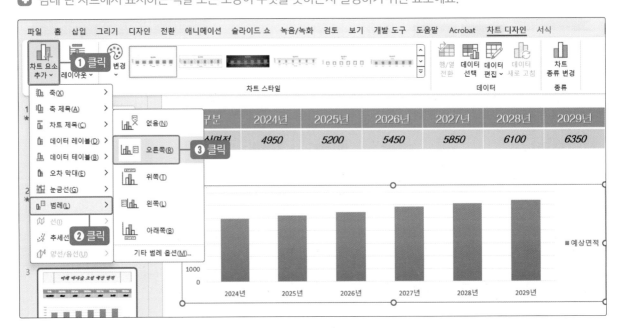

3 같은 기능을 이용해 [데이터 레이블] → **[안쪽 끝에]**로 지정합니다.

➕ '데이터 레이블'은 데이터 계열의 값을 빠르게 확인할 수 있도록 표시하는 기능이에요.

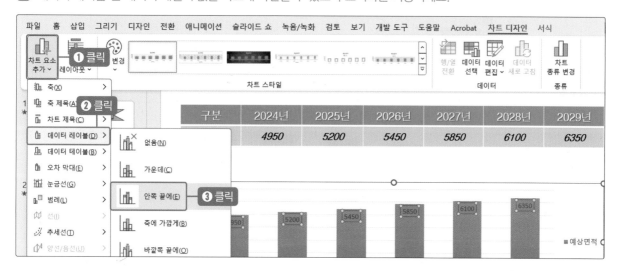

구분	2024년	2025년	2026년	2027년	2028년	2029년
	4950	5200	5450	5850	6100	6350

 04 차트 글꼴 및 축 서식 지정하기

▶ 차트 ⇒ 축 서식/데이터 레이블 : 글꼴(돋움, 15pt, 굵게), 범례 서식 : 글꼴(궁서, 16pt, 굵게, 기울임꼴)

1 차트의 바깥쪽 테두리를 선택한 후 [홈] 탭에서 **글꼴 서식(돋움, 15pt, 굵게)**을 지정합니다.

2 막대에 표시된 데이터 레이블을 선택한 후 색상을 '**흰색, 배경 1**'로 변경합니다.

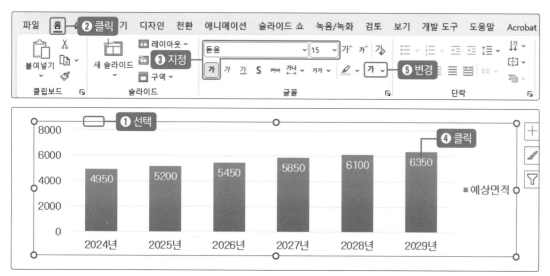

◆ **DIAT 꿀팁**
• 차트의 전체 글꼴 서식을 먼저 변경한 후, 범례 서식을 별도로 지정하는 것이 편리합니다.
• 데이터 레이블의 값(숫자)을 선택한 다음 《출력형태》를 참고하여 검정 혹은 흰색으로 맞춰줍니다.

3 범례를 선택한 후 [홈] 탭에서 **글꼴 서식(궁서, 16pt, 굵게, 기울임꼴)**을 지정합니다.

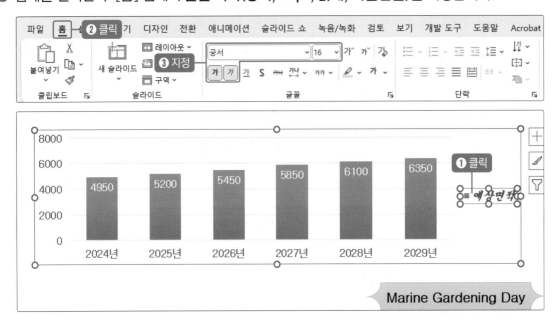

4 세로 축 위에서 마우스 오른쪽 버튼을 눌러 [축 서식]을 클릭한 다음 《출력형태》와 동일하게 표시될 수 있도록 축 옵션을 변경합니다.

◆ **DIAT 꿀팁**

축 서식의 눈금 단위를 변경하는 문제도 출제되고 있으니 축의 '최소값', '최대값', '기본(단위)' 값을 입력해 눈금 단위를 《출력형태》와 똑같이 설정하는 방법을 숙지합니다.

▶ 애니메이션 지정 ⇒ 차트 : 나타내기 – 실선 무늬

1 차트가 선택된 상태에서 [애니메이션] 탭-자세히 단추(▽)를 눌러 [실선 무늬]를 클릭합니다.

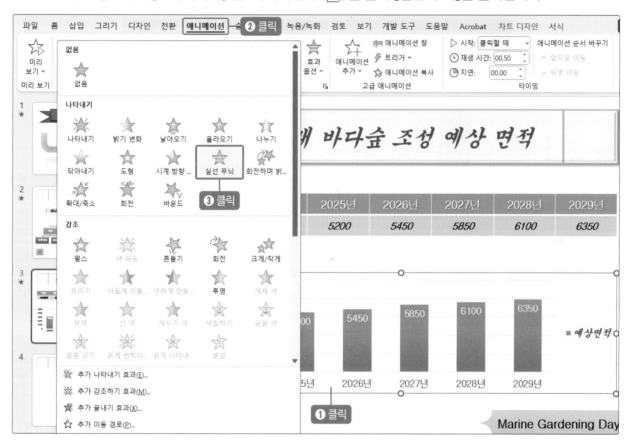

2 작업이 완료되면 [저장(💾)]을 클릭하거나 Ctrl+S를 눌러 **답안 파일을 저장**합니다.

⚙ 시험이 진행되는 40분 동안 수시로 저장하여 작업된 내용이 누락되지 않도록 해요.

01

실습파일 : 10-01(문제).pptx
완성파일 : 10-01(완성).pptx

아래의 작성조건 및 출력형태에 알맞게 작업하시오.

《출력형태》

《작성조건》 (※ 차트 작성은 반드시 '차트삽입 → 데이터입력 → 차트스타일' 순으로 작성바랍니다.)
▶ 차트 ⇒ 세로 막대형 : 묶은 세로 막대형, 차트 스타일(색 변경 – '다양한 색상표 3', 스타일 6),
　　축 서식/데이터 레이블 : 글꼴(굴림, 16pt, 굵게), 범례 서식 : 글꼴(굴림, 18pt, 굵게, 기울임꼴), 데이터는 표 참고
▶ 애니메이션 지정 ⇒ 차트 : 나타내기 – 바운드

02

실습파일 : 10-02(문제).pptx
완성파일 : 10-02(완성).pptx

아래의 작성조건 및 출력형태에 알맞게 작업하시오.

《출력형태》

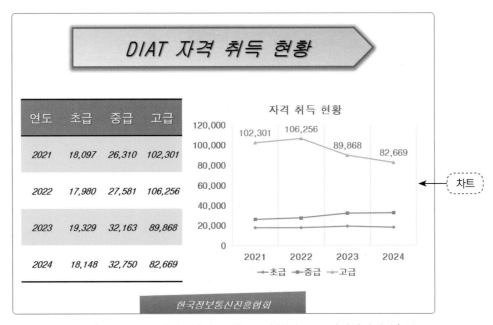

《작성조건》 (※ 차트 작성은 반드시 '차트삽입 → 데이터입력 → 차트스타일' 순으로 작성바랍니다.)
▶ 차트 ⇒ 꺾은선형 : 표식이 있는 꺾은선형, 차트 스타일(색 변경 – '다양한 색상표 4', 스타일 11),
　　축 서식/데이터 레이블 : 글꼴(돋움, 16pt, 굵게), 범례 서식 : 글꼴(돋움, 18pt, 굵게), 데이터는 표 참고
▶ 애니메이션 지정 ⇒ 차트 : 나타내기 – 떠오르기

실습파일 : 10-03(문제).pptx
완성파일 : 10-03(완성).pptx

03 아래의 작성조건 및 출력형태에 알맞게 작업하시오.

《출력형태》

《작성조건》 (※ 차트 작성은 반드시 '차트삽입 → 데이터입력 → 차트스타일' 순으로 작성바랍니다.)
▶ 차트 ⇒ 가로 막대형 : 묶은 가로 막대형, 차트 스타일(색 변경 – '단색 색상표 4', 스타일 7), 축 서식/데이터 레이블 : 글꼴
　　(바탕, 16pt, 굵게), 범례 서식 : 글꼴(궁서, 18pt, 기울임꼴, 텍스트 그림자), 데이터는 표 참고
▶ 애니메이션 지정 ⇒ 차트 : 나타내기 – 회전

실습파일 : 10-04(문제).pptx
완성파일 : 10-04(완성).pptx

04 아래의 작성조건 및 출력형태에 알맞게 작업하시오.

《출력형태》

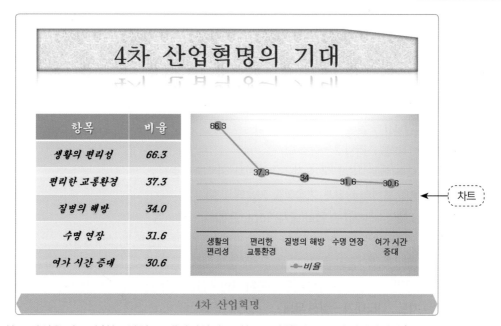

《작성조건》 (※ 차트 작성은 반드시 '차트삽입 → 데이터입력 → 차트스타일' 순으로 작성바랍니다.)
▶ 차트 ⇒ 꺾은선형 : 꺾은선형, 차트 스타일(색 변경 – '단색 색상표 6', 스타일 2),
　　　　 축 서식/데이터 레이블 : 글꼴(돋움, 14pt, 굵게), 범례 서식 : 글꼴(돋움, 16pt, 굵게, 기울임꼴), 데이터는 표 참고
▶ 애니메이션 지정 ⇒ 차트 : 나타내기 – 늘이기

[슬라이드 3]
텍스트 상자 및 배경 적용

※ 실습파일 : 11차시(문제).pptx   ※ 완성파일 : 11차시(완성).pptx

문제 미리보기

《출력형태》

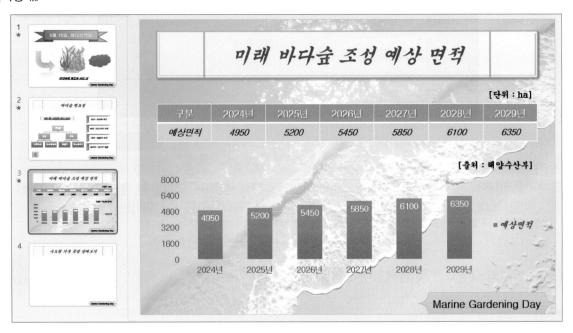

《작성조건》

(2) 본문 (※ 차트 작성은 반드시 '차트삽입 → 데이터입력 → 차트스타일' 순으로 작성바랍니다.)

▶ 텍스트 상자 1([단위 : ha]) ⇒ 글꼴(궁서, 16pt, 굵게)

▶ 표 ⇒ 표 스타일(중간 – 보통 스타일 2 – 강조 6),

　　　　가장 위의 행 : 글꼴(돋움, 18pt, 굵게, 텍스트 그림자, 가운데 맞춤),

　　　　나머지 행 : 글꼴(돋움, 16pt, 굵게, 기울임꼴, 가운데 맞춤)

▶ 텍스트 상자 2([출처 : 해양수산부]) ⇒ 글꼴(궁서, 16pt, 굵게)

▶ 차트 ⇒ 세로 막대형 : 묶은 세로 막대형, 차트 스타일(색 변경 – '다양한 색상표 3', 스타일 7),

　　　　축 서식/데이터 레이블 : 글꼴(돋움, 15pt, 굵게), 범례 서식 : 글꼴(궁서, 16pt, 굵게, 기울임꼴), 데이터는 표 참고

▶ 배경 ⇒ 배경 서식(채우기 – 그림 또는 질감 채우기)에서 그림 2 삽입(현재 슬라이드만 적용)

▶ 애니메이션 지정 ⇒ 차트 : 나타내기 – 실선 무늬

▶ 지시사항이 없는 부분은 《출력형태》와 동일하게 작성하시오.

텍스트 상자 1 작성 ▷ 텍스트 상자 2 작성 ▷ 배경 그림 채우기

Check 01 텍스트 상자 : 텍스트 상자 1을 작업한 후 복사하여 텍스트 상자 2를 완성해요!

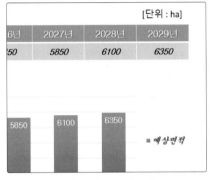

표 위쪽에 텍스트 상자 추가

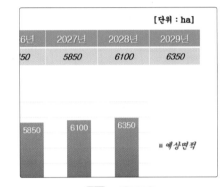

글꼴 서식 변경

텍스트 상자 복사

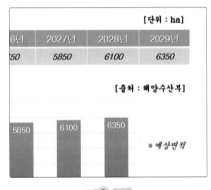

내용 수정

Check 02 배경 그림 채우기 : 슬라이드 3 배경에는 주어진 그림을 삽입해요!

슬라이드 배경 적용 전

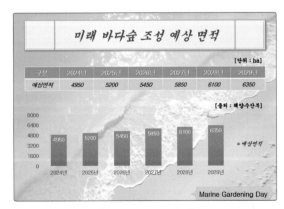

슬라이드 배경 적용 후

01 텍스트 상자 작성하기

▶ 텍스트 상자 1([단위 : ha]) ⇒ 글꼴(궁서, 16pt, 굵게)
▶ 텍스트 상자 2([출처 : 해양수산부]) ⇒ 글꼴(궁서, 16pt, 굵게)

1 파워포인트 2021 프로그램을 실행한 후 [11차시] 폴더에서 **11차시(문제).pptx** 파일을 불러옵니다.

2 [삽입] 탭-[가로 텍스트 상자 그리기]를 선택한 후 슬라이드의 빈 곳을 클릭해 내용을 입력합니다. 이어서, **글꼴** 서식을 변경합니다.

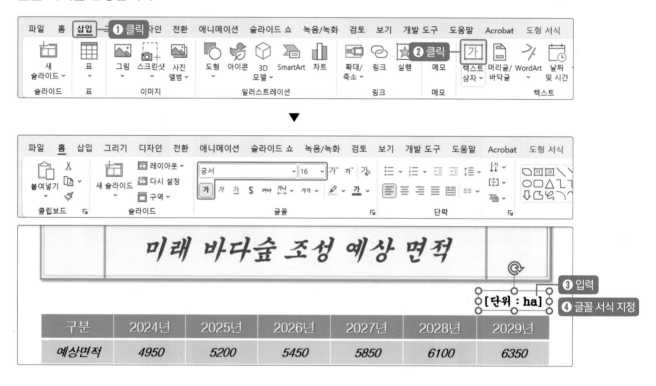

3 아래 과정을 참고하여 텍스트 상자를 복사한 후 내용을 수정합니다.

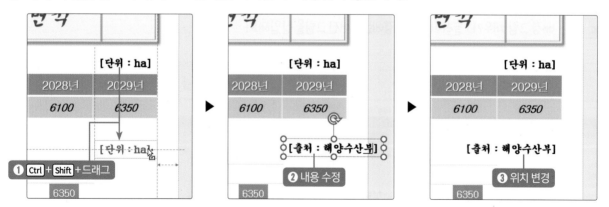

> ◈ **DIAT 꿀팁**
>
> 텍스트 상자 1과 텍스트 상자 2는 글꼴 서식이 동일하게 출제되고 있기 때문에 텍스트 상자를 복제하여 내용만 수정합니다.

▶ 배경 ⇒ 배경 서식(채우기 – 그림 또는 질감 채우기)에서 그림 2 삽입(현재 슬라이드만 적용)

1 슬라이드의 빈 곳을 마우스 오른쪽 버튼으로 눌러 [배경 서식]을 클릭합니다.

2 [배경 서식] 작업 창에서 [채우기]–[그림 또는 질감 채우기]를 선택한 후 <삽입>을 클릭합니다.

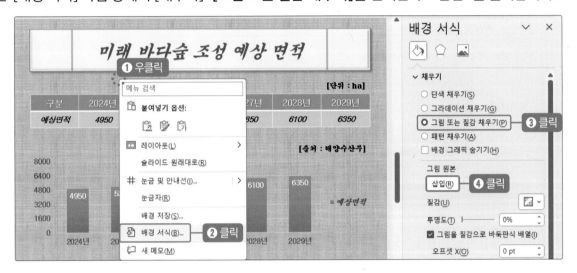

3 [11차시] 폴더에서 '그림 2' 파일을 선택한 후 <삽입>을 클릭합니다.

🔘 시험장에서는 [바탕 화면]–[KAIT]–[제출파일] 폴더 안에 '그림 1', '그림 2', '그림 3' 파일이 있어요.

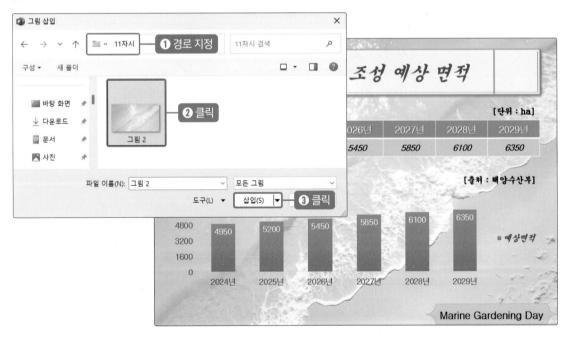

4 작업이 완료되면 [저장(💾)]을 클릭하거나 Ctrl+S를 눌러 **답안 파일을 저장**합니다.

🔘 시험이 진행되는 40분 동안 수시로 저장하여 작업된 내용이 누락되지 않도록 해요.

01 아래의 작성조건 및 출력형태에 알맞게 작업하시오.

실습파일 : 11-01(문제).pptx
완성파일 : 11-01(완성).pptx

《출력형태》

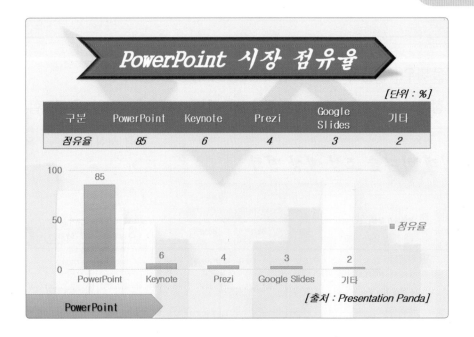

《작성조건》
▶ 텍스트 상자 1([단위 : %]) ⇒ 글꼴(돋움, 18pt, 굵게, 기울임꼴)
▶ 텍스트 상자 2([출처 : Presentation Panda]) ⇒ 글꼴(돋움, 18pt, 굵게, 기울임꼴)
▶ 배경 ⇒ 배경 서식(채우기 – 그림 또는 질감 채우기)에서 '그림2-1' 삽입(현재 슬라이드만 적용)

02 아래의 작성조건 및 출력형태에 알맞게 작업하시오.

실습파일 : 11-02(문제).pptx
완성파일 : 11-02(완성).pptx

《출력형태》

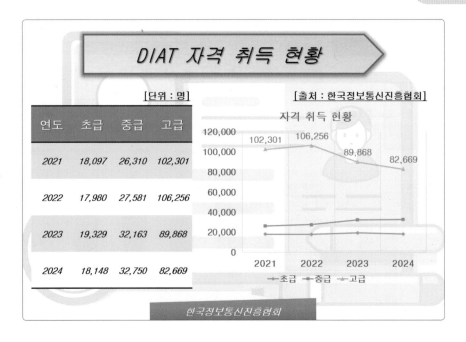

《작성조건》
▶ 텍스트 상자 1([단위 : 명]) ⇒ 글꼴(굴림, 18pt, 굵게, 밑줄)
▶ 텍스트 상자 2([출처 : 한국정보통신진흥협회]) ⇒ 글꼴(굴림, 18pt, 굵게, 밑줄)
▶ 배경 ⇒ 배경 서식(채우기 – 그림 또는 질감 채우기)에서 '그림2-2' 삽입(현재 슬라이드만 적용)

아래의 작성조건 및 출력형태에 알맞게 작업하시오.

실습파일 : 11-03(문제).pptx
완성파일 : 11-03(완성).pptx

《출력형태》

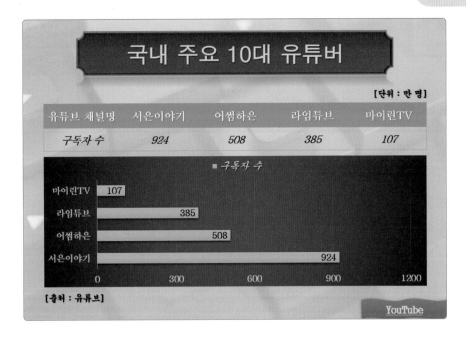

《작성조건》
▶ 텍스트 상자 1([단위 : 만 명]) ⇒ 글꼴(궁서, 16pt, 굵게, 텍스트 그림자)
▶ 텍스트 상자 2([출처 : 유튜브]) ⇒ 글꼴(궁서, 16pt, 굵게, 텍스트 그림자)
▶ 배경 ⇒ 배경 서식(채우기 – 그림 또는 질감 채우기)에서 '그림2-3' 삽입(현재 슬라이드만 적용)

04 아래의 작성조건 및 출력형태에 알맞게 작업하시오.

실습파일 : 11-04(문제).pptx
완성파일 : 11-04(완성).pptx

《출력형태》

4차 산업혁명의 기대

[단위 : %]   [출처 : 엠브레인]

항목	비율
생활의 편리성	66.3
편리한 교통환경	37.3
질병의 해방	34.0
수명 연장	31.6
여가 시간 증대	30.6

66.3
37.3
34
31.6
30.6

생활의   편리한   질병의 해방   수명 연장   여가 시간
편리성   교통환경   증대

◆ 비율

4차 산업혁명

《작성조건》
▶ 텍스트 상자 1([단위 : %]) ⇒ 글꼴(바탕, 18pt, 굵게)
▶ 텍스트 상자 2([출처 : 엠브레인]) ⇒ 글꼴(바탕, 18pt, 굵게)
▶ 배경 ⇒ 배경 서식(채우기 – 그림 또는 질감 채우기)에서 '그림2-4' 삽입(현재 슬라이드만 적용)

❋ 실습파일 : 12차시(문제).pptx   ❋ 완성파일 : 12차시(완성).pptx

 문제 미리보기

《출력형태》

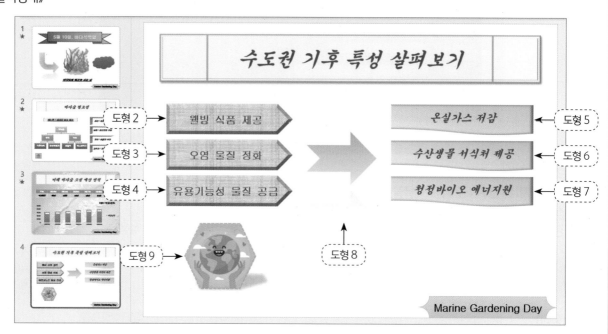

《작성조건》

(2) 본문

▶ 도형 2~4 ⇒ 블록 화살표 : '화살표: 오각형', 도형 채우기(질감 : 파피루스), 선 없음, 도형 효과(입체 효과 – 각지게),
　　　　　　　글꼴(굴림체, 20pt, 굵게, 진한 빨강)

▶ 도형 5~7 ⇒ 순서도 : '순서도: 문서', 도형 채우기(연한 파랑, 밝은 그라데이션 – '선형 대각선 – 왼쪽 위에서 오른쪽
　　　　　　　아래로'), 선 없음, 도형 효과(그림자 – 안쪽 – 안쪽: 왼쪽), 글꼴(궁서, 20pt, 굵게, 기울임꼴, 자주)

▶ 도형 8 ⇒ 블록 화살표 : '화살표: 톱니 모양의 오른쪽', 도형 채우기('흰색, 배경 1, 50% 더 어둡게',
　　　　　　밝은 그라데이션 – 선형 아래쪽), 선 없음, 도형 효과(반사 – '1/2 반사: 8pt 오프셋')

▶ 도형 9 ⇒ 기본 도형 : '육각형', 도형 채우기(그림 또는 질감 채우기) 기능을 사용하여 그림 3삽입,
　　　　　　도형 윤곽선(실선, 색 : 주황, 너비 : 2pt, 겹선 종류 : 단순형, 대시 종류 : 사각 점선),
　　　　　　도형 효과(그림자 – 원근감 – 원근감: 오른쪽 위)

▶ WordArt 삽입(매년 5월 10일은 바다식목일) ⇒ WordArt 스타일('그라데이션 채우기: 파랑, 강조색 5, 반사'),
　　　　　　　　　　　　　　　　　　　글꼴(궁서, 32pt, 기울임꼴)

▶ 지시사항이 없는 부분은 《출력형태》와 동일하게 작성하시오.

작업 과정 미리보기

도형 2~4 작성 ▷ 도형 5~7 작성 ▷ 도형 8 작성 ▷ 도형 9 작성

Check 01 〉 도형 2~4, 5~7 : 텍스트가 입력된 도형을 작성한 후 도형을 복사하여 완성해요!

	웰빙 식품 제공	웰빙 식품 제공
		오염 물질 정화
		유용기능성 물질 공급

도형 추가 ▷ 도형 & 글꼴 서식 변경 ▷ 복사 후 내용 수정

Check 02 〉 도형 8 : 도형을 삽입한 후 간단하게 서식을 적용해요!

도형 추가 ▷ 도형 서식 변경 ▷ 도형 효과 적용

Check 03 〉 도형 9 : 도형에 주어진 그림을 채우고, 윤곽선 서식을 변경한 후 도형 효과를 적용해요!

도형 추가 ▷ 도형에 그림 채우기 ▷ 윤곽선 서식 & 도형 효과 적용

▶ 도형 2~4 ⇒ 블록 화살표 : '화살표: 오각형', 도형 채우기(질감 : 파피루스), 선 없음,
도형 효과(입체 효과 – 각지게), 글꼴(굴림체, 20pt, 굵게, 진한 빨강)

1 파워포인트 2021 프로그램을 실행한 후 [12차시] 폴더에서 **12차시(문제).pptx** 파일을 불러옵니다.

2 [슬라이드 4]를 선택한 후 [삽입] 탭-[도형] → **[블록 화살표 – 화살표: 오각형(▷)]**을 삽입합니다.

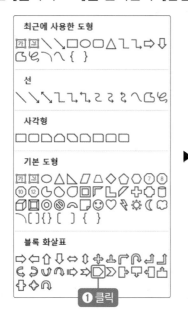

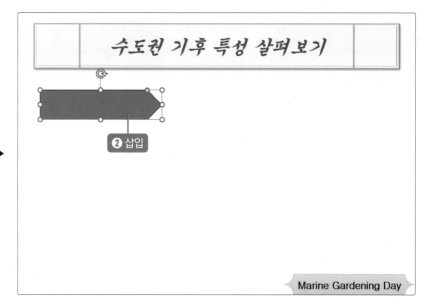

3 [도형 서식] 탭에서 [도형 채우기]-[질감] → **파피루스**, [도형 윤곽선] → **[윤곽선 없음]**을 지정합니다.

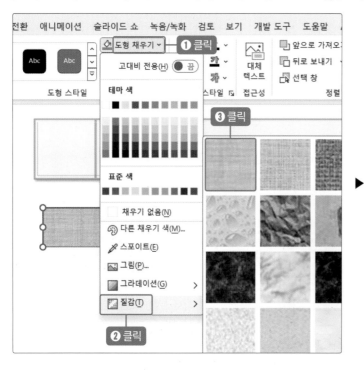

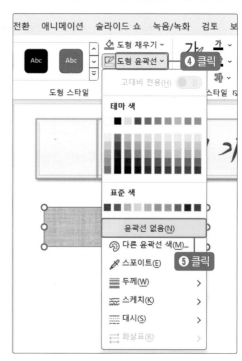

4 이번에는 [도형 서식] 탭에서 [도형 효과]-[입체 효과] → **[각지게]**를 적용합니다.

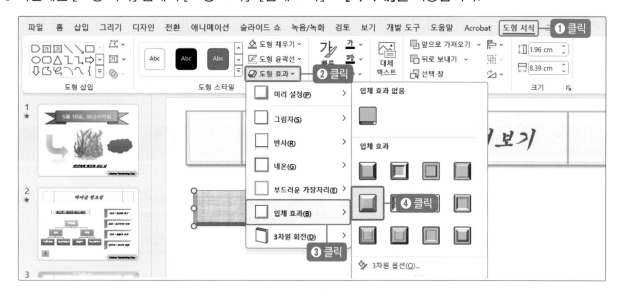

5 도형에 필요한 내용(**웰빙 식품 제공**)을 입력한 다음 글꼴 서식(**굴림체, 20pt, 굵게, 진한 빨강**)을 지정합니다.

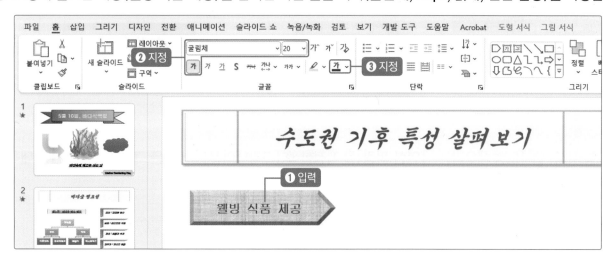

6 도형을 **반듯하게 복사**한 후 **내용을 수정**합니다.

　　⨁ Ctrl + Shift 를 누른 채 도형을 드래그하면 수직으로 반듯하게 복사할 수 있어요.

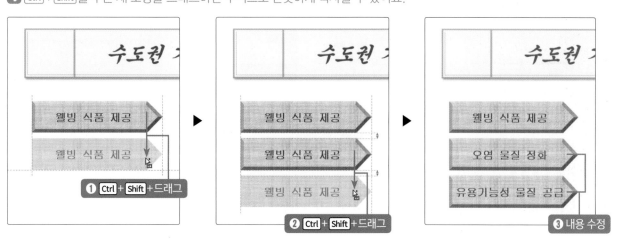

▶ 도형 5~7 ⇒ 순서도 : '순서도: 문서', 도형 채우기(연한 파랑, 밝은 그라데이션 – '선형 대각선 – 왼쪽 위에서 오른쪽 아래로'), 선 없음, 도형 효과(그림자 – 안쪽 – 안쪽: 왼쪽), 글꼴(궁서, 20pt, 굵게, 기울임꼴, 자주)

1 [삽입] 탭-[도형] → [순서도 – 순서도: 문서(▢)]를 삽입한 후 [도형 서식] 탭에서 [회전] → [좌우 대칭]을 클릭합니다.

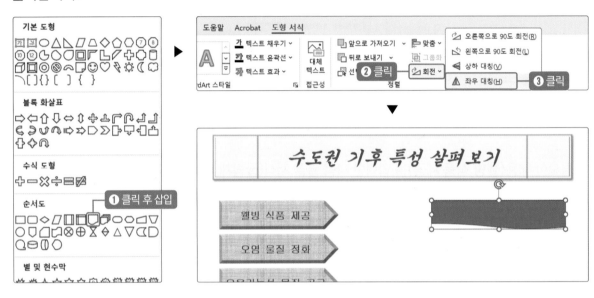

2 [도형 서식] 탭-[도형 채우기] → [연한 파랑]을 지정한 후 [그라데이션] → [밝은 그라데이션 – 선형 대각선 – 왼쪽 위에서 오른쪽 아래로]를 선택합니다.

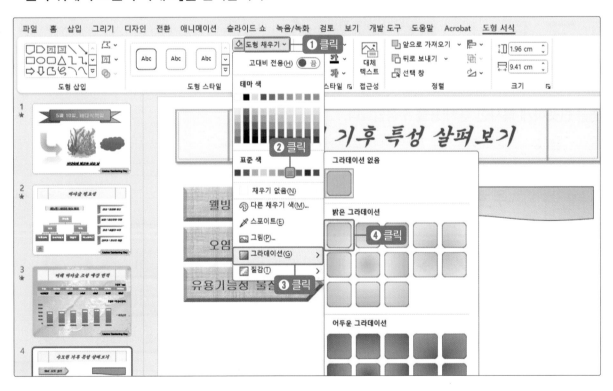

3 도형의 테두리를 '윤곽선 없음'으로 지정한 후 그림자 효과(안쪽 – 안쪽: 왼쪽)을 선택합니다.

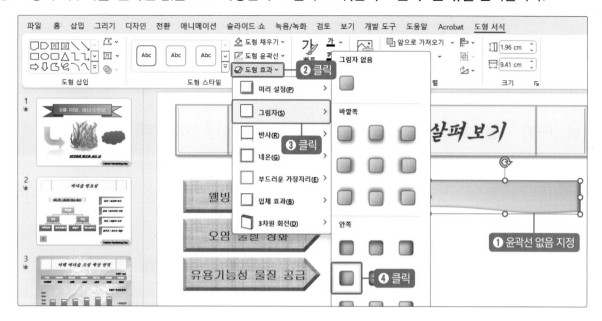

4 도형에 필요한 내용(온실가스 저감)을 입력하고 글꼴 서식(궁서, 20pt, 굵게, 기울임꼴, 자주)을 지정합니다.

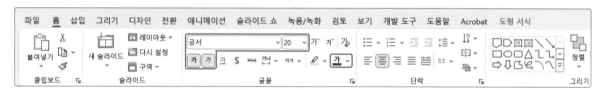

5 Ctrl + Shift 를 누른 채 도형을 아래쪽으로 드래그해 복사한 후 내용을 수정합니다.

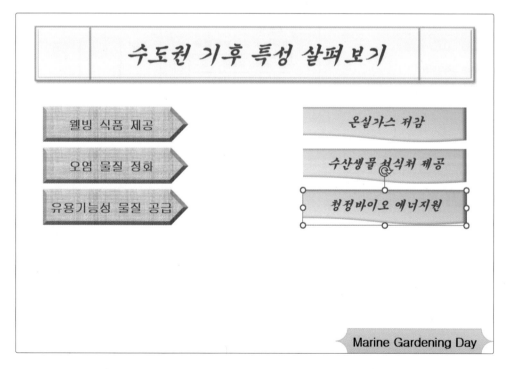

STEP 03 · 도형 8 작성하기

▶ 도형 8 ⇒ 블록 화살표 : '화살표: 톱니 모양의 오른쪽', 도형 채우기('흰색, 배경 1, 50% 더 어둡게',
　밝은 그라데이션 – 선형 아래쪽), 선 없음, 도형 효과(반사 – '1/2 반사: 8pt 오프셋')

1 [삽입] 탭-[도형] → [블록 화살표 – 화살표: 톱니 모양의 오른쪽(▷)]을 삽입합니다.

2 도형 채우기와 윤곽선 서식을 변경한 후 도형에 효과를 적용합니다.

　　➕ 110 페이지의 《출력형태》와 《작성조건》을 참고하여 작업해 보세요.

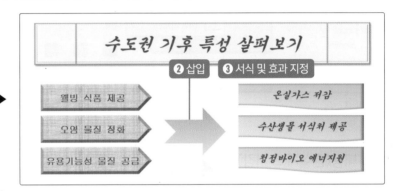

LEVEL UP 《작성조건》에 맞추어 도형 편집하기

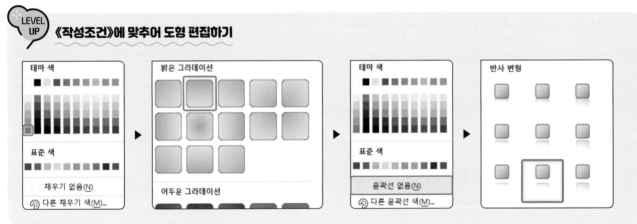

STEP 04 · 도형 9 작성하기

▶ 도형 9 ⇒ 기본 도형 : '육각형', 도형 채우기(그림 또는 질감 채우기) 기능을 사용하여 그림 3 삽입, 도형 윤곽선(실선, 색 :
　주황, 너비 : 2pt, 겹선 종류 : 단순형, 대시 종류 : 사각 점선), 도형 효과(그림자 – 원근감 – 원근감: 오른쪽 위)

1 [삽입] 탭-[도형] → [기본 도형 – 육각형(⬡)]을 삽입합니다.

2 도형 서식 작업 창에서 [채우기]−[**그림 또는 질감 채우기**]를 클릭한 후 [12차시] 폴더의 '**그림 3**' 이미지를 적용합니다.

3 아래 그림을 참고해 도형 **윤곽선 서식(주황, 2pt, 사각 점선)**을 지정합니다.

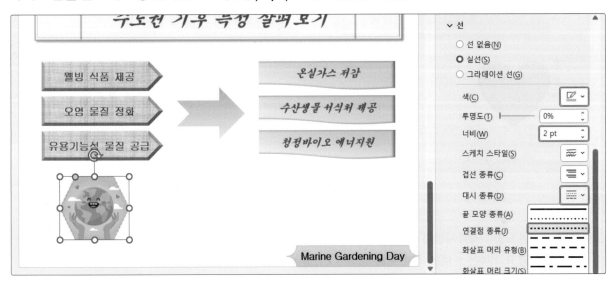

4 도형에 **그림자(원근감 – 원근감: 오른쪽 위)** 효과를 지정한 후 작업이 완료되면 [저장(💾)]을 클릭하거나 Ctrl+S를 눌러 **답안 파일을 저장**합니다.

➕ 시험이 진행되는 40분 동안 수시로 저장하여 작업된 내용이 누락되지 않도록 해요.

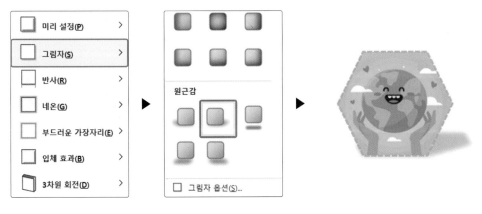

01 아래의 작성조건 및 출력형태에 알맞게 작업하시오.

실습파일 : 12-01(문제).pptx
완성파일 : 12-01(완성).pptx

《출력형태》

《작성조건》

▶ 도형 2~4 ⇒ 기본 도형 : '평행 사변형', 도형 채우기(질감 : 파피루스), 선 없음,
　　　　　도형 효과(네온 - '네온: 8pt, 주황, 강조색 2'), 글꼴(굴림체, 20pt, 굵게, 기울임꼴, 진한 파랑)

▶ 도형 5~7 ⇒ 순서도 : '순서도: 데이터', 도형 채우기('주황, 강조 2', 밝은 그라데이션 - '선형 대각선 - 왼쪽 위에서 오른쪽
　　　　　아래로'), 선 없음, 도형 효과(그림자 - 원근감 - 원근감: 오른쪽 위), 글꼴(궁서, 20pt, 굵게, 진한 파랑)

▶ 도형 8 ⇒ 기본 도형 : '하트', 도형 채우기(진한 빨강, 어두운 그라데이션 - 선형 위쪽), 선 없음,
　　　　　도형 효과(입체 효과 - 둥글게)

▶ 도형 9 ⇒ 기본 도형 : '눈물 방울', 도형 채우기(그림 또는 질감 채우기) 기능을 사용하여 '그림3-1' 삽입,
　　　　　도형 윤곽선(실선, 색 : 파랑, 너비 : 3pt, 겹선 종류 : 단순형, 대시 종류 : 둥근 점선),
　　　　　도형 효과(반사 - '근접 반사: 터치')

아래의 작성조건 및 출력형태에 알맞게 작업하시오.

실습파일 : 12-02(문제).pptx
완성파일 : 12-02(완성).pptx

《출력형태》

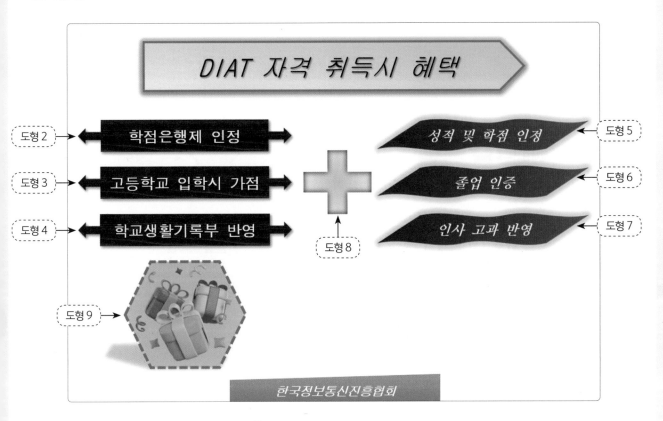

《작성조건》

▶ 도형 2~4 ⇒ 블록 화살표 : '설명선: 왼쪽/오른쪽 화살표', 도형 채우기(질감 : 월넛), 선 없음,
　　　　　 도형 효과(그림자 – 바깥쪽 – 오프셋: 오른쪽 아래), 글꼴(돋움체, 22pt, 굵게, 텍스트 그림자)

▶ 도형 5~7 ⇒ 별 및 현수막 : '이중 물결', 도형 채우기('청회색, 텍스트 2', 어두운 그라데이션 – 왼쪽 위 모서리에서),
　　　　　 선 없음, 도형 효과(네온 – '네온: 11pt, 회색, 강조색 3'), 글꼴(바탕체, 20pt, 굵게, 기울임꼴)

▶ 도형 8 ⇒ 수식 도형 : '더하기 기호', 도형 채우기('녹색, 강조 6', 밝은 그라데이션 – 가운데에서), 선 없음,
　　　　　 도형 효과(그림자 – 안쪽 – 안쪽: 가운데)

▶ 도형 9 ⇒ 기본 도형 : '육각형', 도형 채우기(그림 또는 질감 채우기) 기능을 사용하여 '그림3-2' 삽입,
　　　　　 도형 윤곽선(실선, 색 : 파랑, 너비 : 4pt, 겹선 종류 : 단순형, 대시 종류 : 사각 점선),
　　　　　 도형 효과(그림자 – 원근감 – 원근감: 왼쪽 위)

아래의 작성조건 및 출력형태에 알맞게 작업하시오.

실습파일 : 12-03(문제).pptx
완성파일 : 12-03(완성).pptx

《출력형태》

《작성조건》

▶ 도형 2~4 ⇒ 기본 도형 : '눈물 방울', 도형 채우기(파랑, 밝은 그라데이션 – 선형 아래쪽), 선 없음,
    도형 효과(입체 효과 – 낮은 수준의 경사), 글꼴(궁서, 20pt, 굵게, 텍스트 그림자, '검정, 텍스트 1')

▶ 도형 5~7 ⇒ 사각형 : '사각형: 잘린 대각선 방향 모서리', 도형 채우기(주황, 밝은 그라데이션 – 가운데에서), 선 없음,
    도형 효과(네온 – '네온: 8pt, 주황, 강조색 2'), 글꼴(바탕체, 22pt, 굵게, 텍스트 그림자, '검정, 텍스트 1')

▶ 도형 8 ⇒ 기본 도형 : '원형: 비어 있음', 도형 채우기(파랑, 어두운 그라데이션 – 왼쪽 아래 모서리에서), 선 없음,
    도형 효과(반사 – '근접 반사: 터치')

▶ 도형 9 ⇒ 수식 도형 : '곱하기 기호', 도형 채우기(그림 또는 질감 채우기) 기능을 사용하여 '그림3-3' 삽입,
    도형 윤곽선(실선, 색 : 진한 빨강, 너비 : 2pt, 겹선 종류 : 단순형),
    도형 효과(입체 효과 – 둥글게)

아래의 작성조건 및 출력형태에 알맞게 작업하시오.

실습파일 : 12-04(문제).pptx
완성파일 : 12-04(완성).pptx

《출력형태》

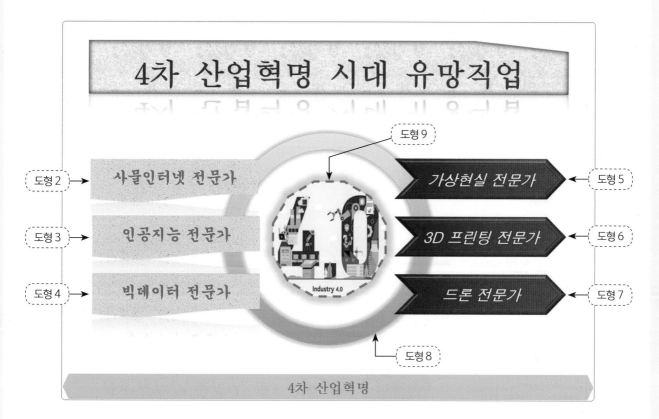

《작성조건》

▶ 도형 2~4 ⇒ 순서도 : '문서', 도형 채우기(질감 : 재생지), 선 없음, 도형 효과(반사 – '1/2 반사: 터치'),
　　　　　　글꼴(궁서, 22pt, 굵게, 파랑)

▶ 도형 5~7 ⇒ 블록 화살표 : '화살표: 갈매기형 수장',
　　　　　　도형 채우기('녹색, 강조 6, 50% 더 어둡게', 어두운 그라데이션 – 선형 오른쪽), 선 없음,
　　　　　　도형 효과(입체 효과 – 리블렛), 글꼴(돋움, 22pt, 굵게, 기울임꼴)

▶ 도형 8 ⇒ 기본 도형 : '원형: 비어 있음', 도형 채우기(진한 빨강, 밝은 그라데이션 – 선형 위쪽), 선 없음,
　　　　　도형 효과(네온 – '네온: 8pt, 주황, 강조색 2')

▶ 도형 9 ⇒ 기본 도형 : '십이각형', 도형 채우기(그림 또는 질감 채우기) 기능을 사용하여 '그림3-4' 삽입,
　　　　　도형 윤곽선(실선, 색 : 파랑, 너비 : 3pt, 겹선 종류 : 단순형, 대시 종류 : 파선),
　　　　　도형 효과(네온 – '네온: 18pt, 파랑, 강조색 5')

[슬라이드 4]
WordArt 작성

※ 실습파일 : 13차시(문제).pptx   ※ 완성파일 : 13차시(완성).pptx

문제 미리보기

《출력형태》

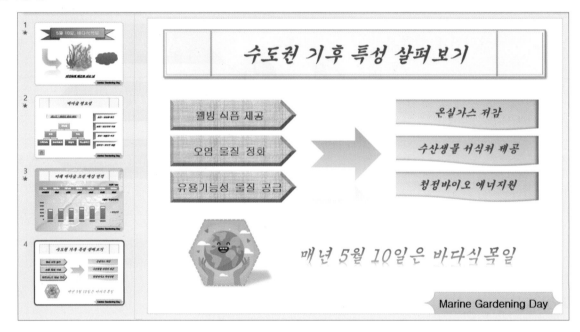

《작성조건》

(2) 본문

▶ 도형 2~4 ⇒ 블록 화살표 : '화살표: 오각형', 도형 채우기(질감 : 파피루스), 선 없음, 도형 효과(입체 효과 – 각지게),
　　　　　글꼴(굴림체, 20pt, 굵게, 진한 빨강)

▶ 도형 5~7 ⇒ 순서도 : '순서도: 문서', 도형 채우기(연한 파랑, 밝은 그라데이션 – '선형 대각선 – 왼쪽 위에서 오른쪽
　　　　　아래로'), 선 없음, 도형 효과(그림자 – 안쪽 – 안쪽: 왼쪽), 글꼴(궁서, 20pt, 굵게, 기울임꼴, 자주)

▶ 도형 8 ⇒ 블록 화살표 : '화살표: 톱니 모양의 오른쪽', 도형 채우기('흰색, 배경 1, 50% 더 어둡게',
　　　　　밝은 그라데이션 – 선형 아래쪽), 선 없음, 도형 효과(반사 – '1/2 반사: 8pt 오프셋')

▶ 도형 9 ⇒ 기본 도형 : '육각형', 도형 채우기(그림 또는 질감 채우기) 기능을 사용하여 그림 3삽입,
　　　　　도형 윤곽선(실선, 색 : 주황, 너비 : 2pt, 겹선 종류 : 단순형, 대시 종류 : 사각 점선),
　　　　　도형 효과(그림자 – 원근감 – 원근감: 오른쪽 위)

▶ WordArt 삽입(매년 5월 10일은 바다식목일) ⇒ WordArt 스타일('그라데이션 채우기: 파랑, 강조색 5, 반사'),
　　　　　글꼴(궁서, 32pt, 기울임꼴)

▶ 지시사항이 없는 부분은 《출력형태》와 동일하게 작성하시오.

WordArt(워드아트) 삽입 ▷ 내용 입력 ▷ 글꼴 서식 변경

Check 01〈 WordArt : 제시된 모양을 찾아 글꼴 서식을 변경해요!

필요한 내용을 적으십시오.

▽ 워드아트 추가

매년 5월 10일은 바다식목일

▽ 텍스트 입력

매년 5월 10일은 바다식목일

▽ 글꼴 서식 변경

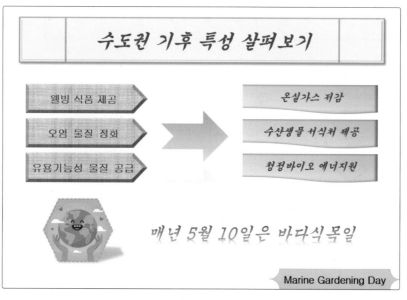

위치 조절

WordArt 작성하기

▶ WordArt 삽입(매년 5월 10일은 바다식목일) ⇒ WordArt 스타일('그라데이션 채우기: 파랑, 강조색 5, 반사')

1 파워포인트 2021 프로그램을 실행한 후 [13차시] 폴더에서 **13차시(문제).pptx** 파일을 불러옵니다.

2 [슬라이드 4]를 선택한 후 [삽입] 탭-[WordArt] → **[그라데이션 채우기 : 파랑, 강조색 5, 반사]**를 삽입합니다.

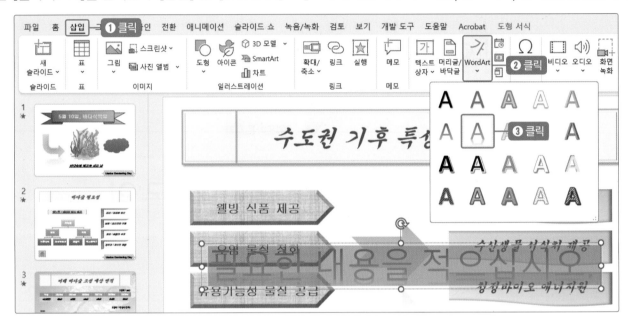

3 아래 그림과 같이 문구를 수정한 다음 `Esc`를 한 번 누릅니다.

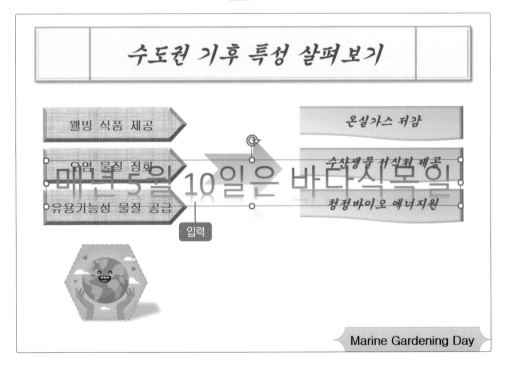

02 WordArt 글꼴 서식 변경하기

▶ 글꼴(궁서, 32pt, 기울임꼴)

1 워드아트의 테두리가 선택된 상태에서 **글꼴 서식(궁서, 32pt, 기울임꼴)**을 지정합니다.

2 글꼴 서식이 변경되면 워드아트의 위치를 맞춰줍니다.

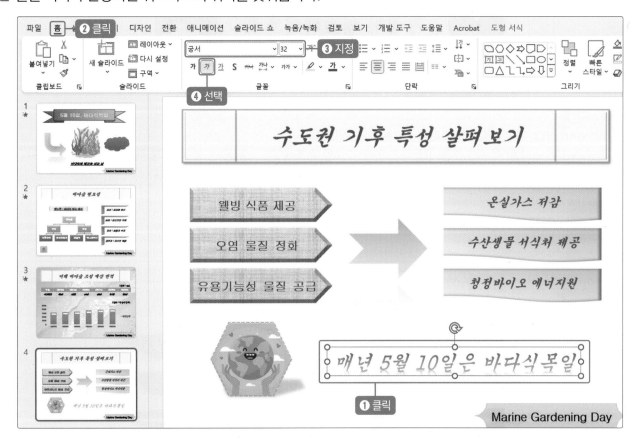

3 작업이 완료되면 [저장(💾)]을 클릭하거나 Ctrl + S 를 눌러 **답안 파일을 저장**합니다.

⏺ 시험이 진행되는 40분 동안 수시로 저장하여 작업된 내용이 누락되지 않도록 해요.

01 아래의 작성조건 및 출력형태에 알맞게 작업하시오.

실습파일 : 13-01(문제).pptx
완성파일 : 13-01(완성).pptx

《출력형태》

《작성조건》
▶ WordArt 삽입(꾸준한 업그레이드로 사랑받는 파워포인트!)
  ⇒ WordArt 스타일('채우기: 주황, 강조색 2, 윤곽선: 주황, 강조색 2'), 글꼴(궁서, 36pt, 굵게, 텍스트 그림자)

02 아래의 작성조건 및 출력형태에 알맞게 작업하시오.

실습파일 : 13-02(문제).pptx
완성파일 : 13-02(완성).pptx

《출력형태》

《작성조건》
▶ WordArt 삽입(자격 취득과 동시에 주어지는 풍성한 혜택!)
  ⇒ WordArt 스타일('그라데이션 채우기: 황금색, 강조색 4, 윤곽선: 황금색, 강조색 4'), 글꼴(굴림, 40pt, 굵게, 밑줄)

아래의 작성조건 및 출력형태에 알맞게 작업하시오.

실습파일 : 13-03(문제).pptx
완성파일 : 13-03(완성).pptx

《출력형태》

《작성조건》
▶ WordArt 삽입(무한한 가능성과 어두운 면이 공존함)
  ⇒ WordArt 스타일('무늬 채우기: 파랑, 강조색 1, 50%, 진한 그림자: 파랑, 강조색1'), 글꼴(돋움체, 28pt, 굵게, 기울임꼴)

04

아래의 작성조건 및 출력형태에 알맞게 작업하시오.

실습파일 : 13-04(문제).pptx
완성파일 : 13-04(완성).pptx

《출력형태》

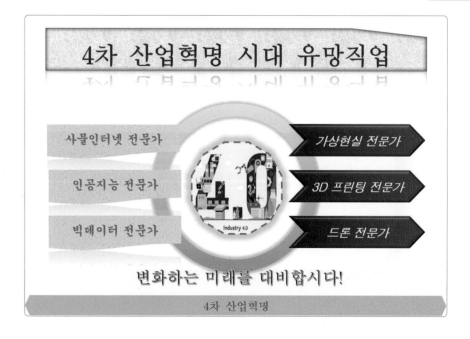

《작성조건》
▶ WordArt 삽입(변화하는 미래를 대비합시다!)
  ⇒ WordArt 스타일('채우기: 검정, 텍스트 색 1, 윤곽선: 흰색, 배경색 1, 진한 그림자: 파랑, 강조색 5'),
    글꼴(바탕, 30pt, 굵게, 텍스트 그림자)

PART 02

실전
모의고사

실전모의고사를 통해 시험을 완벽하게 대비할 수 있습니다.

제01회 실전모의고사   제10회 실전모의고사

제02회 실전모의고사   제11회 실전모의고사

제03회 실전모의고사   제12회 실전모의고사

제04회 실전모의고사   제13회 실전모의고사

제05회 실전모의고사   제14회 실전모의고사

제06회 실전모의고사   제15회 실전모의고사

제07회 실전모의고사   제16회 실전모의고사

제08회 실전모의고사   제17회 실전모의고사

제09회 실전모의고사   제18회 실전모의고사

제01회 실전모의고사

▸ 시험과목 : 프리젠테이션(파워포인트)
▸ 시험일자 : 20XX. XX. XX.(X)
▸ 응시자 기재사항 및 감독위원 확인

수 검 번 호	DIP - XXXX -	감독위원 확인
성 명		

응시자 유의사항

1. 응시자는 신분증을 지참하여야 시험에 응시할 수 있으며, 시험이 종료될 때까지 신분증을 제시하지 못할 경우 해당 시험은 0점 처리됩니다.

2. 시스템(PC 작동 여부, 네트워크 상태 등)의 이상 여부를 반드시 확인하여야 하며, 시스템 이상이 있을시 감독위원에게 조치를 받으셔야 합니다.

3. 시험 중 부주의 또는 고의로 시스템을 파손한 경우는 응시자 부담으로 합니다.

4. 답안 전송 프로그램을 통해 다운로드 받은 파일을 이용하여 답안 파일을 작성하시기 바랍니다.

5. 작성한 답안 파일은 답안 전송 프로그램을 통하여 전송됩니다. 감독위원의 지시에 따라 주시기 바랍니다.

6. 다음 사항의 경우 실격(0점) 혹은 부정행위 처리됩니다.

   ❶ 답안 파일을 저장하지 않았거나, 저장한 파일이 손상되었을 경우
   ❷ 답안 파일을 지정된 폴더(바탕화면 - "KAIT" 폴더)에 저장하지 않았을 경우
      ※ 답안 전송 프로그램 로그인 시 바탕화면에 자동 생성됨
   ❸ 답안 파일을 다른 보조기억장치(USB) 혹은 네트워크(메신저, 게시판 등)로 전송할 경우
   ❹ 휴대용 전화기 등 통신기기를 사용할 경우

7. 슬라이드는 반드시 순서대로 작성해야 하며, 순서가 다를 경우 "0"점 처리됩니다.

8. 시험지에 제시된 글꼴이 응시 프로그램에 없는 경우, 반드시 감독위원에게 해당 내용을 통보한 뒤 조치를 받아야 합니다.

9. 슬라이드 작성 시 도형의 그룹 설정을 사용하는 경우, 채점에서 감점 처리됩니다.

10. 시험의 완료는 작성이 완료된 답안을 저장하고, 답안 전송이 완료된 상태를 확인한 것으로 합니다. 답안 전송 확인 후 문제지는 감독위원에게 제출한 후 퇴실하여야 합니다.

11. 답안 전송이 완료된 경우에는 수정 또는 정정이 불가능합니다.

12. 시험 시행 후 합격자 발표는 홈페이지(www.ihd.or.kr)에서 확인하시기 바랍니다.

   ※ 합격자 발표 : 20XX. XX. XX.(X)

Korea Association for ICT Promotion
한국정보통신진흥협회 KAIT

<유의사항>
- 《작성조건》을 준수하여 반드시 프리젠테이션 슬라이드로 작업합니다.
- 글꼴 및 기타 사항에 대해 별도의 지시사항이 없는 경우, 슬라이드 크기와 전체적인 균형을 고려하여 임의로 작성하되, 도형은 그룹으로 설정하지 않습니다.
- 모든 슬라이드 크기(A4), 방향(가로), 디자인 테마(Office 테마)로 지정합니다.
  ▶ 슬라이드 크기, 방향 조정 시 '맞춤 확인'으로 지정하여야 합니다.
- 공통적용사항(슬라이드 마스터)
  ▶ 도형 ⇒ 기본 도형 : 평행 사변형, 도형 스타일('보통 효과 – 황금색, 강조 4'), 글꼴(돋움, 18pt, 굵게, 텍스트 그림자)
- 그림 삽입 시 다운로드 한 그림 파일을 반드시 사용하여야 합니다.
- ⌐⌐⌐→ 은 지시사항이므로 작성하지 않습니다.
- 슬라이드에 제시된 글자 및 숫자 오타는 감점 처리됩니다.

【슬라이드 1】 아래의 작성조건 및 출력형태에 알맞게 첫 번째 슬라이드에 작업하시오. (30점)

《출력형태》

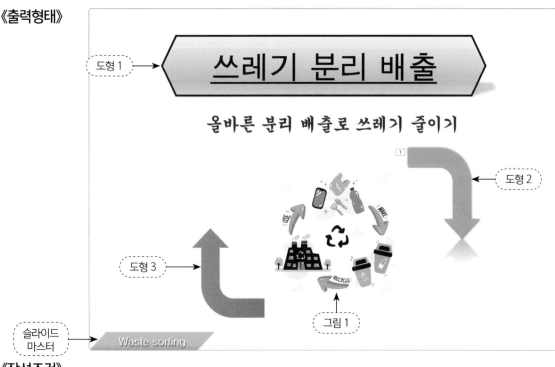

《작성조건》
▶ 도형 1 ⇒ 기본 도형 : 육각형, 도형 채우기(그라데이션 : 미리설정 – '밝은 그라데이션 – 강조 2', 종류 – 선형, 방향 : 선형 아래쪽), 도형 윤곽선(실선, 색 : 진한 파랑, 너비 : 3pt, 겹선 종류 : 단순형), 도형 효과(그림자 – 원근감 – '원근감: 오른쪽 위'), 글꼴(돋움, 50pt, 굵게, 밑줄, 진한 파랑)
▶ 도형 2 ⇒ 블록 화살표 : '화살표: 굽음', 도형 채우기(연한 파랑), 선 없음, 도형 효과(그림자 – 바깥쪽 – '오프셋: 가운데', 반사 – '근접 반사: 터치')
▶ 도형 3 ⇒ 블록 화살표 : '화살표: 굽음', 도형 스타일('보통 효과 – 주황, 강조 2')
▶ 그림 삽입 ⇒ 그림 1 삽입, 크기(높이 : 8cm, 너비 : 8cm)
▶ 텍스트 상자(올바른 분리 배출로 쓰레기 줄이기) ⇒ 글꼴(궁서, 28pt, 굵게, '녹색, 강조 6, 50% 더 어둡게')
▶ 애니메이션 지정 ⇒ 도형 2 : 나타내기 – 닦아내기
▶ 지시사항이 없는 부분은 《출력형태》와 동일하게 작성하시오.

【슬라이드 2】 아래의 작성조건 및 출력형태에 알맞게 두 번째 슬라이드에 작업하시오. (50점)

《출력형태》

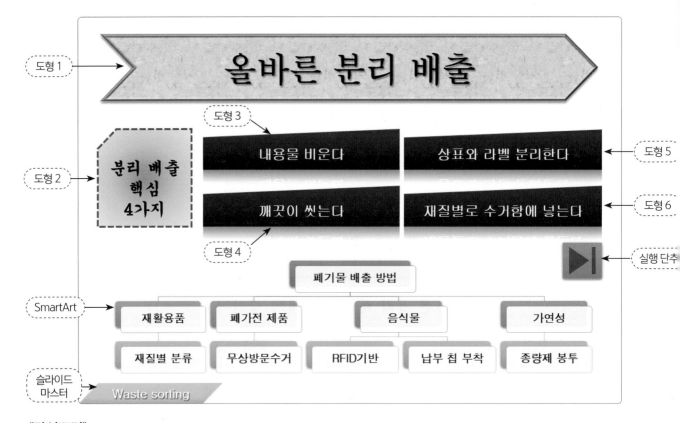

《작성조건》

(1) 제목

▶ 도형 1 ⇒ 블록 화살표 : '화살표: 갈매기형 수장', 도형 채우기(질감 : 분홍 박엽지), 도형 윤곽선(실선,
색 : '주황, 강조 2', 너비 : 3pt, 겹선 종류 : 단순형), 도형 효과(그림자 – 바깥쪽 – '오프셋: 아래쪽',
입체 효과 – 낮은 수준의 경사), 글꼴(바탕, 48pt, 굵게, 텍스트 그림자, '검정, 텍스트 1')

(2) 본문

▶ 도형 2 ⇒ 순서도 : '순서도: 카드', 도형 채우기(진한 빨강, 밝은 그라데이션 – 가운데에서), 도형 윤곽선(실선, 색 :
진한 빨강, 너비 : 3pt, 겹선 종류 : 단순형, 대시 종류 : 사각 점선), 글꼴(궁서, 24pt, 굵게, '검정, 텍스트 1')

▶ 도형 3~6 ⇒ 순서도 : '순서도: 수동 입력', 도형 채우기(파랑, 강조1, 50% 더 어둡게', 어두운 그라데이션 – 선형 위쪽),
선 없음, 도형 효과(반사 – '근접 반사: 터치'), 글꼴(굴림, 20pt, 굵게)

▶ 실행 단추 ⇒ 실행 단추 : '실행 단추: 끝으로 이동', 하이퍼링크 : 마지막 슬라이드,
도형 스타일('강한 효과 – 주황, 강조 2')

▶ SmartArt 삽입 ⇒ 계층 구조형 : 계층 구조형, 글꼴(돋움, 16pt, 굵게, 가운데 맞춤), SmartArt 스타일(색 변경 –
'강조 2 – 그라데이션 범위 – 강조 2', 강한 효과), (반드시 SmartArt 기능을 이용하여 작성할 것)

▶ 애니메이션 지정 ⇒ SmartArt : 나타내기 – 날아오기

▶ 지시사항이 없는 부분은 《출력형태》와 동일하게 작성하시오.

【슬라이드 3】 아래의 작성조건 및 출력형태에 알맞게 세 번째 슬라이드에 작업하시오. (60점)

《출력형태》

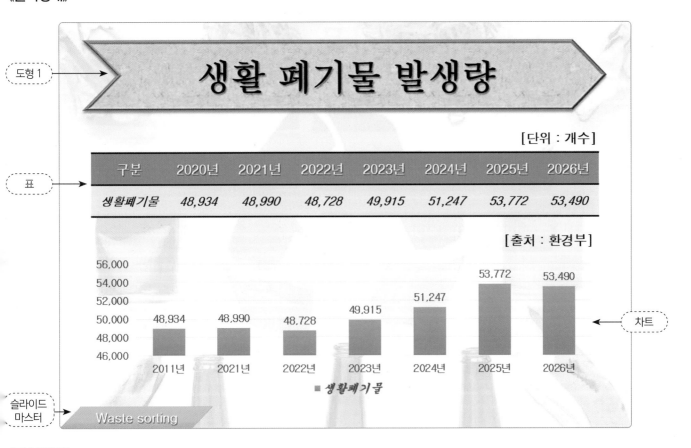

《작성조건》

(1) 제목

▶ 도형 1 ⇒ 블록 화살표 : '화살표: 갈매기형 수장', 도형 채우기(질감 : 분홍 박엽지), 도형 윤곽선(실선, 색 : '주황, 강조 2', 너비 : 3pt, 겹선 종류 : 단순형), 도형 효과(그림자 – 바깥쪽 – '오프셋: 아래쪽', 입체 효과 – 낮은 수준의 경사), 글꼴(바탕, 48pt, 굵게, 텍스트 그림자, '검정, 텍스트 1')

(2) 본문 (※ 차트 작성은 반드시 '차트삽입 → 데이터 입력 → 차트 스타일' 순으로 작성바랍니다.)

▶ 텍스트 상자 1([단위 : 개수]) ⇒ 글꼴(돋움, 18pt, 굵게)

▶ 표 ⇒ 표 스타일(중간 – '보통 스타일 3 – 강조 5'), 가장 위의 행 : 글꼴(돋움, 18pt, 굵게, 텍스트 그림자, 가운데 맞춤), 나머지 행 : 글꼴(돋움, 16pt, 굵게, 기울임꼴, 가운데 맞춤)

▶ 텍스트 상자 2([출처 : 환경부]) ⇒ 글꼴(돋움, 18pt, 굵게)

▶ 차트 ⇒ 세로 막대형 : 묶은 세로 막대형, 차트 스타일(색 변경 – '단색 색상표 6', 스타일 7), 축 서식/데이터 레이블 서식 : 글꼴(굴림, 14pt, 굵게), 범례 서식 : 글꼴(궁서체, 16pt, 굵게, 기울임꼴), 데이터는 표 참고

▶ 배경 ⇒ 배경 서식(채우기 – 그림 또는 질감 채우기)에서 그림 2 삽입(현재 슬라이드만 적용)

▶ 애니메이션 지정 ⇒ 차트 : 나타내기 – 블라인드

▶ 지시사항이 없는 부분은 《출력형태》와 동일하게 작성하시오.

【슬라이드 4】 아래의 작성조건 및 출력형태에 알맞게 네 번째 슬라이드에 작업하시오. (60점)

《출력형태》

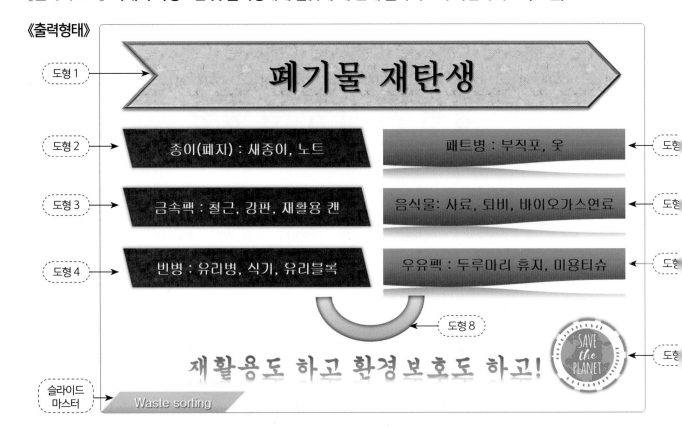

《작성조건》

(1) 제목

▶ 도형 1 ⇒ 블록 화살표 : '화살표: 갈매기형 수장', 도형 채우기(질감 : 분홍 박엽지), 도형 윤곽선(실선,
　　　색 : '주황, 강조 2', 너비 : 3pt, 겹선 종류 : 단순형), 도형 효과(그림자 – 바깥쪽 – '오프셋: 아래쪽',
　　　입체 효과 – 낮은 수준의 경사), 글꼴(바탕, 48pt, 굵게, 텍스트 그림자, '검정, 텍스트 1')

(2) 본문

▶ 도형 2~4 ⇒ 기본 도형 : 평행 사변형, 도형 채우기(질감 : 자주 편물), 선 없음,
　　　도형 효과(네온 – '네온: 8pt, 파랑, 강조색 5', 글꼴(굴림, 20pt, 굵게, '밝은 회색, 배경 2')

▶ 도형 5~7 ⇒ 순서도 : '순서도: 문서', 도형 채우기('녹색, 강조 6', 어두운 그라데이션 – 선형 위쪽), 선 없음,
　　　도형 효과(반사 – '근접 반사: 터치'), 글꼴(굴림, 20pt, 굵게, 진한 파랑)

▶ 도형 8 ⇒ 기본 도형 : 막힌 원호, 도형 채우기('주황, 강조 2', 밝은 그라데이션 – 선형 아래쪽), 선 없음,
　　　도형 효과(그림자 – 안쪽 – '안쪽: 가운데')

▶ 도형 9 ⇒ 기본 도형 : 타원, 도형 채우기(그림 또는 질감 채우기) 기능을 사용하여 그림 3삽입, 도형 윤곽선(실선,
　　　색 : 녹색, 너비 : 3pt, 겹선 종류 : 단순형, 대시 종류 : 긴 파선), 도형 효과(그림자 – 바깥쪽 – '오프셋: 가운데')

▶ WordArt 삽입(재활용도 하고 환경보호도 하고!) ⇒ WordArt 스타일('그라데이션 채우기: 파랑, 강조색 5, 반사'),
　　　글꼴(궁서, 36pt, 굵게)

▶ 지시사항이 없는 부분은 《출력형태》와 동일하게 작성하시오.

제02회 실전모의고사

▸ 시험과목 : 프리젠테이션(파워포인트)
▸ 시험일자 : 20XX. XX. XX.(X)
▸ 응시자 기재사항 및 감독위원 확인

수 검 번 호	DIP - XXXX -	감독위원 확인
성 명		

응시자 유의사항

1. 응시자는 신분증을 지참하여야 시험에 응시할 수 있으며, 시험이 종료될 때까지 신분증을 제시하지 못할 경우 해당 시험은 0점 처리됩니다.

2. 시스템(PC 작동 여부, 네트워크 상태 등)의 이상 여부를 반드시 확인하여야 하며, 시스템 이상이 있을시 감독위원에게 조치를 받으셔야 합니다.

3. 시험 중 부주의 또는 고의로 시스템을 파손한 경우는 응시자 부담으로 합니다.

4. 답안 전송 프로그램을 통해 다운로드 받은 파일을 이용하여 답안 파일을 작성하시기 바랍니다.

5. 작성한 답안 파일은 답안 전송 프로그램을 통하여 전송됩니다. 감독위원의 지시에 따라 주시기 바랍니다.

6. 다음 사항의 경우 실격(0점) 혹은 부정행위 처리됩니다.

   ❶ 답안 파일을 저장하지 않았거나, 저장한 파일이 손상되었을 경우
   ❷ 답안 파일을 지정된 폴더(바탕화면 – "KAIT" 폴더)에 저장하지 않았을 경우
      ※ 답안 전송 프로그램 로그인 시 바탕화면에 자동 생성됨
   ❸ 답안 파일을 다른 보조기억장치(USB) 혹은 네트워크(메신저, 게시판 등)로 전송할 경우
   ❹ 휴대용 전화기 등 통신기기를 사용할 경우

7. 슬라이드는 반드시 순서대로 작성해야 하며, 순서가 다를 경우 "0"점 처리됩니다.

8. 시험지에 제시된 글꼴이 응시 프로그램에 없는 경우, 반드시 감독위원에게 해당 내용을 통보한 뒤 조치를 받아야 합니다.

9. 슬라이드 작성 시 도형의 그룹 설정을 사용하는 경우, 채점에서 감점 처리됩니다.

10. 시험의 완료는 작성이 완료된 답안을 저장하고, 답안 전송이 완료된 상태를 확인한 것으로 합니다. 답안 전송 확인 후 문제지는 감독위원에게 제출한 후 퇴실하여야 합니다.

11. 답안 전송이 완료된 경우에는 수정 또는 정정이 불가능합니다.

12. 시험 시행 후 합격자 발표는 홈페이지(www.ihd.or.kr)에서 확인하시기 바랍니다.

   ※ 합격자 발표 : 20XX. XX. XX.(X)

Korea Association for ICT Promotion
한국정보통신진흥협회 KAIT

<유의사항>
- 《작성조건》을 준수하여 반드시 프리젠테이션 슬라이드로 작업합니다.
- 글꼴 및 기타 사항에 대해 별도의 지시사항이 없는 경우, 슬라이드 크기와 전체적인 균형을 고려하여 임의로 작성하되, 도형은 그룹으로 설정하지 않습니다.
- 모든 슬라이드 크기(A4), 방향(가로), 디자인 테마(Office 테마)로 지정합니다.
  - ▶ 슬라이드 크기, 방향 조정 시 '맞춤 확인'으로 지정하여야 합니다.
- 공통적용사항(슬라이드 마스터)
  - ▶ 도형 ⇒ 기본 도형 : 배지, 도형 스타일('미세 효과 – 파랑, 강조 1'), 글꼴(궁서, 18pt, 굵게)
- 그림 삽입 시 다운로드 한 그림 파일을 반드시 사용하여야 합니다.
- ⸬⸬⸬ ➞ 은 지시사항이므로 작성하지 않습니다.
- 슬라이드에 제시된 글자 및 숫자 오타는 감점 처리됩니다.

【슬라이드 1】 **아래의 작성조건 및 출력형태에 알맞게 첫 번째 슬라이드에 작업하시오. (30점)**

《출력형태》

《작성조건》
- ▶ 도형 1 ⇒ 별 및 현수막 : 별 : '꼭짓점 10개', 도형 채우기(그라데이션 : 미리 설정 – '위쪽 스포트라이트 강조 6', 종류 – 방사형, 방향 – 가운데에서), 도형 윤곽선(실선, 색 : 연한 녹색, 너비 : 3pt, 겹선 종류 : 단순형), 도형 효과(그림자 – 바깥쪽 – '오프셋: 위쪽'), 글꼴(궁서, 44pt, 기울임꼴, '검정, 텍스트 1')
- ▶ 도형 2 ⇒ 기본 도형 : 해, 도형 채우기('황금색, 강조 4', 어두운 그라데이션 – 선형 위쪽), 선 없음, 도형 효과(반사 – '근접 반사: 터치', 입체 효과 – 리블렛)
- ▶ 도형 3 ⇒ 기본 도형 : 이등변 삼각형, 도형 스타일('미세 효과 – 녹색, 강조 6')
- ▶ 그림 삽입 ⇒ 그림 1삽입, 크기(높이 : 6cm, 너비 : 10cm)
- ▶ 텍스트 상자(안전한 산행을 위해 안전수칙 확인하기!) ⇒ 글꼴(돋움, 24pt, 굵게, 밑줄, '녹색, 강조 6, 50% 더 어둡게')
- ▶ 애니메이션 지정 ⇒ 도형 1 : 나타내기 – 실선 무늬
- ▶ 지시사항이 없는 부분은 《출력형태》와 동일하게 작성하시오.

【슬라이드 2】 아래의 작성조건 및 출력형태에 알맞게 두 번째 슬라이드에 작업하시오. (50점)

《출력형태》

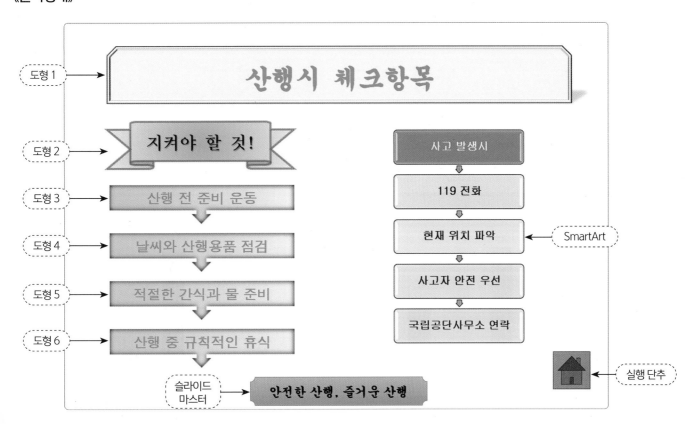

《작성조건》

(1) 제목
▶ 도형 1 ⇒ 사각형 : '사각형 : 잘린 위쪽 모서리', 도형 채우기('주황, 강조 2, 80% 더 밝게'), 도형 윤곽선(실선,
색 : 진한 파랑, 너비 : 1pt, 겹선 종류 : 단순형), 도형 효과(그림자 – 원근감 – '원근감 : 오른쪽 위',
입체 효과 – 절단), 글꼴(궁서체, 36pt, 굵게, 녹색)

(2) 본문
▶ 도형 2 ⇒ 별 및 현수막 : '리본 : 위로 기울어짐', 도형 채우기(녹색, 밝은 그라데이션 – 가운데에서), 도형 윤곽선
(실선, 색 : 파랑, 너비 : 3pt, 겹선 종류 : 삼중), 글꼴(바탕체, 24pt, 굵게, 텍스트 그림자, '검정, 텍스트 1')
▶ 도형 3~6 ⇒ 블록 화살표 : '설명선 : 아래쪽 화살표', 도형 채우기(연한 녹색, 밝은 그라데이션 – 왼쪽 아래 모서리에서),
선 없음, 도형 효과(그림자 – 안쪽 – '안쪽 : 가운데'), 글꼴(돋움, 20pt, 굵게, '녹색, 강조 6')
▶ 실행 단추 ⇒ 실행 단추 : '실행 단추 : 홈으로 이동', 하이퍼링크 : 첫째 슬라이드,
도형 스타일('색 채우기 – 주황, 강조 2')
▶ SmartArt 삽입 ⇒ 프로세스형 : 프로세스 목록형, 글꼴(굴림, 16pt, 굵게, 가운데 맞춤), SmartArt 스타일(색 변경 –
'색상형 범위 – 강조색 5 또는 6', 3차원 – 만화), (반드시 SmartArt 기능을 이용하여 작성할 것)
▶ 애니메이션 지정 ⇒ SmartArt : 나타내기 – 올라오기
▶ 지시사항이 없는 부분은 《출력형태》와 동일하게 작성하시오.

【슬라이드 3】 아래의 작성조건 및 출력형태에 알맞게 세 번째 슬라이드에 작업하시오. (60점)

《출력형태》

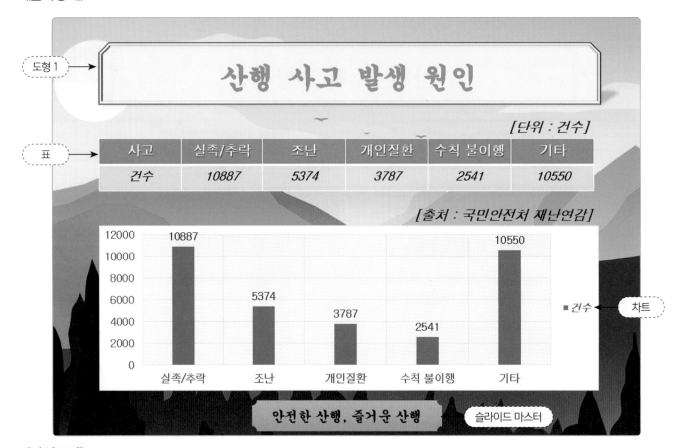

《작성조건》

(1) 제목

▶ 도형 1 ⇒ 사각형 : '사각형: 잘린 위쪽 모서리', 도형 채우기('주황, 강조 2, 80% 더 밝게'), 도형 윤곽선(실선,
　　　　색 : 진한 파랑, 너비 : 1pt, 겹선 종류 : 단순형), 도형 효과(그림자 – 원근감 – '원근감: 오른쪽 위',
　　　　141입체 효과 – 절단), 글꼴(궁서체, 36pt, 굵게, 녹색)

(2) 본문 (※ 차트 작성은 반드시 '차트삽입 → 데이터 입력 → 차트 스타일' 순으로 작성바랍니다.)

▶ 텍스트 상자 1([단위 : 건수]) ⇒ 글꼴(돋움, 18pt, 굵게, 기울임꼴)

▶ 표 ⇒ 표 스타일(중간 – '보통 스타일 2 – 강조 5'), 가장 위의 행 : 글꼴(돋움, 18pt, 굵게, 텍스트 그림자, 가운데 맞춤),
　　　나머지 행 : 글꼴(돋움, 16pt, 굵게, 기울임꼴, 가운데 맞춤)

▶ 텍스트 상자 2([출처 : 국민안전처 재난연감]) ⇒ 글꼴(돋움, 18pt, 굵게, 기울임꼴)

▶ 차트 ⇒ 세로 막대형 : 묶은 세로 막대형, 차트 스타일(색 변경 – '다양한 색상표 2', 스타일 8), 축 서식/데이터 레이블
　　　서식 : 글꼴(돋움, 14pt, 굵게), 범례 서식 : 글꼴(돋움, 14pt, 굵게, 기울임꼴), 데이터는 표 참고

▶ 배경 ⇒ 배경 서식(채우기 – 그림 또는 질감 채우기)에서 그림 2 삽입(현재 슬라이드만 적용)

▶ 애니메이션 지정 ⇒ 차트 : 나타내기 – 확대/축소

▶ 지시사항이 없는 부분은《출력형태》와 동일하게 작성하시오.

【슬라이드 4】 아래의 작성조건 및 출력형태에 알맞게 네 번째 슬라이드에 작업하시오. (60점)

《출력형태》

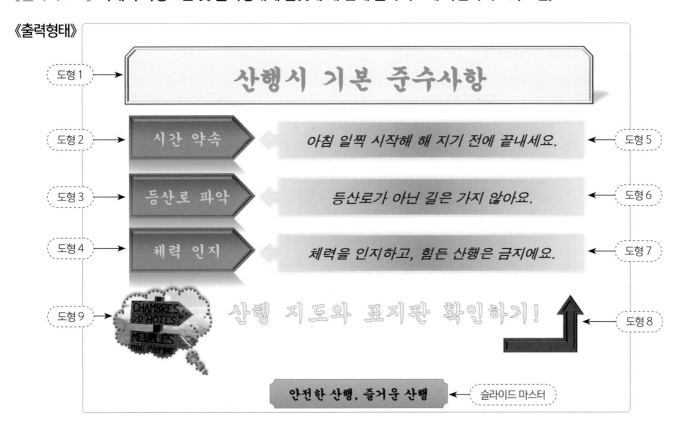

《작성조건》

(1) 제목

▶ 도형 1 ⇒ 사각형 : '사각형: 잘린 위쪽 모서리', 도형 채우기('주황, 강조 2, 80% 더 밝게'), 도형 윤곽선(실선, 색 : 진한 파랑, 너비 : 1pt, 겹선 종류 : 단순형), 도형 효과(그림자 – 원근감 – '원근감: 오른쪽 위', 입체 효과 – 절단), 글꼴(궁서체, 36pt, 굵게, 녹색)

(2) 본문

▶ 도형 2~4 ⇒ 블록 화살표 : '화살표: 오각형', 도형 채우기(녹색, 어두운 그라데이션 – 선형 아래쪽), 선 없음, 도형 효과(반사 – '근접 반사: 터치', 입체 효과 – 둥글게 볼록), 글꼴(궁서체, 22pt, 굵게, 노랑)

▶ 도형 5~7 ⇒ 블록 화살표 : '설명선: 왼쪽 화살표', 도형 채우기(자주, 밝은 그라데이션 – 가운데에서), 선 없음, 도형 효과(네온 – '네온: 8pt, 황금색, 강조색 4'), 글꼴(돋움, 20pt, 굵게, 기울임꼴, 진한 파랑)

▶ 도형 8 ⇒ 블록 화살표 : '화살표: 위로 굽음', 도형 채우기('청회색, 텍스트 2'), 선 없음, 도형 효과(입체 효과 – 절단)

▶ 도형 9 ⇒ 설명선 : '생각 풍선: 구름 모양', 도형 채우기(그림 또는 질감 채우기) 기능을 사용하여 그림 3 삽입, 도형 윤곽선(실선, 색 : 빨강, 너비 : 3pt, 겹선 종류 : 단순형, 대시 종류 : 둥근 점선), 도형 효과(그림자 – 바깥쪽 – '오프셋: 위쪽')

▶ WordArt 삽입(산행 지도와 표지판 확인하기!) ⇒ WordArt 스타일('무늬 채우기: 파랑, 강조색 5, 연한 하향 대각선 줄무늬, 윤곽선: 파랑, 강조색 5'), 글꼴(궁서체, 32pt, 굵게)

▶ 지시사항이 없는 부분은 《출력형태》와 동일하게 작성하시오.

제03회 실전모의고사

▸ 시험과목 : 프리젠테이션(파워포인트)
▸ 시험일자 : 20XX. XX. XX.(X)
▸ 응시자 기재사항 및 감독위원 확인

C

MS Office 2021 버전용

수 검 번 호	DIP - XXXX -	감독위원 확인
성 명		

응시자 유의사항

1. 응시자는 신분증을 지참하여야 시험에 응시할 수 있으며, 시험이 종료될 때까지 신분증을 제시하지 못할 경우 해당 시험은 0점 처리됩니다.

2. 시스템(PC 작동 여부, 네트워크 상태 등)의 이상 여부를 반드시 확인하여야 하며, 시스템 이상이 있을시 감독위원에게 조치를 받으셔야 합니다.

3. 시험 중 부주의 또는 고의로 시스템을 파손한 경우는 응시자 부담으로 합니다.

4. 답안 전송 프로그램을 통해 다운로드 받은 파일을 이용하여 답안 파일을 작성하시기 바랍니다.

5. 작성한 답안 파일은 답안 전송 프로그램을 통하여 전송됩니다. 감독위원의 지시에 따라 주시기 바랍니다.

6. 다음 사항의 경우 실격(0점) 혹은 부정행위 처리됩니다.

   ❶ 답안 파일을 저장하지 않았거나, 저장한 파일이 손상되었을 경우
   ❷ 답안 파일을 지정된 폴더(바탕화면 – "KAIT" 폴더)에 저장하지 않았을 경우
      ※ 답안 전송 프로그램 로그인 시 바탕화면에 자동 생성됨
   ❸ 답안 파일을 다른 보조기억장치(USB) 혹은 네트워크(메신저, 게시판 등)로 전송할 경우
   ❹ 휴대용 전화기 등 통신기기를 사용할 경우

7. 슬라이드는 반드시 순서대로 작성해야 하며, 순서가 다를 경우 "0"점 처리됩니다.

8. 시험지에 제시된 글꼴이 응시 프로그램에 없는 경우, 반드시 감독위원에게 해당 내용을 통보한 뒤 조치를 받아야 합니다.

9. 슬라이드 작성 시 도형의 그룹 설정을 사용하는 경우, 채점에서 감점 처리됩니다.

10. 시험의 완료는 작성이 완료된 답안을 저장하고, 답안 전송이 완료된 상태를 확인한 것으로 합니다. 답안 전송 확인 후 문제지는 감독위원에게 제출한 후 퇴실하여야 합니다.

11. 답안 전송이 완료된 경우에는 수정 또는 정정이 불가능합니다.

12. 시험 시행 후 합격자 발표는 홈페이지(www.ihd.or.kr)에서 확인하시기 바랍니다.

   ※ 합격자 발표 : 20XX. XX. XX.(X)

<유의사항>
- 《작성조건》을 준수하여 반드시 프리젠테이션 슬라이드로 작업합니다.
- 글꼴 및 기타 사항에 대해 별도의 지시사항이 없는 경우, 슬라이드 크기와 전체적인 균형을 고려하여 임의로 작성하되, 도형은 그룹으로 설정하지 않습니다.
- 모든 슬라이드 크기(A4), 방향(가로), 디자인 테마(Office 테마)로 지정합니다.
  ▶ 슬라이드 크기, 방향 조정 시 '맞춤 확인'으로 지정하여야 합니다.
- 공통적용사항(슬라이드 마스터)
  ▶ 도형 ⇒ 순서도 : '순서도: 처리', 도형 스타일('색 채우기 – 회색, 강조 3'), 글꼴(바탕, 18pt, 기울임꼴, 빨강)
- 그림 삽입 시 다운로드 한 그림 파일을 반드시 사용하여야 합니다.
- ⌐⌐⌐→은 지시사항이므로 작성하지 않습니다.
- 슬라이드에 제시된 글자 및 숫자 오타는 감점 처리됩니다.

【슬라이드 1】 아래의 작성조건 및 출력형태에 알맞게 첫 번째 슬라이드에 작업하시오. (30점)

《출력형태》

《작성조건》
▶ 도형 1 ⇒ 순서도 : '순서도: 다중 문서', 도형 채우기(그라데이션 : 미리 설정 – '아래쪽 스포트라이트 – 강조 4',
　　　　종류 – 방사형, 방향 – 가운데에서), 도형 윤곽선(실선, 색 : '흰색, 배경 1', 너비 : 1pt, 겹선 종류 : 단순형),
　　　　도형 효과(그림자 – 안쪽 – '안쪽: 가운데'), 글꼴(바탕, 44pt, 기울임꼴, '청회색, 텍스트 2')
▶ 도형 2 ⇒ 기본 도형 : "허용 안 됨" 기호, 도형 채우기(연한 녹색), 선 없음,
　　　　도형 효과(반사 – '전체 반사: 터치', 입체 효과 – 각지게)
▶ 도형 3 ⇒ 수식 도형 : 같음 기호, 도형 스타일('강한 효과 – 검정, 어둡게 1')
▶ 그림 삽입 ⇒ 그림 1 삽입, 크기(높이 : 6cm, 너비 : 10cm)
▶ 텍스트 상자(차량을 조작하지 않아도 스스로 움직이는 자동차) ⇒ 글꼴(돋움체, 24pt, 굵게,
　　　　　　　　　　　　　　　　　　　　　'파랑, 강조 5, 25% 더 어둡게')
▶ 애니메이션 지정 ⇒ 도형 1 : 나타내기 – 시계 방향 회전
▶ 지시사항이 없는 부분은 《출력형태》와 동일하게 작성하시오.

【슬라이드 2】 아래의 작성조건 및 출력형태에 알맞게 두 번째 슬라이드에 작업하시오. (50점)

《출력형태》

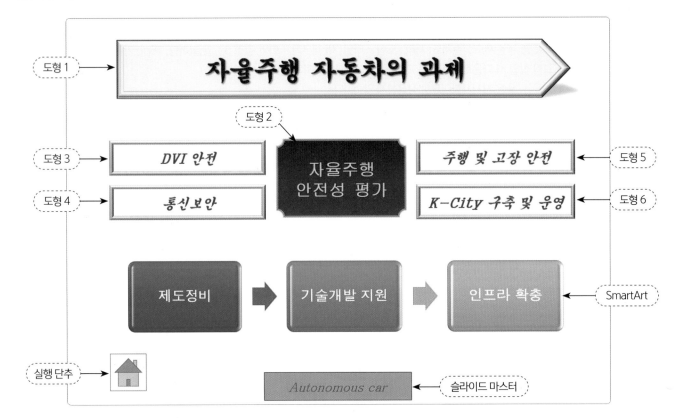

《작성조건》

(1) 제목

▶ 도형 1 ⇒ 블록 화살표 : '화살표: 오각형', 도형 채우기(파랑, 강조 1, 80% 더 밝게), 도형 윤곽선(실선, 색 : 진한 파랑,
　　　너비 : 1pt, 겹선 종류 : 단순형), 도형 효과(그림자 – 원근감 – '원근감: 오른쪽 위', 입체 효과 – 디벗),
　　　글꼴(궁서, 36pt, 굵게, 텍스트 그림자, 진한 파랑)

(2) 본문

▶ 도형 2 ⇒ 기본 도형 : 배지, 도형 채우기(자주, 어두운 그라데이션 – 선형 아래쪽), 도형 윤곽선(실선,
　　　색 : 주황, 너비 : 3pt, 겹선 종류 : 이중), 글꼴(굴림체, 24pt, 굵게, 텍스트 그림자, 노랑)

▶ 도형 3~6 ⇒ 기본 도형 : 액자, 도형 채우기(주황, 밝은 그라데이션 – 선형 위쪽), 선 없음,
　　　도형 효과(입체 효과 – 리블렛), 글꼴(궁서, 20pt, 굵게, 기울임꼴, 자주)

▶ 실행 단추 ⇒ 실행 단추 : '실행 단추: 홈으로 이동', 하이퍼링크 : 첫째 슬라이드,
　　　도형 스타일('색 윤곽선 – 파랑, 강조 1')

▶ SmartArt 삽입 ⇒ 프로세스형 : 기본 프로세스형, 글꼴(돋움, 20pt, 굵게, 가운데 맞춤), SmartArt 스타일(색 변경 –
　　　'강조1 – 그라데이션 범위 – 강조1', 3차원 – 경사), (반드시 SmartArt 기능을 이용하여 작성할 것)

▶ 애니메이션 지정 ⇒ SmartArt : 나타내기 – 닦아내기

▶ 지시사항이 없는 부분은 《출력형태》와 동일하게 작성하시오.

【슬라이드 3】 아래의 작성조건 및 출력형태에 알맞게 세 번째 슬라이드에 작업하시오. (60점)

《출력형태》

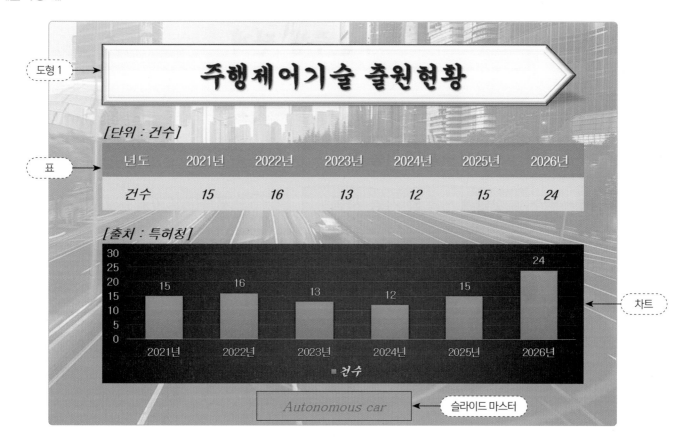

《작성조건》

(1) 제목

▶ 도형 1 ⇒ 블록 화살표 : '화살표: 오각형', 도형 채우기(파랑, 강조 1, 80% 더 밝게), 도형 윤곽선(실선, 색 : 진한 파랑, 너비 : 1pt, 겹선 종류 : 단순형), 도형 효과(그림자 - 원근감 - '원근감: 오른쪽 위', 입체 효과 - 디벗), 글꼴(궁서, 36pt, 굵게, 텍스트 그림자, 진한 파랑))

(2) 본문 (※ 차트 작성은 반드시 '차트삽입 → 데이터 입력 → 차트 스타일' 순으로 작성바랍니다.)

▶ 텍스트 상자 1([단위 : 건수]) ⇒ 글꼴(돋움, 18pt, 굵게, 기울임꼴)

▶ 표 ⇒ 표 스타일(어둡게 - '어두운 스타일 2 - 강조 1/강조 2'), 가장 위의 행 : 글꼴(돋움체, 18pt, 굵게, 텍스트 그림자, 가운데 맞춤), 나머지 행 : 글꼴(돋움체, 18pt, 굵게, 기울임꼴, 가운데 맞춤)

▶ 텍스트 상자 2([출처 : 특허청]) ⇒ 글꼴(돋움, 18pt, 굵게, 기울임꼴)

▶ 차트 ⇒ 세로 막대형 : 묶은 세로 막대형, 차트 스타일(색 변경 - '다양한 색상표 3', 스타일 9), 축 서식/데이터 레이블 서식 : 글꼴(돋움, 14pt, 굵게), 범례 서식 : 글꼴(궁서, 15pt, 굵게, 기울임꼴), 데이터는 표 참고

▶ 배경 ⇒ 배경 서식(채우기 - 그림 또는 질감 채우기)에서 그림 2 삽입(현재 슬라이드만 적용)

▶ 애니메이션 지정 ⇒ 차트 : 나타내기 - 바운드

▶ 지시사항이 없는 부분은《출력형태》와 동일하게 작성하시오.

【슬라이드 4】 아래의 작성조건 및 출력형태에 알맞게 네 번째 슬라이드에 작업하시오. (60점)

《출력형태》

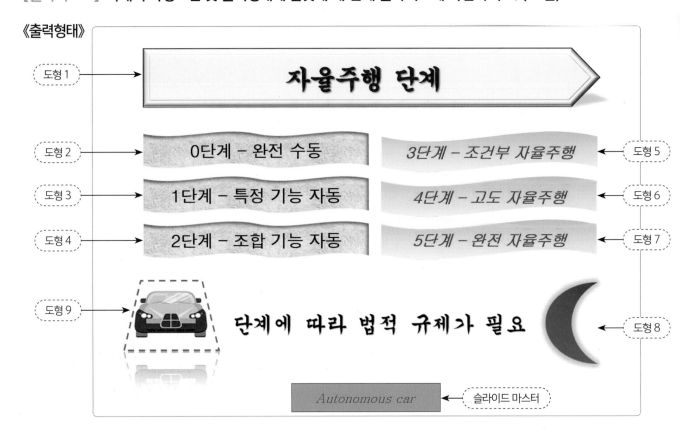

《작성조건》

(1) 제목

▶ 도형 1 ⇒ 블록 화살표 : '화살표: 오각형', 도형 채우기(파랑, 강조 1, 80% 더 밝게), 도형 윤곽선(실선, 색 : 진한 파랑, 너비 : 1pt, 겹선 종류 : 단순형), 도형 효과(그림자 – 원근감 – '원근감: 오른쪽 위', 입체 효과 – 디벗), 글꼴(궁서, 36pt, 굵게, 텍스트 그림자, 진한 파랑)

(2) 본문

▶ 도형 2~4 ⇒ 별 및 현수막 : 이중 물결, 도형 채우기(질감 : 편지지), 선 없음, 도형 효과(그림자 – 안쪽 – '안쪽: 왼쪽 위'), 글꼴(돋움, 24pt, 굵게, '검정, 텍스트 1')

▶ 도형 5~7 ⇒ 별 및 현수막 : 물결, 도형 채우기(연한 파랑, 밝은 그라데이션 – 선형 아래쪽), 선 없음, 도형 효과(반사 – '근접 반사: 터치'), 글꼴(굴림, 22pt, 굵게, 기울임꼴, 진한 빨강)

▶ 도형 8 ⇒ 기본 도형 : 달, 도형 채우기(파랑, 어두운 그라데이션 – 오른쪽 위 모서리에서), 선 없음, 도형 효과(네온 – '네온: 11pt, 파랑, 강조색 5')

▶ 도형 9 ⇒ 기본 도형 : 사다리꼴, 도형 채우기(그림 또는 질감 채우기) 기능을 사용하여 그림 3 삽입, 도형 윤곽선(실선, 색 : '파랑, 강조 1', 너비 : 2.25pt, 겹선 종류 : 단순형, 대시 종류 : 파선), 도형 효과(반사 – '1/2 반사: 터치')

▶ WordArt 삽입(단계에 따라 법적 규제가 필요) ⇒ WordArt 스타일('채우기: 검정, 텍스트 색 1, 그림자'), 글꼴(궁서체, 30pt, 텍스트 그림자)

▶ 지시사항이 없는 부분은 《출력형태》와 동일하게 작성하시오.

제04회 실전모의고사

▷ 시험과목 : 프리젠테이션(파워포인트)
▷ 시험일자 : 20XX. XX. XX.(X)
▷ 응시자 기재사항 및 감독위원 확인

수 검 번 호	DIP - XXXX -	감독위원 확인
성 명		

응시자 유의사항

1. 응시자는 신분증을 지참하여야 시험에 응시할 수 있으며, 시험이 종료될 때까지 신분증을 제시하지 못할 경우 해당 시험은 0점 처리됩니다.

2. 시스템(PC 작동 여부, 네트워크 상태 등)의 이상 여부를 반드시 확인하여야 하며, 시스템 이상이 있을시 감독위원에게 조치를 받으셔야 합니다.

3. 시험 중 부주의 또는 고의로 시스템을 파손한 경우는 응시자 부담으로 합니다.

4. 답안 전송 프로그램을 통해 다운로드 받은 파일을 이용하여 답안 파일을 작성하시기 바랍니다.

5. 작성한 답안 파일은 답안 전송 프로그램을 통하여 전송됩니다. 감독위원의 지시에 따라 주시기 바랍니다.

6. 다음 사항의 경우 실격(0점) 혹은 부정행위 처리됩니다.

   ❶ 답안 파일을 저장하지 않았거나, 저장한 파일이 손상되었을 경우
   ❷ 답안 파일을 지정된 폴더(바탕화면 – "KAIT" 폴더)에 저장하지 않았을 경우
     ※ 답안 전송 프로그램 로그인 시 바탕화면에 자동 생성됨
   ❸ 답안 파일을 다른 보조기억장치(USB) 혹은 네트워크(메신저, 게시판 등)로 전송할 경우
   ❹ 휴대용 전화기 등 통신기기를 사용할 경우

7. 슬라이드는 반드시 순서대로 작성해야 하며, 순서가 다를 경우 "0"점 처리됩니다.

8. 시험지에 제시된 글꼴이 응시 프로그램에 없는 경우, 반드시 감독위원에게 해당 내용을 통보한 뒤 조치를 받아야 합니다.

9. 슬라이드 작성 시 도형의 그룹 설정을 사용하는 경우, 채점에서 감점 처리됩니다.

10. 시험의 완료는 작성이 완료된 답안을 저장하고, 답안 전송이 완료된 상태를 확인한 것으로 합니다. 답안 전송 확인 후 문제지는 감독위원에게 제출한 후 퇴실하여야 합니다.

11. 답안 전송이 완료된 경우에는 수정 또는 정정이 불가능합니다.

12. 시험 시행 후 합격자 발표는 홈페이지(www.ihd.or.kr)에서 확인하시기 바랍니다.

    ※ 합격자 발표 : 20XX. XX. XX.(X)

Korea Association for ICT Promotion
한국정보통신진흥협회 KAIT

<유의사항>
- 《작성조건》을 준수하여 반드시 프리젠테이션 슬라이드로 작업합니다.
- 글꼴 및 기타 사항에 대해 별도의 지시사항이 없는 경우, 슬라이드 크기와 전체적인 균형을 고려하여 임의로 작성하되, 도형은 그룹으로 설정하지 않습니다.
- 모든 슬라이드 크기(A4), 방향(가로), 디자인 테마(Office 테마)로 지정합니다.
  ▶ 슬라이드 크기, 방향 조정 시 '맞춤 확인'으로 지정하여야 합니다.
- 공통적용사항(슬라이드 마스터)
  ▶ 도형 ⇒ 순서도 : '순서도: 수동 입력', 도형 스타일('보통 효과 – 파랑, 강조 1'),
     글꼴(바탕체, 18pt, 굵게, 텍스트 그림자)
- 그림 삽입 시 다운로드 한 그림 파일을 반드시 사용하여야 합니다.
- ⌐ ⌐ ⌐ → 은 지시사항이므로 작성하지 않습니다.
- 슬라이드에 제시된 글자 및 숫자 오타는 감점 처리됩니다.

【슬라이드 1】 아래의 작성조건 및 출력형태에 알맞게 첫 번째 슬라이드에 작업하시오. (30점)

《출력형태》

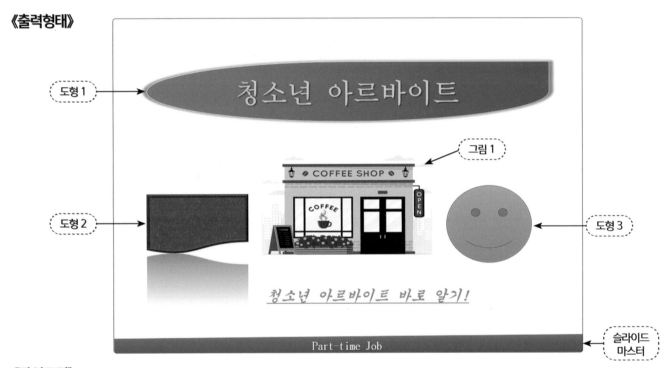

《작성조건》
▶ 도형1 ⇒ 기본 도형 : 눈물 방울, 도형 채우기(그라데이션 : 미리 설정 – '방사형 그라데이션 – 강조 5',
     종류 – 방사형, 방향 – 왼쪽 위 모서리에서), 도형 윤곽선(실선, 색 : '흰색, 배경 1', 너비 : 1pt, 겹선 종류 : 이중),
     도형 효과(그림자 – 바깥쪽 – '오프셋: 가운데'), 글꼴(바탕체, 44pt, 굵게, 텍스트 그림자, 노랑)
▶ 도형2 ⇒ 순서도 : '순서도: 문서', 도형 채우기(진한 빨강), 선 없음,
     도형 효과(반사 – '전체 반사: 터치', 입체 효과 – 낮은 수준의 경사)
▶ 도형3 ⇒ 기본 도형 : 웃는 얼굴, 도형 스타일('미세 효과 – 파랑, 강조 1')
▶ 그림 삽입 ⇒ 그림 1삽입, 크기(높이 : 6cm, 너비 : 10cm)
▶ 텍스트 상자(청소년 아르바이트 바로 알기!) ⇒ 글꼴(궁서체, 24pt, 기울임꼴, 밑줄, 파랑, 강조 5)
▶ 애니메이션 지정 ⇒ 도형1 : 나타내기 – 밝기 변화
▶ 지시사항이 없는 부분은 《출력형태》와 동일하게 작성하시오.

【슬라이드 2】 아래의 작성조건 및 출력형태에 알맞게 두 번째 슬라이드에 작업하시오. (50점)

《출력형태》

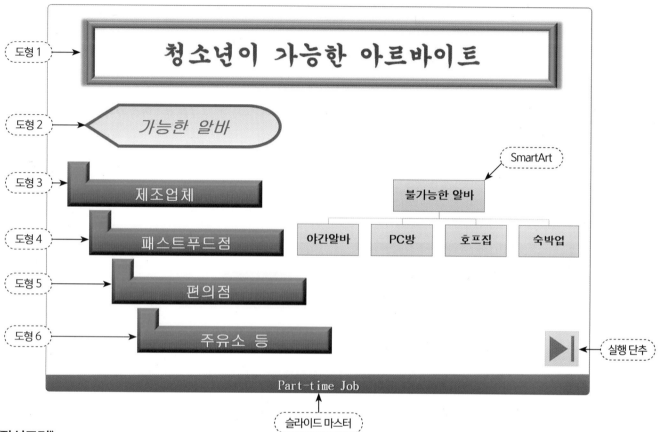

《작성조건》

(1) 제목

▶ 도형 1 ⇒ 기본 도형 : 액자, 도형 채우기(파랑, 강조 5), 도형 윤곽선(실선, 색 : 노랑, 너비 : 1pt, 겹선 종류 : 단순형),
　　　　도형 효과(그림자 – 바깥쪽 – '오프셋: 가운데', 입체 효과 – 리블렛), 글꼴(궁서체, 35pt, 굵게, 진한 빨강)

(2) 본문

▶ 도형 2 ⇒ 순서도 : '순서도: 화면 표시', 도형 채우기(주황, 밝은 그라데이션 – 선형 아래쪽), 도형 윤곽선(실선,
　　　　색 : 파랑, 너비 : 4pt, 겹선 종류 : 단순형), 글꼴(굴림체, 24pt, 굵게, 기울임꼴, 빨강)

▶ 도형 3~6 ⇒ 기본 도형 : L 도형, 도형 채우기(녹색, 어두운 그라데이션 – 선형 위쪽), 선 없음,
　　　　도형 효과(입체 효과 – 기울기), 글꼴(굴림체, 22pt, 굵게, '흰색, 배경 1, 5% 더 어둡게')

▶ 실행 단추 ⇒ 실행 단추 : '실행 단추: 끝으로 이동', 하이퍼링크 : 마지막 슬라이드,
　　　　도형 스타일('미세효과 – 황금색, 강조 4')

▶ SmartArt 삽입 ⇒ 계층 구조형 : 조직도형, 글꼴(돋움, 16pt, 굵게, 가운데 맞춤), SmartArt 스타일(색 변경 –
　　　　'강조3 – 투명 그라데이션 범위 – 강조 3', 미세 효과), (반드시 SmartArt 기능을 이용하여 작성할 것)

▶ 애니메이션 지정 ⇒ SmartArt : 나타내기 – 나누기

▶ 지시사항이 없는 부분은《출력형태》와 동일하게 작성하시오.

【슬라이드 3】 아래의 작성조건 및 출력형태에 알맞게 세 번째 슬라이드에 작업하시오. (60점)

《출력형태》

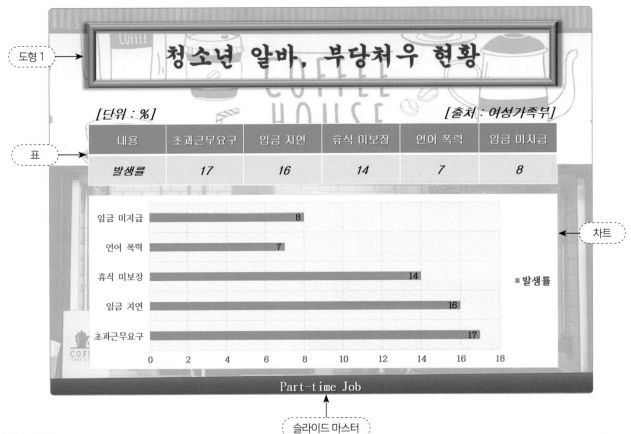

《작성조건》

(1) 제목

▶ 도형 1 ⇒ 기본 도형 : 액자, 도형 채우기('파랑, 강조 5'), 도형 윤곽선(실선, 색 : 노랑, 너비 : 1pt, 겹선 종류 : 단순형), 도형 효과(그림자 - 바깥쪽 - '오프셋: 가운데', 입체 효과 - 리블렛), 글꼴(궁서체, 35pt, 굵게, 진한 빨강)

(2) 본문 (※ 차트 작성은 반드시 '차트삽입 → 데이터 입력 → 차트 스타일' 순으로 작성바랍니다.)

▶ 텍스트 상자 1([단위 : %]) ⇒ 글꼴(돋움, 18pt, 굵게, 기울임꼴)

▶ 표 ⇒ 표 스타일 - (중간 - '보통 스타일 2 - 강조 5'), 가장 위의 행 : 글꼴(굴림, 16pt, 굵게, 텍스트 그림자, 가운데 맞춤), 나머지 행 : 글꼴(굴림, 16pt, 굵게, 기울임꼴, 가운데 맞춤)

▶ 텍스트 상자 2([출처 : 여성가족부]) ⇒ 글꼴(돋움, 18pt, 굵게, 기울임꼴)

▶ 차트 ⇒ 가로 막대형 : 묶은 가로 막대형, 차트 스타일(색 변경 - '다양한 색상표 4', 스타일 6), 축 서식/데이터 레이블 서식 : 글꼴(바탕체, 12pt, 굵게), 범례 서식 : 글꼴(바탕체, 14pt, 굵게, 텍스트 그림자), 데이터는 표 참고

▶ 배경 ⇒ 배경 서식(채우기 - 그림 또는 질감 채우기)에서 그림 2 삽입(현재 슬라이드만 적용)

▶ 애니메이션 지정 ⇒ 차트 : 나타내기 - 확대/축소

▶ 지시사항이 없는 부분은《출력형태》와 동일하게 작성하시오.

【슬라이드 4】아래의 작성조건 및 출력형태에 알맞게 네 번째 슬라이드에 작업하시오. (60점)

《출력형태》

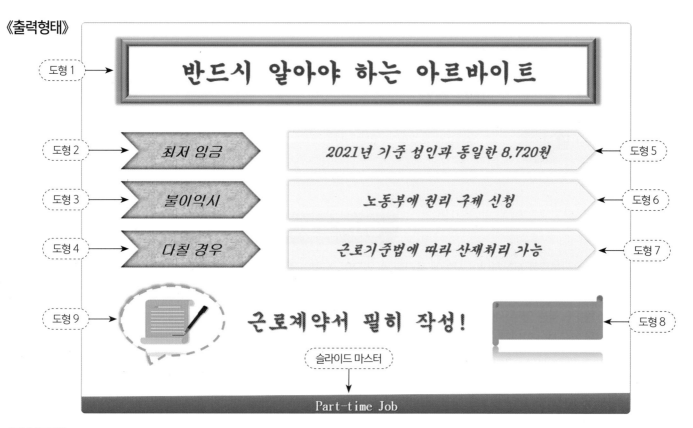

《작성조건》

(1) 제목

▶ 도형 1 ⇒ 기본 도형 : 액자, 도형 채우기('파랑, 강조 5'), 도형 윤곽선(실선, 색 : 노랑, 너비 : 1pt, 겹선 종류 : 단순형),
　　　　　도형 효과(그림자 – 바깥쪽 – '오프셋: 가운데', 입체 효과 – 리블렛), 글꼴(궁서체, 35pt, 굵게, 진한 빨강)

(2) 본문

▶ 도형 2~4 ⇒ 블록 화살표 : '화살표: 갈매기형 수장', 도형 채우기(질감 : 분홍 박엽지), 선 없음,
　　　　　도형 효과(그림자 – 안쪽 – '안쪽: 가운데'), 글꼴(굴림, 20pt, 굵게, 기울임꼴)

▶ 도형 5~7 ⇒ 블록 화살표 : '화살표: 오각형', 도형 채우기('회색, 강조 3, 80% 더 밝게'), 선 없음,
　　　　　도형 효과(네온 – '네온: 8pt, 회색, 강조색 3'), 글꼴(궁서, 20pt, 굵게, 기울임꼴, 진한 빨강)

▶ 도형 8 ⇒ 별 및 현수막 : '두루마리 모양: 가로로 말림', 도형 채우기(녹색), 선 없음,
　　　　　도형 효과(반사 – '근접 반사:터치')

▶ 도형 9 ⇒ 설명선 : '말풍선: 타원형', 도형 채우기(그림 또는 질감 채우기) 기능을 사용하여 그림 3 삽입,
　　　　　도형 윤곽선(실선, 색 : 연한 파랑, 너비 : 3pt, 겹선 종류 : 단순형, 대시 종류 : 파선),
　　　　　도형 효과(그림자 – 바깥쪽 – '오프셋: 왼쪽 위')

▶ WordArt 삽입(근로계약서 필히 작성!) ⇒ WordArt 스타일('무늬 채우기: 흰색, 어두운 상향 대각선 줄무늬, 그림자')
　　　　　글꼴(궁서체, 30pt, 굵게, 텍스트 그림자)

▶ 지시사항이 없는 부분은《출력형태》와 동일하게 작성하시오.

제05회 실전모의고사

▸ 시험과목 : 프리젠테이션(파워포인트)
▸ 시험일자 : 20XX. XX. XX.(X)
▸ 응시자 기재사항 및 감독위원 확인

수 검 번 호	DIP - XXXX -	감독위원 확인
성 명		

응시자 유의사항

1. 응시자는 신분증을 시참하여야 시험에 응시할 수 있으며, 시험이 종료될 때까지 신분증을 제시하지 못힐 경우 해당 시험은 0점 처리됩니다.

2. 시스템(PC 작동 여부, 네트워크 상태 등)의 이상 여부를 반드시 확인하여야 하며, 시스템 이상이 있을시 감독위원에게 조치를 받으셔야 합니다.

3. 시험 중 부주의 또는 고의로 시스템을 파손한 경우는 응시자 부담으로 합니다.

4. 답안 전송 프로그램을 통해 다운로드 받은 파일을 이용하여 답안 파일을 작성하시기 바랍니다.

5. 작성한 답안 파일은 답안 전송 프로그램을 통하여 전송됩니다. 감독위원의 지시에 따라 주시기 바랍니다.

6. 다음 사항의 경우 실격(0점) 혹은 부정행위 처리됩니다.

   ❶ 답안 파일을 저장하지 않았거나, 저장한 파일이 손상되었을 경우
   ❷ 답안 파일을 지정된 폴더(바탕화면 – "KAIT" 폴더)에 저장하지 않았을 경우
      ※ 답안 전송 프로그램 로그인 시 바탕화면에 자동 생성됨
   ❸ 답안 파일을 다른 보조기억장치(USB) 혹은 네트워크(메신저, 게시판 등)로 전송할 경우
   ❹ 휴대용 전화기 등 통신기기를 사용할 경우

7. 슬라이드는 반드시 순서대로 작성해야 하며, 순서가 다를 경우 "0"점 처리됩니다.

8. 시험지에 제시된 글꼴이 응시 프로그램에 없는 경우, 반드시 감독위원에게 해당 내용을 통보한 뒤 조치를 받아야 합니다.

9. 슬라이드 작성 시 도형의 그룹 설정을 사용하는 경우, 채점에서 감점 처리됩니다.

10. 시험의 완료는 작성이 완료된 답안을 저장하고, 답안 전송이 완료된 상태를 확인한 것으로 합니다. 답안 전송 확인 후 문제지는 감독위원에게 제출한 후 퇴실하여야 합니다.

11. 답안 전송이 완료된 경우에는 수정 또는 정정이 불가능합니다.

12. 시험 시행 후 합격자 발표는 홈페이지(www.ihd.or.kr)에서 확인하시기 바랍니다.

   ※ 합격자 발표 : 20XX. XX. XX.(X)

<유의사항>
- 《작성조건》을 준수하여 반드시 프리젠테이션 슬라이드로 작업합니다.
- 글꼴 및 기타 사항에 대해 별도의 지시사항이 없는 경우, 슬라이드 크기와 전체적인 균형을 고려하여 임의로 작성하되, 도형은 그룹으로 설정하지 않습니다.
- 모든 슬라이드 크기(A4), 방향(가로), 디자인 테마(Office 테마)로 지정합니다.
  - ▶ 슬라이드 크기, 방향 조정 시 '맞춤 확인'으로 지정하여야 합니다.
- 공통적용사항(슬라이드 마스터)
  - ▶ 도형 ⇒ 기본 도형 : 구름, 도형 스타일('보통 효과 – 주황, 강조 2'), 글꼴(돋움체, 18pt, 굵게)
- 그림 삽입 시 다운로드 한 그림 파일을 반드시 사용하여야 합니다.
- ⌐ ⌐ ⌐ ⟶ 은 지시사항이므로 작성하지 않습니다.
- 슬라이드에 제시된 글자 및 숫자 오타는 감점 처리됩니다.

【슬라이드 1】 아래의 작성조건 및 출력형태에 알맞게 첫 번째 슬라이드에 작업하시오. (30점)

《출력형태》

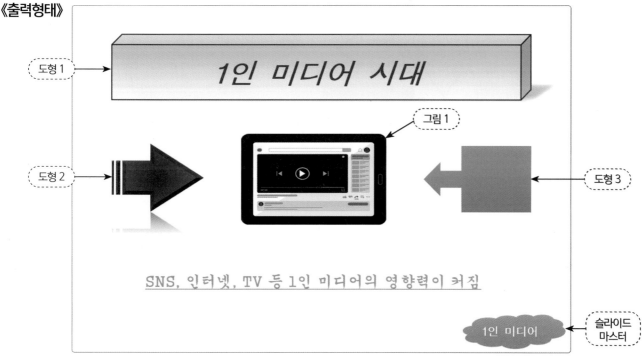

《작성조건》
- ▶ 도형 1 ⇒ 기본 도형 : 정육면체, 도형 채우기(그라데이션 : 미리 설정 – '밝은 그라데이션 – 강조 6', 종류 – 선형, 방향 – 선형 위쪽), 도형 윤곽선(실선, 색 : 진한 파랑, 너비 : 1.5pt, 겹선 종류 : 단순형), 도형 효과(그림자 – 원근감 – '원근감: 오른쪽 위'), 글꼴(돋움체, 44pt, 굵게, 기울임꼴, '청회색, 텍스트 2')
- ▶ 도형 2 ⇒ 블록 화살표 : '화살표: 줄무늬가 있는 오른쪽', 도형 채우기(진한 빨강, 어두운 그라데이션 – 가운데에서), 선 없음, 도형 효과(반사 – '근접 반사: 터치', 입체 효과 – 각지게)
- ▶ 도형 3 ⇒ 블록 화살표 : '설명선: 왼쪽 화살표', 도형 스타일('보통 효과 – 파랑, 강조 5')
- ▶ 그림 삽입 ⇒ 그림 1 삽입, 크기(높이 : 5cm, 너비 : 8cm)
- ▶ 텍스트 상자(SNS, 인터넷, TV 등 1인 미디어의 영향력이 커짐) ⇒ 글꼴(궁서, 24pt, 밑줄, '주황, 강조 2')
- ▶ 애니메이션 지정 ⇒ 도형 1 : 나타내기 – 나누기
- ▶ 지시사항이 없는 부분은 《출력형태》와 동일하게 작성하시오.

【슬라이드 2】 아래의 작성조건 및 출력형태에 알맞게 두 번째 슬라이드에 작업하시오. (50점)

《출력형태》

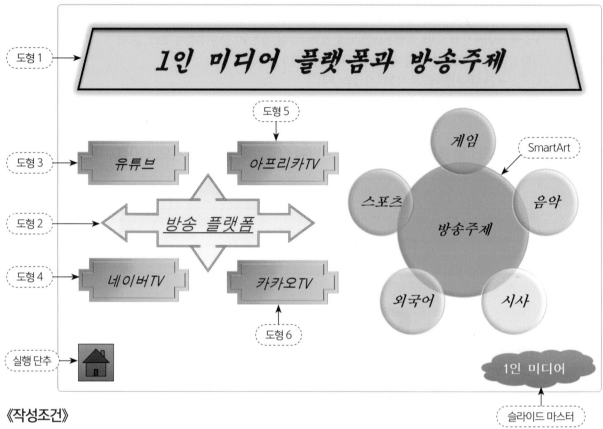

《작성조건》

(1) 제목

▶ 도형 1 ⇒ 기본 도형 : 사다리꼴, 도형 채우기(황금색, 강조 4, 40% 더 밝게), 도형 윤곽선(실선, 색 : '검정, 텍스트 1',
　　너비 : 2.5pt, 겹선 종류 : 단순형), 도형 효과(그림자 - 안쪽 - '안쪽: 위쪽', '네온: 11pt, 주황, 강조색 2'),
　　글꼴(궁서체, 36pt, 굵게, 기울임꼴, 진한 파랑)

(2) 본문

▶ 도형 2 ⇒ 블록 화살표 : '설명선: 왼쪽/오른쪽/위쪽/아래쪽', 도형 채우기(노랑, 밝은 그라데이션 - 선형 아래쪽),
　　도형 윤곽선(실선, 색 : 파랑, 너비 : 3pt, 겹선 종류 : 이중), 글꼴(돋움체, 24pt, 기울임꼴, 밑줄, 진한 파랑)

▶ 도형 3~6 ⇒ 기본 도형 : 십자형, 도형 채우기(주황, 어두운 그라데이션 - 왼쪽 위 모서리에서), 선 없음, 도형 효과
　　(입체 효과 - 십자형으로), 글꼴(돋움체, 20pt, 기울임꼴, '검정, 텍스트 1')

▶ 실행 단추 ⇒ 실행 단추 : '실행 단추: 홈으로 이동', 하이퍼링크 : 첫째 슬라이드,
　　도형 스타일('미세 효과 - 검정, 어둡게 1')

▶ SmartArt 삽입 ⇒ 주기형 : 방사형 벤형, 글꼴(바탕체, 20pt, 굵게, 기울임꼴, 가운데 맞춤), SmartArt 스타일(색 변경 -
　　'강조 5 - 그라데이션 반복 - 강조 5', 3차원 - 파우더), (반드시 SmartArt 기능을 이용하여 작성할 것)

▶ 애니메이션 지정 ⇒ SmartArt : 나타내기 - 회전하며 밝기 변화

▶ 지시사항이 없는 부분은 《출력형태》와 동일하게 작성하시오.

【슬라이드 3】 아래의 작성조건 및 출력형태에 알맞게 세 번째 슬라이드에 작업하시오. (60점)

《출력형태》

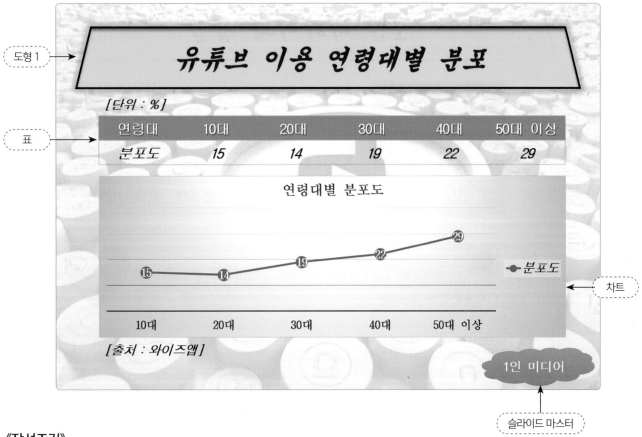

《작성조건》

(1) 제목

▶ 도형 1 ⇒ 기본 도형 : 사다리꼴, 도형 채우기('황금색, 강조 4, 40% 더 밝게'), 도형 윤곽선(실선, 색 : '검정, 텍스트 1', 너비 : 2.5pt, 겹선 종류 : 단순형), 도형 효과(그림자 – 안쪽 – '안쪽: 위쪽', '네온: 11pt, 주황, 강조색 2'), 글꼴(궁서체, 36pt, 굵게, 기울임꼴, 진한 파랑)

(2) 본문 (※ 차트 작성은 반드시 '차트삽입 → 데이터 입력 → 차트 스타일' 순으로 작성바랍니다.)

▶ 텍스트 상자 1([단위 : %]) ⇒ 글꼴(돋움, 18pt, 굵게, 기울임꼴)

▶ 표 ⇒ 표 스타일(밝게 – '밝은 스타일 2 – 강조 5'), 가장 위의 행 : 글꼴(굴림체, 20pt, 굵게, 텍스트 그림자, 가운데 맞춤), 나머지 행 : 글꼴(굴림체, 20pt, 굵게, 기울임꼴, 가운데 맞춤)

▶ 텍스트 상자 2([출처 : 와이즈앱]) ⇒ 글꼴(돋움, 18pt, 굵게, 기울임꼴)

▶ 차트 ⇒ 꺾은선형 : 표식이 있는 꺾은선형, 차트 스타일(색 변경 – '다양한 색상표 1', 스타일 2), 축 서식/데이터 레이블 서식 : 글꼴(바탕체, 16pt, 굵게), 범례 서식 : 글꼴(돋움, 18pt, 굵게, 기울임꼴), 데이터는 표 참고

▶ 배경 ⇒ 배경 서식(채우기 – 그림 또는 질감 채우기)에서 그림 2 삽입(현재 슬라이드만 적용)

▶ 애니메이션 지정 ⇒ 차트 : 나타내기 – 나누기

▶ 지시사항이 없는 부분은《출력형태》와 동일하게 작성하시오.

【슬라이드 4】 아래의 작성조건 및 출력형태에 알맞게 네 번째 슬라이드에 작업하시오. (60점)

《출력형태》

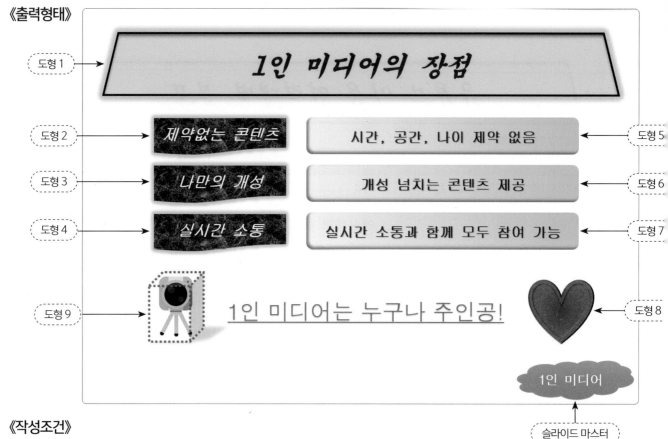

《작성조건》

(1) 제목

▶ 도형 1 ⇒ 기본 도형 : 사다리꼴, 도형 채우기('황금색, 강조 4, 40% 더 밝게'), 도형 윤곽선(실선, 색 : '검정, 텍스트 1',
　　　너비 : 2.5pt, 겹선 종류 : 단순형), 도형 효과(그림자 – 안쪽 – '안쪽: 위쪽', '네온: 11pt, 주황, 강조색 2'),
　　　글꼴(궁서체, 36pt, 굵게, 진한 파랑)

(2) 본문

▶ 도형 2~4 ⇒ 순서도 : '순서도: 문서, 도형 채우기(질감 : 녹색 대리석), 선 없음,
　　　　도형 효과(네온 – '네온: 8pt, 녹색, 강조색 6'), 글꼴(굴림체, 22pt, 굵게, 기울임꼴)

▶ 도형 5~7 ⇒ 사각형 : '사각형: 둥근 모서리', 도형 채우기(연한 녹색, 밝은 그라데이션 – 선형 왼쪽), 선 없음,
　　　　도형 효과(그림자 – 안쪽 – '안쪽: 왼쪽 아래'), 글꼴(굴림체, 20pt, 굵게, 텍스트 그림자, 진한 파랑)

▶ 도형 8 ⇒ 기본 도형 : 하트, 도형 채우기(빨강, 어두운 그라데이션 – 가운데에서), 선 없음,
　　　　도형 효과(입체 효과 – 딱딱한 가장자리)

▶ 도형 9 ⇒ 기본 도형 : 정육면체, 도형 채우기(그림 또는 질감 채우기) 기능을 사용하여 그림 3 삽입,
　　　　도형 윤곽선(실선, 색 : 빨강, 너비 : 3pt, 겹선 종류 : 단순형, 대시 종류 : 둥근 점선),
　　　　도형 효과(그림자 – 원근감 – '원근감: 오른쪽 위')

▶ WordArt 삽입(1인 미디어는 누구나 주인공!) ⇒ WordArt 스타일('채우기: 파랑, 강조색 1, 그림자'),
　　　　　　　　　　　　　　　　　　글꼴(돋움, 30pt, 밑줄, 텍스트 그림자)

▶ 지시사항이 없는 부분은 《출력형태》와 동일하게 작성하시오.

제06회 실전모의고사

▸ 시험과목 : 프리젠테이션(파워포인트)
▸ 시험일자 : 20XX. XX. XX.(X)
▸ 응시자 기재사항 및 감독위원 확인

수 검 번 호	DIP - XXXX -	감독위원 확인
성 명		

응시자 유의사항

1. 응시자는 신분증을 지참하여야 시험에 응시할 수 있으며, 시험이 종료될 때까지 신분증을 제시하지 못할 경우 해당 시험은 0점 처리됩니다.

2. 시스템(PC 작동 여부, 네트워크 상태 등)의 이상 여부를 반드시 확인하여야 하며, 시스템 이상이 있을시 감독위원에게 조치를 받으셔야 합니다.

3. 시험 중 부주의 또는 고의로 시스템을 파손한 경우는 응시자 부담으로 합니다.

4. 답안 전송 프로그램을 통해 다운로드 받은 파일을 이용하여 답안 파일을 작성하시기 바랍니다.

5. 작성한 답안 파일은 답안 전송 프로그램을 통하여 전송됩니다. 감독위원의 지시에 따라 주시기 바랍니다.

6. 다음 사항의 경우 실격(0점) 혹은 부정행위 처리됩니다.

    ❶ 답안 파일을 저장하지 않았거나, 저장한 파일이 손상되었을 경우
    ❷ 답안 파일을 지정된 폴더(바탕화면 – "KAIT" 폴더)에 저장하지 않았을 경우
        ※ 답안 전송 프로그램 로그인 시 바탕화면에 자동 생성됨
    ❸ 답안 파일을 다른 보조기억장치(USB) 혹은 네트워크(메신저, 게시판 등)로 전송할 경우
    ❹ 휴대용 전화기 등 통신기기를 사용할 경우

7. 슬라이드는 반드시 순서대로 작성해야 하며, 순서가 다를 경우 "0"점 처리됩니다.

8. 시험지에 제시된 글꼴이 응시 프로그램에 없는 경우, 반드시 감독위원에게 해당 내용을 통보한 뒤 조치를 받아야 합니다.

9. 슬라이드 작성 시 도형의 그룹 설정을 사용하는 경우, 채점에서 감점 처리됩니다.

10. 시험의 완료는 작성이 완료된 답안을 저장하고, 답안 전송이 완료된 상태를 확인한 것으로 합니다. 답안 전송 확인 후 문제지는 감독위원에게 제출한 후 퇴실하여야 합니다.

11. 답안 전송이 완료된 경우에는 수정 또는 정정이 불가능합니다.

12. 시험 시행 후 합격자 발표는 홈페이지(www.ihd.or.kr)에서 확인하시기 바랍니다.

    ※ 합격자 발표 : 20XX. XX. XX.(X)

<유의사항>
- 《작성조건》을 준수하여 반드시 프리젠테이션 슬라이드로 작업합니다.
- 글꼴 및 기타 사항에 대해 별도의 지시사항이 없는 경우, 슬라이드 크기와 전체적인 균형을 고려하여 임의로 작성하되, 도형은 그룹으로 설정하지 않습니다.
- 모든 슬라이드 크기(A4), 방향(가로), 디자인 테마(Office 테마)로 지정합니다.
  - ▶ 슬라이드 크기, 방향 조정 시 '맞춤 확인'으로 지정하여야 합니다.
- 공통적용사항(슬라이드 마스터)
  - ▶ 도형 ⇒ 기본 도형 : 배지, 도형 스타일('미세 효과 – 녹색, 강조 6'), 글꼴(바탕, 18pt, 굵게)
- 그림 삽입 시 다운로드 한 그림 파일을 반드시 사용하여야 합니다.
- ⸤⸻⸥➔은 지시사항이므로 작성하지 않습니다.
- 슬라이드에 제시된 글자 및 숫자 오타는 감점 처리됩니다.

【슬라이드 1】 아래의 작성조건 및 출력형태에 알맞게 첫 번째 슬라이드에 작업하시오. (30점)

《출력형태》

《작성조건》
- ▶ 도형 1 ⇒ 순서도 : '순서도: 천공 테이프', 도형 채우기(그라데이션 : 미리 설정 – '가운데 그라데이션 – 강조 5', 종류 – 방사형, 방향 – 왼쪽 아래 모서리에서), 도형 윤곽선(실선, 색 : 노랑, 너비 : 3pt, 겹선 종류 : 단순형), 도형 효과(입체 효과 – 기울기), 글꼴(바탕, 40pt, 기울임꼴, 텍스트 그림자)
- ▶ 도형 2 ⇒ 블록 화살표 : '화살표: 위쪽/아래쪽', 도형 채우기('주황, 강조 2, 40% 더 밝게'), 선 없음, 도형 효과(반사 – '전체 반사: 터치', 그림자 – 바깥쪽 – '오프셋: 가운데')
- ▶ 도형 3 ⇒ 블록 화살표 : '화살표: 아래로 구부러짐', 도형 스타일('미세 효과 – 주황, 강조 2')
- ▶ 그림 삽입 ⇒ 그림 1 삽입, 크기(높이 : 7cm, 너비 : 7cm)
- ▶ 텍스트 상자(손 씻고, 끓여먹고, 익혀먹기) ⇒ 글꼴(궁서, 24pt, 굵게, 밑줄, '회색, 강조 3, 50% 더 어둡게')
- ▶ 애니메이션 지정 ⇒ 도형 1 : 나타내기 – 실선 무늬
- ▶ 지시사항이 없는 부분은 《출력형태》와 동일하게 작성하시오.

【슬라이드 2】 아래의 작성조건 및 출력형태에 알맞게 두 번째 슬라이드에 작업하시오. (50점)

《출력형태》

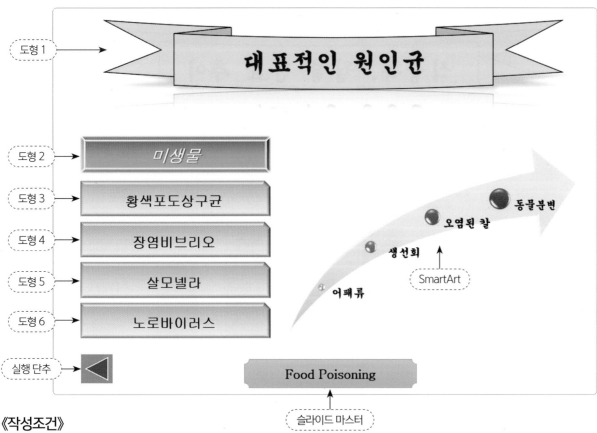

《작성조건》

(1) 제목

▶ 도형 1 ⇒ 별 및 현수막 : '리본 : 아래로 구부러지고 기울어짐', 도형 채우기(노랑), 도형 윤곽선(실선,
　　　　색 : '검정, 텍스트 1', 너비 : 1pt, 겹선 종류 : 단순형), 도형 효과(그림자 – 원근감 – '원근감 : 오른쪽 위',
　　　　반사 – '근접 반사 : 터치'), 글꼴(궁서체, 35pt, 굵게, 진한 파랑)

(2) 본문

▶ 도형 2 ⇒ 기본 도형 : '사각형 : 빗면', 도형 채우기(연한 녹색, 어두운 그라데이션 – 선형 아래쪽), 도형 윤곽선
　　　　(실선, 색 : '흰색, 배경 1', 너비 : 3pt, 겹선 종류 : 굵고 얇음), 글꼴(돋움, 24pt, 굵게, 기울임꼴, 텍스트 그림자)

▶ 도형 3~6 ⇒ 사각형 : '사각형 : 잘린 한쪽 모서리', 도형 채우기(자주, 밝은 그라데이션 – 선형 아래쪽), 선 없음,
　　　　도형 효과(입체 효과 – 둥글게), 글꼴(굴림체, 20pt, 굵게, '검정, 텍스트 1')

▶ 실행 단추 ⇒ 실행 단추 : '실행 단추 : 뒤로 또는 앞으로 이동', 하이퍼링크 : 마지막 슬라이드,
　　　　도형 스타일('밝은 색 1 윤곽선, 색 채우기 – 파랑, 강조 5')

▶ SmartArt 삽입 ⇒ 프로세스형 : 상향 화살표형, 글꼴(궁서, 16pt, 굵게, 가운데 맞춤), SmartArt 스타일(색 변경 –
　　　　'색상형 범위 – 강조색 3 또는 4', 3차원 – 광택 처리), (반드시 SmartArt 기능을 이용하여 작성할 것)

▶ 애니메이션 지정 ⇒ SmartArt : 나타내기 – 떠오르기

▶ 지시사항이 없는 부분은 《출력형태》와 동일하게 작성하시오.

【슬라이드 3】 아래의 작성조건 및 출력형태에 알맞게 세 번째 슬라이드에 작업하시오. (60점)

《출력형태》

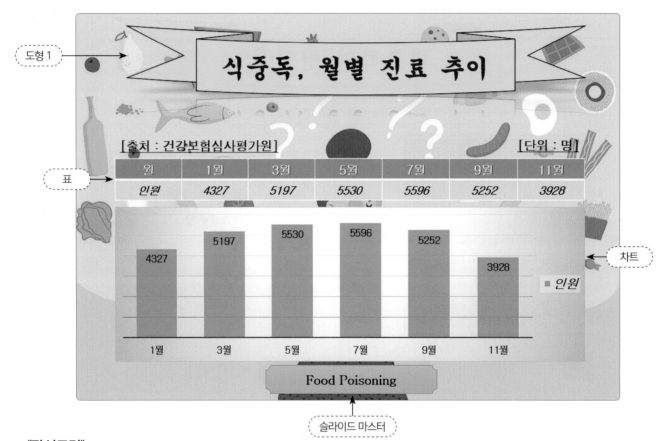

《작성조건》

(1) 제목

▶ 도형 1 ⇒ 별 및 현수막 : '리본: 아래로 구부러지고 기울어짐', 도형 채우기(노랑), 도형 윤곽선(실선,
　　　　색 : '검정, 텍스트 1', 너비 : 1pt, 겹선 종류 : 단순형), 도형 효과(그림자 – 원근감 – '원근감: 오른쪽 위',
　　　　반사 – '근접 반사: 터치'), 글꼴(궁서체, 35pt, 굵게, 진한 파랑)

(2) 본문 (※ 차트 작성은 반드시 '차트삽입 → 데이터 입력 → 차트 스타일' 순으로 작성바랍니다.)

▶ 텍스트 상자 1([출처 : 건강보험심사평가원]) ⇒ 글꼴(돋움, 18pt, 굵게, 밑줄)

▶ 표 ⇒ 표 스타일(중간 – '보통 스타일 2 – 강조 6'), 가장 위의 행 : 글꼴(굴림, 18pt, 굵게, 텍스트 그림자, 가운데 맞춤),
　　　나머지 행 : 글꼴(굴림, 16pt, 굵게, 기울임꼴, 가운데 맞춤)

▶ 텍스트 상자 2([단위 : 명]) ⇒ 글꼴(돋움, 18pt, 굵게, 밑줄)

▶ 차트 ⇒ 세로 막대형 : 묶은 세로 막대형, 차트 스타일(색 변경 – '다양한 색상표 3', 스타일 5), 축 서식/데이터
　　　레이블 서식 : 글꼴(돋움, 14pt, 굵게), 범례 서식 : 글꼴(돋움, 18pt, 굵게, 기울임꼴), 데이터는 표 참고

▶ 배경 ⇒ 배경 서식(채우기 – 그림 또는 질감 채우기)에서 그림 2 삽입(현재 슬라이드만 적용)

▶ 애니메이션 지정 ⇒ 차트 : 나타내기 – 밝기 변화

▶ 지시사항이 없는 부분은《출력형태》와 동일하게 작성하시오.

【슬라이드 4】 아래의 작성조건 및 출력형태에 알맞게 네 번째 슬라이드에 작업하시오. (60점)

《출력형태》

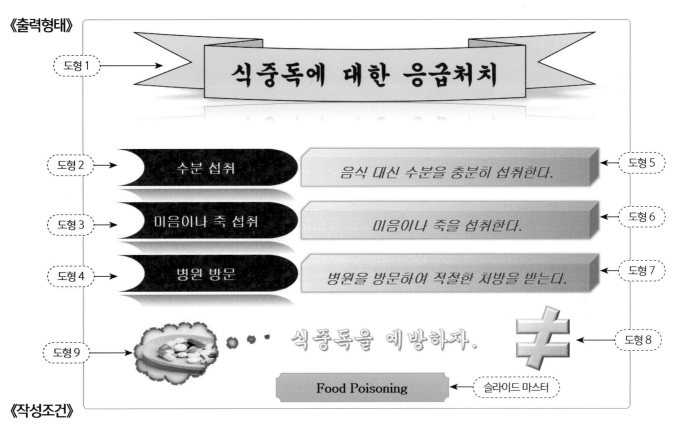

《작성조건》

(1) 제목

▶ 도형1 ⇒ 별 및 현수막 : '리본: 아래로 구부러지고 기울어짐', 도형 채우기(노랑), 도형 윤곽선(실선,
색 : '검정, 텍스트 1', 너비 : 1pt, 겹선 종류 : 단순형), 도형 효과(그림자 – 원근감 – '원근감: 오른쪽 위',
반사 – '근접 반사: 터치'), 글꼴(궁서체, 35pt, 굵게, 진한 파랑)

(2) 본문

▶ 도형 2~4 ⇒ 순서도 : '순서도: 저장 데이터', 도형 채우기(질감 : 자주 편물), 선 없음,
도형 효과(반사 – '근접 반사: 4pt 오프셋'), 글꼴(굴림, 20pt, 굵게)

▶ 도형 5~7 ⇒ 기본 도형 : 정육면체, 도형 채우기(파랑, 밝은 그라데이션 – 선형 왼쪽), 선 없음,
도형 효과(네온 – '네온: 5pt, 파랑, 강조색 1'), 글꼴(굴림, 20pt, 굵게, 기울임꼴, 자주)

▶ 도형 8 ⇒ 수식 도형 : 부등호, 도형 채우기(자주, 밝은 그라데이션 – 오른쪽 아래 모서리에서), 선 없음,
도형 효과(입체 효과 – 둥글게)

▶ 도형 9 ⇒ 설명선 : '생각 풍선: 구름 모양', 도형 채우기(그림 또는 질감 채우기) 기능을 사용하여 그림 3 삽입,
도형 윤곽선(실선, 색 : 빨강, 너비 : 3pt, 겹선 종류 : 단순형, 대시 종류 : 사각 점선),
도형 효과(그림자 – 안쪽 – '안쪽: 가운데')

▶ WordArt 삽입(식중독을 예방하자.) ⇒ WordArt 스타일('채우기: 흰색, 윤곽선: 주황, 강조색 2,
진한 그림자: 주황, 강조색 2'), 글꼴(궁서체, 30pt, 굵게, 텍스트 그림자)

▶ 지시사항이 없는 부분은 《출력형태》와 동일하게 작성하시오.

제07회 실전모의고사

▸ 시험과목 : 프리젠테이션(파워포인트)
▸ 시험일자 : 20XX. XX. XX.(X)
▸ 응시자 기재사항 및 감독위원 확인

수 검 번 호	DIP - XXXX -	감독위원 확인
성 명		

응시자 유의사항

1. 응시자는 신분증을 지참하여야 시험에 응시할 수 있으며, 시험이 종료될 때까지 신분증을 제시하지 못할 경우 해당 시험은 0점 처리됩니다.

2. 시스템(PC 작동 여부, 네트워크 상태 등)의 이상 여부를 반드시 확인하여야 하며, 시스템 이상이 있을시 감독위원에게 조치를 받으셔야 합니다.

3. 시험 중 부주의 또는 고의로 시스템을 파손한 경우는 응시자 부담으로 합니다.

4. 답안 전송 프로그램을 통해 다운로드 받은 파일을 이용하여 답안 파일을 작성하시기 바랍니다.

5. 작성한 답안 파일은 답안 전송 프로그램을 통하여 전송됩니다. 감독위원의 지시에 따라 주시기 바랍니다.

6. 다음 사항의 경우 실격(0점) 혹은 부정행위 처리됩니다.

    ❶ 답안 파일을 저장하지 않았거나, 저장한 파일이 손상되었을 경우
    ❷ 답안 파일을 지정된 폴더(바탕화면 – "KAIT" 폴더)에 저장하지 않았을 경우
    ※ 답안 전송 프로그램 로그인 시 바탕화면에 자동 생성됨
    ❸ 답안 파일을 다른 보조기억장치(USB) 혹은 네트워크(메신저, 게시판 등)로 전송할 경우
    ❹ 휴대용 전화기 등 통신기기를 사용할 경우

7. 슬라이드는 반드시 순서대로 작성해야 하며, 순서가 다를 경우 "0"점 처리됩니다.

8. 시험지에 제시된 글꼴이 응시 프로그램에 없는 경우, 반드시 감독위원에게 해당 내용을 통보한 뒤 조치를 받아야 합니다.

9. 슬라이드 작성 시 도형의 그룹 설정을 사용하는 경우, 채점에서 감점 처리됩니다.

10. 시험의 완료는 작성이 완료된 답안을 저장하고, 답안 전송이 완료된 상태를 확인한 것으로 합니다. 답안 전송 확인 후 문제지는 감독위원에게 제출한 후 퇴실하여야 합니다.

11. 답안 전송이 완료된 경우에는 수정 또는 정정이 불가능합니다.

12. 시험 시행 후 합격자 발표는 홈페이지(www.ihd.or.kr)에서 확인하시기 바랍니다.

    ※ 합격자 발표 : 20XX. XX. XX.(X)

<유의사항>
- 《작성조건》을 준수하여 반드시 프리젠테이션 슬라이드로 작업합니다.
- 글꼴 및 기타 사항에 대해 별도의 지시사항이 없는 경우, 슬라이드 크기와 전체적인 균형을 고려하여 임의로 작성하되, 도형은 그룹으로 설정하지 않습니다.
- 모든 슬라이드 크기(A4), 방향(가로), 디자인 테마(Office 테마)로 지정합니다.
  - ▶ 슬라이드 크기, 방향 조정 시 '맞춤 확인'으로 지정하여야 합니다.
- 공통적용사항(슬라이드 마스터)
  - ▶ 도형 ⇒ 기본 도형 : 사각형: 빗면, 도형 스타일('미세 효과 – 회색, 강조 3'), 글꼴(궁서체, 18pt, 밑줄)
- 그림 삽입 시 다운로드 한 그림 파일을 반드시 사용하여야 합니다.
- ⸨⸨⸨⸨⸨⟶ 은 지시사항이므로 작성하지 않습니다.
- 슬라이드에 제시된 글자 및 숫자 오타는 감점 처리됩니다.

【슬라이드 1】 아래의 작성조건 및 출력형태에 알맞게 첫 번째 슬라이드에 작업하시오. (30점)

《출력형태》

《작성조건》
- ▶ 도형 1 ⇒ 기본 도형 : 십이각형, 도형 채우기(그라데이션 : 미리 설정 – '방사형 그라데이션 – 강조 4', 종류 – 방사형, 방향 – 오른쪽 아래 모서리에서), 도형 윤곽선(실선, 색 : '검정, 텍스트 1', 너비 : 1pt, 겹선 종류 : 단순형), 도형 효과(그림자 – 안쪽 – '안쪽: 오른쪽 위'), 글꼴(굴림, 44pt, 기울임꼴, 텍스트 그림자)
- ▶ 도형 2 ⇒ 설명선 : '생각 풍선: 구름 모양', 도형 채우기(파랑, 어두운 그라데이션 – '선형 대각선 – 왼쪽 아래에서 오른쪽 위로'), 선 없음, 도형 효과(그림자 – 안쪽 – '안쪽: 가운데', 입체 효과 – 절단)
- ▶ 도형 3 ⇒ 기본 도형 : 해, 도형 스타일('강한 효과 – 녹색, 강조 6')
- ▶ 그림 삽입 ⇒ 그림 1삽입, 크기(높이 : 7cm, 너비 : 12cm)
- ▶ 텍스트 상자(생산자와 노동자를 보호하는 공정무역) ⇒ 글꼴(궁서체, 30pt, 기울임꼴, 밑줄)
- ▶ 애니메이션 지정 ⇒ 도형 2 : 나타내기 – 올라오기
- ▶ 지시사항이 없는 부분은《출력형태》와 동일하게 작성하시오.

【슬라이드 2】 아래의 작성조건 및 출력형태에 알맞게 두 번째 슬라이드에 작업하시오. (50점)

《출력형태》

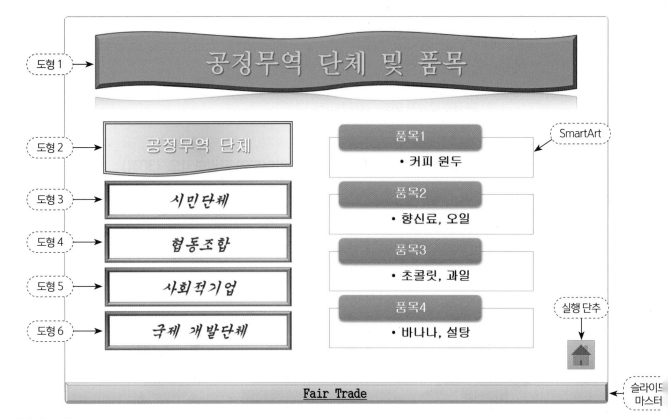

《작성조건》

(1) 제목

▶ 도형 1 ⇒ 별 및 현수막 : 이중 물결, 도형 채우기(파랑, 강조 5), 도형 윤곽선(실선, 색 : 진한 파랑, 너비 : 1pt, 겹선 종류 : 단순형), 도형 효과(반사 – '근접 반사: 터치', 입체 효과 – 각지게), 글꼴(바탕체, 36pt, 굵게, 텍스트 그림자, 노랑)

(2) 본문

▶ 도형 2 ⇒ 순서도 : '순서도: 문서', 도형 채우기(연한 파랑, 밝은 그라데이션 – 가운데에서), 도형 윤곽선(실선, 색 : 자주, 너비 : 4pt, 겹선 종류 : 이중), 글꼴(굴림체, 24pt, 굵게, 텍스트 그림자)

▶ 도형 3~6 ⇒ 기본 도형 : 액자, 도형 채우기(주황, 어두운 그라데이션 – '선형 대각선 – 왼쪽 위에서 오른쪽 아래로'), 선 없음, 도형 효과(입체 효과 – 낮은 수준의 경사), 글꼴(궁서체, 22pt, 기울임꼴, 진한 파랑)

▶ 실행 단추 ⇒ 실행 단추 : '실행 단추: 홈으로 이동', 하이퍼링크 : 첫째 슬라이드, 도형 스타일('미세 효과 – 주황, 강조 2')

▶ SmartArt 삽입 ⇒ 목록형 : 세로 상자 목록형, 글꼴(굴림, 18pt, 굵게, 가운데 맞춤), SmartArt 스타일(색 변경 – '강조 2 – 색 채우기 – 강조 2', 강한 효과), (반드시 SmartArt 기능을 이용하여 작성할 것)

▶ 애니메이션 지정 ⇒ SmartArt : 나타내기 – 바운드

▶ 지시사항이 없는 부분은 《출력형태》와 동일하게 작성하시오.

【슬라이드 3】 아래의 작성조건 및 출력형태에 알맞게 세 번째 슬라이드에 작업하시오. (60점)

《출력형태》

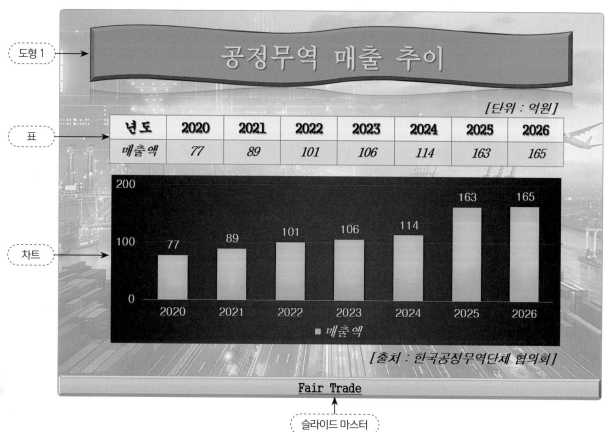

《작성조건》

(1) 제목

▶ 도형 1 ⇒ 별 및 현수막 : 이중 물결, 도형 채우기('파랑, 강조 5'), 도형 윤곽선(실선, 색 : 진한 파랑, 너비 : 1pt, 겹선 종류 : 단순형), 도형 효과(반사 – '근접 반사: 터치', 입체 효과 – 각지게), 글꼴(바탕체, 36pt, 굵게, 텍스트 그림자, 노랑)

(2) 본문 (※ 차트 작성은 반드시 '차트삽입 → 데이터 입력 → 차트 스타일' 순으로 작성바랍니다.)

▶ 텍스트 상자 1([단위 : 억원]) ⇒ 글꼴(돋움, 18pt, 굵게, 기울임꼴)

▶ 표 ⇒ 표 스타일(중간 – '보통 스타일 4 – 강조 2'), 가장 위의 행 : 글꼴(궁서체, 20pt, 굵게, 텍스트 그림자, 가운데 맞춤), 나머지 행 : 글꼴(바탕체, 18pt, 굵게, 기울임꼴, 가운데 맞춤)

▶ 텍스트 상자 2([출처 : 한국공정무역단체 협의회]) ⇒ 글꼴(돋움, 18pt, 굵게, 기울임꼴)

▶ 차트 ⇒ 세로 막대형 : 묶은 세로 막대형, 차트 스타일(색 변경 – '단색 색상표 11', 스타일 9), 축 서식/데이터 레이블 서식 : 글꼴(돋움, 16pt, 굵게), 범례 서식 : 글꼴(바탕체, 18pt, 굵게, 기울임꼴), 데이터는 표 참고

▶ 배경 ⇒ 배경 서식(채우기 – 그림 또는 질감 채우기)에서 그림 2 삽입(현재 슬라이드만 적용)

▶ 애니메이션 지정 ⇒ 차트 : 나타내기 – 도형

▶ 지시사항이 없는 부분은 《출력형태》와 동일하게 작성하시오.

【슬라이드 4】 아래의 작성조건 및 출력형태에 알맞게 네 번째 슬라이드에 작업하시오. (60점)

《출력형태》

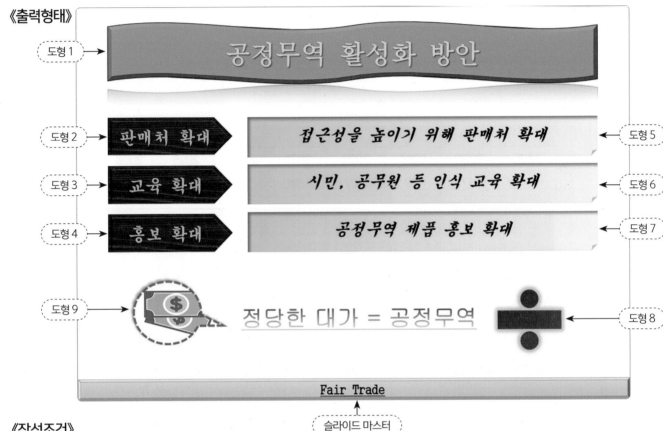

《작성조건》

(1) 제목

▶ 도형 1 ⇒ 별 및 현수막 : 이중 물결, 도형 채우기(파랑, 강조 5'), 도형 윤곽선(실선, 색 : 진한 파랑, 너비 : 1pt, 겹선 종류 : 단순형), 도형 효과(반사 – '근접 반사: 터치', 입체 효과 – 각지게), 글꼴(바탕체, 36pt, 굵게, 텍스트 그림자, 노랑)

(2) 본문

▶ 도형 2~4 ⇒ 블록 화살표 : '화살표: 오각형', 도형 채우기(질감 : 월넛), 선 없음, 도형 효과(입체 효과 – 절단), 글꼴(궁서체, 24pt, 굵게, 텍스트 그림자, 주황)

▶ 도형 5~7 ⇒ 기본 도형 : '사각형: 모서리가 접힌 도형', 도형 채우기(연한 파랑, 밝은 그라데이션 – 선형 오른쪽), 선 없음, 도형 효과(그림자 – 안쪽 – '안쪽: 왼쪽 위'), 글꼴(궁서체, 22pt, 굵게, 기울임꼴, '검정, 텍스트1')

▶ 도형 8 ⇒ 수식 도형 : 나누기 기호, 도형 채우기(진한 빨강, 어두운 그라데이션 – 왼쪽 위 모서리에서), 선 없음, 도형 효과(네온 – '네온: 8pt, 주황, 강조색 2')

▶ 도형 9 ⇒ 설명선 : '말풍선: 타원형', 도형 채우기(그림 또는 질감 채우기) 기능을 사용하여 그림 3 삽입, 도형 윤곽선(실선, 색 : 빨강, 너비 : 3pt, 겹선 종류 : 단순형, 대시 종류 : 사각 점선), 도형 효과(그림자 – 바깥쪽 – '오프셋: 왼쪽 위')

▶ WordArt 삽입(정당한 대가 = 공정무역) ⇒ WordArt 스타일('그라데이션 채우기, 회색'), 글꼴(굴림, 32pt, 굵게, 밑줄)

▶ 지시사항이 없는 부분은 《출력형태》와 동일하게 작성하시오.

제08회 실전모의고사

▸ 시험과목 : 프리젠테이션(파워포인트)
▸ 시험일자 : 20XX. XX. XX.(X)
▸ 응시자 기재사항 및 감독위원 확인

수 검 번 호	DIP - XXXX -	감독위원 확인
성 명		

응시자 유의사항

1. 응시자는 신분증을 지참하여야 시험에 응시할 수 있으며, 시험이 종료될 때까지 신분증을 제시하지 못할 경우 해당 시험은 0점 처리됩니다.

2. 시스템(PC 작동 여부, 네트워크 상태 등)의 이상 여부를 반드시 확인하여야 하며, 시스템 이상이 있을시 감독위원에게 조치를 받으셔야 합니다.

3. 시험 중 부주의 또는 고의로 시스템을 파손한 경우는 응시자 부담으로 합니다.

4. 답안 전송 프로그램을 통해 다운로드 받은 파일을 이용하여 답안 파일을 작성하시기 바랍니다.

5. 작성한 답안 파일은 답안 전송 프로그램을 통하여 전송됩니다. 감독위원의 지시에 따라 주시기 바랍니다.

6. 다음 사항의 경우 실격(0점) 혹은 부정행위 처리됩니다.

   ❶ 답안 파일을 저장하지 않았거나, 저장한 파일이 손상되었을 경우
   ❷ 답안 파일을 지정된 폴더(바탕화면 – "KAIT" 폴더)에 저장하지 않았을 경우
      ※ 답안 전송 프로그램 로그인 시 바탕화면에 자동 생성됨
   ❸ 답안 파일을 다른 보조기억장치(USB) 혹은 네트워크(메신저, 게시판 등)로 전송할 경우
   ❹ 휴대용 전화기 등 통신기기를 사용할 경우

7. 슬라이드는 반드시 순서대로 작성해야 하며, 순서가 다를 경우 "0"점 처리됩니다.

8. 시험지에 제시된 글꼴이 응시 프로그램에 없는 경우, 반드시 감독위원에게 해당 내용을 통보한 뒤 조치를 받아야 합니다.

9. 슬라이드 작성 시 도형의 그룹 설정을 사용하는 경우, 채점에서 감점 처리됩니다.

10. 시험의 완료는 작성이 완료된 답안을 저장하고, 답안 전송이 완료된 상태를 확인한 것으로 합니다. 답안 전송 확인 후 문제지는 감독위원에게 제출한 후 퇴실하여야 합니다.

11. 답안 전송이 완료된 경우에는 수정 또는 정정이 불가능합니다.

12. 시험 시행 후 합격자 발표는 홈페이지(www.ihd.or.kr)에서 확인하시기 바랍니다.

   ※ 합격자 발표 : 20XX. XX. XX.(X)

Korea Association for ICT Promotion
한국정보통신진흥협회 **KAIT**

<유의사항>

- 《작성조건》을 준수하여 반드시 프리젠테이션 슬라이드로 작업합니다.
- 글꼴 및 기타 사항에 대해 별도의 지시사항이 없는 경우, 슬라이드 크기와 전체적인 균형을 고려하여 임의로 작성하되, 도형은 그룹으로 설정하지 않습니다.
- 모든 슬라이드 크기(A4), 방향(가로), 디자인 테마(Office 테마)로 지정합니다.
  - ▶ 슬라이드 크기, 방향 조정 시 '맞춤 확인'으로 지정하여야 합니다.
- 공통적용사항(슬라이드 마스터)
  - ▶ 도형 ⇒ 기본 도형 : 육각형, 도형 스타일('밝은 색 1 윤곽선, 색 채우기 – 파랑, 강조 1'), 글꼴(바탕, 18pt, 굵게, 기울임꼴)
- 그림 삽입 시 다운로드 한 그림 파일을 반드시 사용하여야 합니다.
- ⬚┄┄→은 지시사항이므로 작성하지 않습니다.
- 슬라이드에 제시된 글자 및 숫자 오타는 감점 처리됩니다.

【슬라이드 1】 아래의 작성조건 및 출력형태에 알맞게 첫 번째 슬라이드에 작업하시오. (30점)

《출력형태》

《작성조건》

- ▶ 도형 1 ⇒ 기본 도형 : 양쪽 중괄호, 도형 채우기(그라데이션 : 미리 설정 – '밝은 그라데이션 – 강조 4', 종류 – 선형, 방향 – '선형 대각선 – 왼쪽 위에서 오른쪽 아래로'), 도형 윤곽선(실선, 색 : 진한 빨강, 너비 : 2pt, 겹선 종류 : 단순형), 도형 효과(그림자 – 바깥쪽 – '오프셋: 왼쪽 위'), 글꼴(궁서, 44pt, 기울임꼴, 진한 파랑)
- ▶ 도형 2 ⇒ 별 및 현수막 : '별: 꼭짓점 8개', 도형 채우기('녹색, 강조 6'), 선 없음, 도형 효과(반사 – '1/2 반사: 터치', 입체 효과 – 둥글게 볼록)
- ▶ 도형 3 ⇒ 순서도 : '순서도: 다중 문서', 도형 스타일('밝은 색 1 윤곽선, 색 채우기 – 주황, 강조 2')
- ▶ 그림 삽입 ⇒ 그림 1 삽입, 크기(높이 : 6cm, 너비 : 7cm)
- ▶ 텍스트 상자(자전거, 안전하게 이용합시다.) ⇒ 글꼴(궁서, 32pt, 굵게, 기울임꼴, 밑줄, 자주)
- ▶ 애니메이션 지정 ⇒ 도형 1 : 나타내기 – 돌기
- ▶ 지시사항이 없는 부분은 《출력형태》와 동일하게 작성하시오.

【슬라이드 2】 아래의 작성조건 및 출력형태에 알맞게 세 번째 슬라이드에 작업하시오. (60점)

《출력형태》

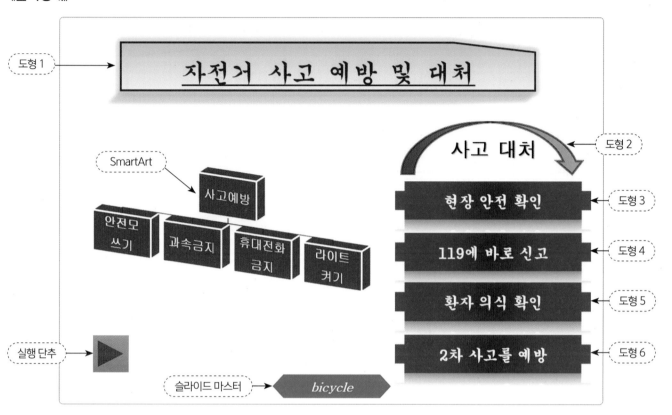

《작성조건》

(1) 제목

▶ 도형 1 ⇒ 순서도 : '순서도: 카드', 도형 채우기(연한 녹색, 밝은 그라데이션 – 선형 아래쪽), 도형 윤곽선(실선, 색 : 진한 파랑, 너비 : 2.5pt, 겹선 종류 : 단순형), 도형 효과(그림자 – 원근감 – '원근감: 왼쪽 아래', 네온 – '네온: 11pt, 회색, 강조색 3'), 글꼴(궁서체, 35pt, 밑줄, 진한 파랑)

(2) 본문

▶ 도형 2 ⇒ 블록 화살표 : '화살표: 아래로 구부러짐', 도형 채우기(연한 파랑, 어두운 그라데이션 – 선형 오른쪽, 도형 윤곽선(실선, 색 : 진한 파랑, 너비 : 3pt, 겹선 종류 : 삼중), 글꼴(돋움체, 28pt, 굵게, 텍스트 그림자)

▶ 도형 3~6 ⇒ 기본 도형 : 십자형, 도형 채우기(자주, 어두운 그라데이션 – 가운데에서), 선 없음, 도형 효과(반사 – '근접 반사: 터치'), 글꼴(궁서, 22pt, 굵게, '회색, 강조 3, 80% 더 밝게')

▶ 실행 단추 ⇒ '실행 단추: 앞으로 또는 다음', 하이퍼링크 : 다음 슬라이드, 도형 스타일('보통 효과 – 주황, 강조 2')

▶ SmartArt 삽입 ⇒ 계층 구조형 : 조직도형, 글꼴(굴림, 20pt, 굵게, 가운데 맞춤), SmartArt 스타일(색 변경 – '기본 테마색 – 어두운 색 2 채우기', 3차원 – 벽돌), (반드시 SmartArt 기능을 이용하여 작성할 것)

▶ 애니메이션 지정 ⇒ SmartArt : 나타내기 – 실선 무늬

▶ 지시사항이 없는 부분은《출력형태》와 동일하게 작성하시오.

【슬라이드 3】 아래의 작성조건 및 출력형태에 알맞게 세 번째 슬라이드에 작업하시오. (60점)

《출력형태》

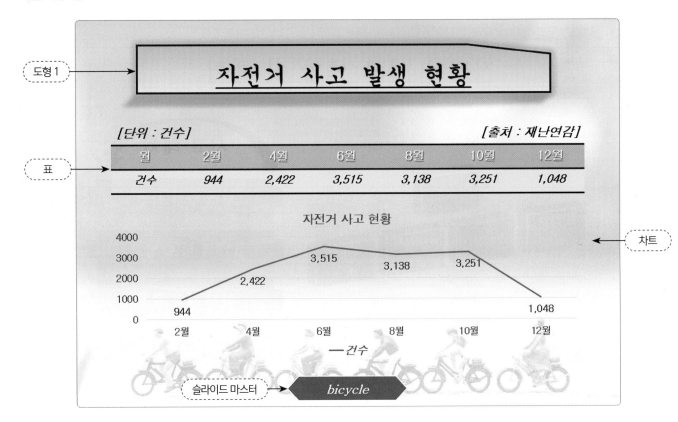

《작성조건》

(1) 제목

▶ 도형 1 ⇒ 순서도 : '순서도: 카드', 도형 채우기(연한 녹색, 밝은 그라데이션 – 선형 아래쪽), 도형 윤곽선(실선,
색 : 진한 파랑, 너비 : 2.5pt, 겹선 종류 : 단순형), 도형 효과(그림자 – 원근감 – '원근감: 왼쪽 아래',
네온 – '네온: 11pt, 회색, 강조색 3'), 글꼴(궁서체, 35pt, 밑줄, 진한 파랑)

(2) 본문 (※ 차트 작성은 반드시 '차트삽입 → 데이터 입력 → 차트 스타일' 순으로 작성바랍니다.)

▶ 텍스트 상자 1([단위 : 건수]) ⇒ 글꼴(돋움, 18pt, 굵게, 기울임꼴)

▶ 표 ⇒ 표 스타일(중간 – '보통 스타일 3 – 강조 4'), 가장 위의 행 : 글꼴(굴림, 18pt, 굵게, 텍스트 그림자, 가운데 맞춤),
나머지 행 : 글꼴(굴림, 16pt, 굵게, 기울임꼴, 가운데 맞춤)

▶ 텍스트 상자 2([출처 : 재난연감]) ⇒ 글꼴(돋움, 18pt, 굵게, 기울임꼴)

▶ 차트 ⇒ 꺾은선형 : 꺾은선형, 차트 스타일(색 변경 – '다양한 색상표 1', 스타일 1), 축 서식/데이터 레이블 서식 :
글꼴(돋움, 14pt, 굵게), 범례 서식 : 글꼴(돋움, 16pt, 굵게, 기울임꼴), 데이터는 표 참고

▶ 배경 ⇒ 배경 서식(채우기 – 그림 또는 질감 채우기)에서 그림 2 삽입(현재 슬라이드만 적용)

▶ 애니메이션 지정 ⇒ 차트 : 나타내기 – 회전

▶지시사항이 없는 부분은《출력형태》와 동일하게 작성하시오.

【슬라이드 4】 아래의 작성조건 및 출력형태에 알맞게 네 번째 슬라이드에 작업하시오. (60점)

《출력형태》

《작성조건》

(1) 제목

▶ 도형 1 ⇒ 순서도 : '순서도: 카드', 도형 채우기(연한 녹색, 밝은 그라데이션 – 선형 아래쪽), 도형 윤곽선(실선, 색 : 진한 파랑, 너비 : 2.5pt, 겹선 종류 : 단순형), 도형 효과(그림자 – 원근감 – '원근감: 왼쪽 아래', 네온 – '네온: 11pt, 회색, 강조색 3'), 글꼴(궁서체, 35pt, 밑줄, 진한 파랑)

(2) 본문

▶ 도형 2~4 ⇒ 기본 도형 : 원통형, 도형 채우기(질감 : 꽃다발), 선 없음, 도형 효과(네온 – '네온: 5pt, 파랑, 강조색 1'), 글꼴(바탕체, 22pt, 굵게, '청회색, 텍스트 2')

▶ 도형 5~7 ⇒ 기본 도형 : 평행 사변형, 도형 채우기('흰색, 배경 1, 15% 더 어둡게'), 선 없음, 도형 효과(입체 효과 – 절단), 글꼴(바탕, 22pt, 기울임꼴, 파랑)

▶ 도형 8 ⇒ 기본 도형 : 막힌 원호, 도형 채우기('회색, 강조 3', 어두운 그라데이션 – 선형 위쪽), 선 없음, 도형 효과(네온 – '네온: 18pt, 회색, 강조색 3')

▶ 도형 9 ⇒ 기본 도형 : 칠각형, 도형 채우기(그림 또는 질감 채우기) 기능을 사용하여 그림 3 삽입, 도형 윤곽선(실선, 색 : 노랑, 너비 : 3pt, 겹선 종류 : 단순형, 대시 종류 : 긴 파선), 도형 효과(그림자 – 바깥쪽 – '오프셋: 위쪽')

▶ WordArt 삽입(자전거, 안전하게 타기) ⇒ WordArt 스타일('채우기: 검정, 텍스트 색 1, 윤곽선: 흰색, 배경색 1, 진한 그림자: 파랑, 강조색 5'), 글꼴(궁서체, 30pt, 굵게, 텍스트 그림자)

▶ 지시사항이 없는 부분은 《출력형태》와 동일하게 작성하시오.

제09회 실전모의고사

▷ 시험과목 : 프리젠테이션(파워포인트)
▷ 시험일자 : 20XX. XX. XX.(X)
▷ 응시자 기재사항 및 감독위원 확인

수 검 번 호	DIP - XXXX -	감독위원 확인
성 명		

응시자 유의사항

1. 응시사는 신분증을 시참하여야 시험에 응시할 수 있으며, 시험이 종료될 때까지 신분증을 제시하지 못할 경우 해당 시험은 0점 처리됩니다.

2. 시스템(PC 작동 여부, 네트워크 상태 등)의 이상 여부를 반드시 확인하여야 하며, 시스템 이상이 있을시 감독위원에게 조치를 받으셔야 합니다.

3. 시험 중 부주의 또는 고의로 시스템을 파손한 경우는 응시자 부담으로 합니다.

4. 답안 전송 프로그램을 통해 다운로드 받은 파일을 이용하여 답안 파일을 작성하시기 바랍니다.

5. 작성한 답안 파일은 답안 전송 프로그램을 통하여 전송됩니다. 감독위원의 지시에 따라 주시기 바랍니다.

6. 다음 사항의 경우 실격(0점) 혹은 부정행위 처리됩니다.

    ❶ 답안 파일을 저장하지 않았거나, 저장한 파일이 손상되었을 경우
    ❷ 답안 파일을 지정된 폴더(바탕화면 – "KAIT" 폴더)에 저장하지 않았을 경우
      ※ 답안 전송 프로그램 로그인 시 바탕화면에 자동 생성됨
    ❸ 답안 파일을 다른 보조기억장치(USB) 혹은 네트워크(메신저, 게시판 등)로 전송할 경우
    ❹ 휴대용 전화기 등 통신기기를 사용할 경우

7. 슬라이드는 반드시 순서대로 작성해야 하며, 순서가 다를 경우 "0"점 처리됩니다.

8. 시험지에 제시된 글꼴이 응시 프로그램에 없는 경우, 반드시 감독위원에게 해당 내용을 통보한 뒤 조치를 받아야 합니다.

9. 슬라이드 작성 시 도형의 그룹 설정을 사용하는 경우, 채점에서 감점 처리됩니다.

10. 시험의 완료는 작성이 완료된 답안을 저장하고, 답안 전송이 완료된 상태를 확인한 것으로 합니다. 답안 전송 확인 후 문제지는 감독위원에게 제출한 후 퇴실하여야 합니다.

11. 답안 전송이 완료된 경우에는 수정 또는 정정이 불가능합니다.

12. 시험 시행 후 합격자 발표는 홈페이지(www.ihd.or.kr)에서 확인하시기 바랍니다.

    ※ 합격자 발표 : 20XX. XX. XX.(X)

<유의사항>
- 《작성조건》을 준수하여 반드시 프리젠테이션 슬라이드로 작업합니다.
- 글꼴 및 기타 사항에 대해 별도의 지시사항이 없는 경우, 슬라이드 크기와 전체적인 균형을 고려하여 임의로 작성하되, 도형은 그룹으로 설정하지 않습니다.
- 모든 슬라이드 크기(A4), 방향(가로), 디자인 테마(Office 테마)로 지정합니다.
  ▶ 슬라이드 크기, 방향 조정 시 '맞춤 확인'으로 지정하여야 합니다.
- 공통적용사항(슬라이드 마스터)
  ▶ 도형 ⇒ 순서도 : '순서도: 데이터', 도형 스타일('강한 효과 - 녹색, 강조 6'), 글꼴(돋움, 20pt, 굵게, 밑줄)
- 그림 삽입 시 다운로드 한 그림 파일을 반드시 사용하여야 합니다.
- ⸦ ┄┄┄→은 지시사항이므로 작성하지 않습니다.
- 슬라이드에 제시된 글자 및 숫자 오타는 감점 처리됩니다.

【슬라이드 1】 아래의 작성조건 및 출력형태에 알맞게 첫 번째 슬라이드에 작업하시오. (30점)

《출력형태》

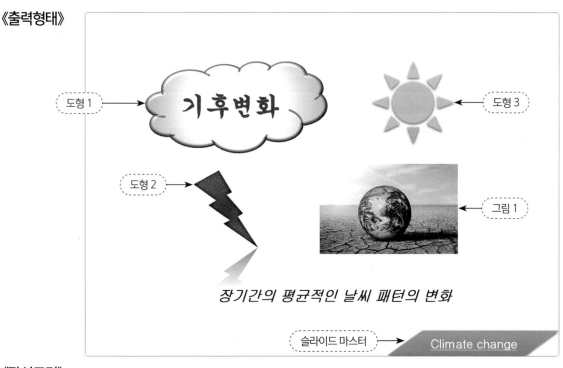

《작성조건》

▶ 도형 1 ⇒ 기본 도형 : 구름, 도형 채우기(그라데이션 : 미리 설정 - '위쪽 스포트라이트 강조 3', 종류 - 방사형, 방향 - 가운데에서), 도형 윤곽선(실선, 색 : '흰색, 배경 1, 50% 더 어둡게', 너비 : 3pt, 겹선 종류 : 단순형), 도형 효과(입체 효과 - 기울기), 글꼴(궁서체, 40pt, 굵게, '청회색, 텍스트 2')

▶ 도형 2 ⇒ 기본 도형 : 번개, 도형 채우기(빨강, 어두운 그라데이션 - 가운데에서), 선 없음, 도형 효과(그림자 - 안쪽 - '안쪽: 가운데', 반사 - '1/2 반사, 터치')

▶ 도형 3 ⇒ 기본 도형 : 해, 도형 스타일('강한 효과 - 황금색, 강조 4')

▶ 그림 삽입 ⇒ 그림 1 삽입, 크기(높이 : 5cm, 너비 : 8cm)

▶ 텍스트 상자(장기간의 평균적인 날씨 패턴의 변화) ⇒ 글꼴(굴림, 24pt, 굵게, 기울임꼴)

▶ 애니메이션 지정 ⇒ 도형 3 : 나타내기 - 날아오기

▶ 지시사항이 없는 부분은 《출력형태》와 동일하게 작성하시오.

【슬라이드 2】 아래의 작성조건 및 출력형태에 알맞게 두 번째 슬라이드에 작업하시오. (50점)

《출력형태》

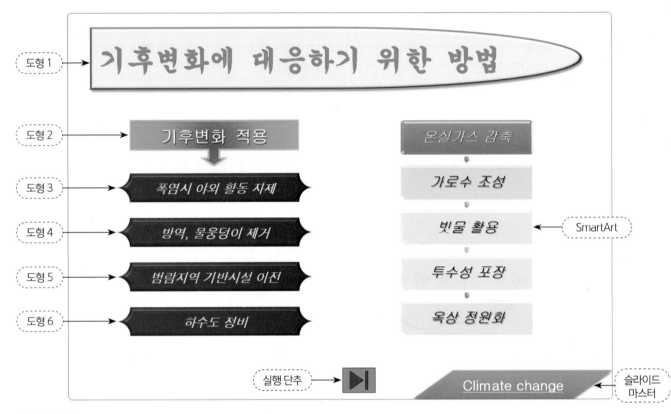

《작성조건》

(1) 제목

▶ 도형 1 ⇒ 순서도 : '순서도: 지연', 도형 채우기('녹색, 강조 6, 80% 더 밝게'), 도형 윤곽선(실선, 색 : '녹색, 강조 6', 너비 : 2.5pt, 겹선 종류 : 단순형), 도형 효과(그림자 – 바깥쪽 – '오프셋: 오른쪽 아래', 입체 효과 – 둥글게), 글꼴(궁서체, 40pt, 굵게, 녹색)

(2) 본문

▶ 도형 2 ⇒ 블록 화살표 : '설명선: 아래쪽 화살표', 도형 채우기(연한 녹색, 어두운 그라데이션 – 가운데에서), 도형 윤곽선(실선, 색 : 주황, 너비 : 2.5pt, 겹선 종류 : 얇고 굵음), 글꼴(굴림체, 24pt, 굵게, 텍스트 그림자)

▶ 도형 3~6 ⇒ 기본 도형 : 배지, 도형 채우기(자주, 어두운 그라데이션 – 오른쪽 아래 모서리에서), 선 없음, 도형 효과(입체 효과 – 리블렛), 글꼴(돋움, 18pt, 굵게, 기울임꼴, '황금색, 강조 4, 80% 더 밝게')

▶ 실행 단추 ⇒ 실행 단추: '실행 단추: 끝으로 이동', 하이퍼링크 : 마지막 슬라이드, 도형 스타일('색 채우기 – 녹색, 강조 6')

▶ SmartArt 삽입 ⇒ 프로세스형 : 프로세스 목록형, 글꼴(굴림, 20pt, 기울임꼴, 텍스트 그림자, 가운데 맞춤), SmartArt 스타일(색 변경 – '색상형 – 강조색', 3차원 – 광택 처리), (반드시 SmartArt 기능을 이용하여 작성할 것)

▶ 애니메이션 지정 ⇒ SmartArt : 나타내기 – 올라오기

▶ 지시사항이 없는 부분은 《출력형태》와 동일하게 작성하시오.

【슬라이드 3】 아래의 작성조건 및 출력형태에 알맞게 세 번째 슬라이드에 작업하시오. (60점)

《출력형태》

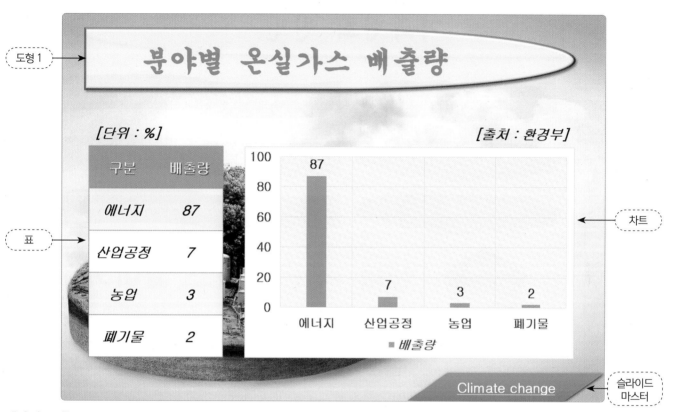

《작성조건》

(1) 제목
▶ 도형 1 ⇒ 순서도 : '순서도: 지연', 도형 채우기('녹색, 강조 6, 80% 더 밝게'), 도형 윤곽선(실선, 색 : '녹색, 강조 6',
　　너비 : 2.5pt, 겹선 종류 : 단순형), 도형 효과(그림자 – 바깥쪽 – '오프셋: 오른쪽 아래', 입체 효과 – 둥글게),
　　글꼴(궁서체, 40pt, 굵게, 녹색)

(2) 본문 (※ 차트 작성은 반드시 '차트삽입 → 데이터 입력 → 차트 스타일' 순으로 작성바랍니다.)
▶ 텍스트 상자 1([단위 : %]) ⇒ 글꼴(굴림, 20pt, 굵게, 기울임꼴)
▶ 표 ⇒ 표 스타일(중간 – '보통 스타일 1 – 강조 3'), 가장 위의 행 : 글꼴(굴림, 20pt, 굵게, 텍스트 그림자, 가운데 맞춤),
　　　나머지 행 : 글꼴(굴림, 20pt, 굵게, 기울임꼴, 가운데 맞춤)
▶ 텍스트 상자 2([출처 : 환경부]) ⇒ 글꼴(굴림, 20pt, 굵게, 기울임꼴)
▶ 차트 ⇒ 세로 막대형 : 묶은 세로 막대형, 차트 스타일(색 변경 – '단색 색상표 3', 스타일 8), 축 서식/데이터 레이블
　　　서식 : 글꼴(굴림, 18pt, 굵게), 범례 서식 : 글꼴(굴림, 18pt, 굵게, 기울임꼴), 데이터는 표 참고
▶ 배경 ⇒ 배경 서식(채우기 – 그림 또는 질감 채우기)에서 그림 2 삽입(현재 슬라이드만 적용)
▶ 애니메이션 지정 ⇒ 차트 : 나타내기 – 날아오기
▶ 지시사항이 없는 부분은 《출력형태》와 동일하게 작성하시오.

【슬라이드 4】 아래의 작성조건 및 출력형태에 알맞게 네 번째 슬라이드에 작업하시오. (60점)

《출력형태》

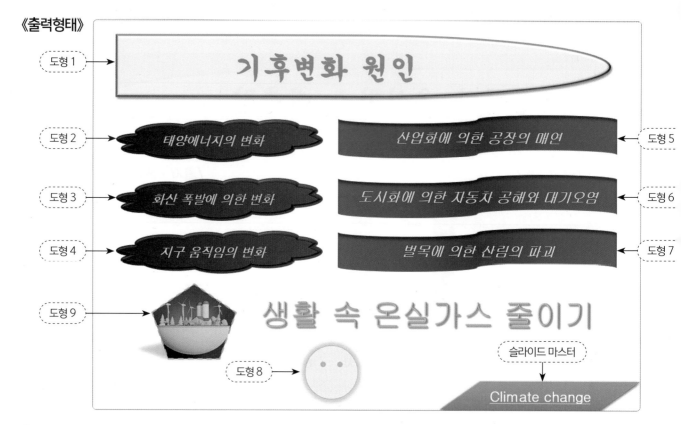

《작성조건》

(1) 제목

▶ 도형 1 ⇒ 순서도 : '순서도: 지연', 도형 채우기('녹색, 강조 6, 80% 더 밝게'), 도형 윤곽선(실선, 색 : '녹색, 강조 6',
너비 : 2.5pt, 겹선 종류 : 단순형), 도형 효과(그림자 - 바깥쪽 - '오프셋: 오른쪽 아래', 입체 효과 - 둥글게),
입체 효과 - 둥글게), 글꼴(궁서체, 40pt, 굵게, 녹색)

(2) 본문

▶ 도형 2~4 ⇒ 기본 도형 : 구름, 도형 채우기('청회색, 텍스트 2', 어두운 그라데이션 - 선형 오른쪽), 선 없음,
도형 효과(입체 효과 - 볼록하게), 글꼴(돋움, 18pt, 굵게, 기울임꼴, 노랑)

▶ 도형 5~7 ⇒ 순서도 : '순서도: 천공 테이프', 도형 채우기(파랑, 어두운 그라데이션 - 가운데에서), 선 없음,
도형 효과(그림자 - 안쪽 - '안쪽: 위쪽'), 글꼴(굴림, 20pt, 굵게, 기울임꼴, '주황, 강조 2, 80% 더 밝게')

▶ 도형 8 ⇒ 기본 도형 : 웃는 얼굴, 도형 채우기('파랑, 강조 5, 80% 더 밝게'), 선 없음,
도형 효과(네온 - '네온: 11pt, 파랑, 강조색 5')

▶ 도형 9 ⇒ 기본 도형 : 오각형, 도형 채우기(그림 또는 질감 채우기) 기능을 사용하여 그림 3 삽입, 도형 윤곽선(실선,
색 : 연한 녹색, 너비 : 2pt, 겹선 종류 : 단순형, 대시 종류 : 파선), 도형 효과(그림자 - 원근감 - '원근감: 왼쪽 위')

▶ WordArt 삽입(생활 속 온실가스 줄이기) ⇒ WordArt 스타일('채우기: 황금색, 강조색 4, 부드러운 입체'),
글꼴(굴림, 44pt, 굵게, 텍스트 그림자)

▶ 지시사항이 없는 부분은 《출력형태》와 동일하게 작성하시오.

제10회 실전모의고사

▸ 시험과목 : 프리젠테이션(파워포인트)
▸ 시험일자 : 20XX. XX. XX.(X)
▸ 응시자 기재사항 및 감독위원 확인

수 검 번 호	DIP - XXXX -	감독위원 확인
성 명		

응시자 유의사항

1. 응시자는 신분증을 지참하여야 시험에 응시할 수 있으며, 시험이 종료될 때까지 신분증을 제시하지 못할 경우 해당 시험은 0점 처리됩니다.

2. 시스템(PC 작동 여부, 네트워크 상태 등)의 이상 여부를 반드시 확인하여야 하며, 시스템 이상이 있을시 감독위원에게 조치를 받으셔야 합니다.

3. 시험 중 부주의 또는 고의로 시스템을 파손한 경우는 응시자 부담으로 합니다.

4. 답안 전송 프로그램을 통해 다운로드 받은 파일을 이용하여 답안 파일을 작성하시기 바랍니다.

5. 작성한 답안 파일은 답안 전송 프로그램을 통하여 전송됩니다. 감독위원의 지시에 따라 주시기 바랍니다.

6. 다음 사항의 경우 실격(0점) 혹은 부정행위 처리됩니다.

   ❶ 답안 파일을 저장하지 않았거나, 저장한 파일이 손상되었을 경우
   ❷ 답안 파일을 지정된 폴더(바탕화면 – "KAIT" 폴더)에 저장하지 않았을 경우
      ※ 답안 전송 프로그램 로그인 시 바탕화면에 자동 생성됨
   ❸ 답안 파일을 다른 보조기억장치(USB) 혹은 네트워크(메신저, 게시판 등)로 전송할 경우
   ❹ 휴대용 전화기 등 통신기기를 사용할 경우

7. 슬라이드는 반드시 순서대로 작성해야 하며, 순서가 다를 경우 "0"점 처리됩니다.

8. 시험지에 제시된 글꼴이 응시 프로그램에 없는 경우, 반드시 감독위원에게 해당 내용을 통보한 뒤 조치를 받아야 합니다.

9. 슬라이드 작성 시 도형의 그룹 설정을 사용하는 경우, 채점에서 감점 처리됩니다.

10. 시험의 완료는 작성이 완료된 답안을 저장하고, 답안 전송이 완료된 상태를 확인한 것으로 합니다. 답안 전송 확인 후 문제지는 감독위원에게 제출한 후 퇴실하여야 합니다.

11. 답안 전송이 완료된 경우에는 수정 또는 정정이 불가능합니다.

12. 시험 시행 후 합격자 발표는 홈페이지(www.ihd.or.kr)에서 확인하시기 바랍니다.

    ※ 합격자 발표 : 20XX. XX. XX.(X)

Korea Association for ICT Promotion
한국정보통신진흥협회 KAIT

<유의사항>
- 《작성조건》을 준수하여 반드시 프리젠테이션 슬라이드로 작업합니다.
- 글꼴 및 기타 사항에 대해 별도의 지시사항이 없는 경우, 슬라이드 크기와 전체적인 균형을 고려하여 임의로 작성하되, 도형은 그룹으로 설정하지 않습니다.
- 모든 슬라이드 크기(A4), 방향(가로), 디자인 테마(Office 테마)로 지정합니다.
  - ▶ 슬라이드 크기, 방향 조정 시 '맞춤 확인'으로 지정하여야 합니다.
- 공통적용사항(슬라이드 마스터)
  - ▶ 도형 ⇒ 기본 도형 : 직각 삼각형, 도형 스타일('보통 효과 – 녹색, 강조 6'), 글꼴(굴림, 20pt, 굵게)
- 그림 삽입 시 다운로드 한 그림 파일을 반드시 사용하여야 합니다.
- ⸂⸃ ➡ 은 지시사항이므로 작성하지 않습니다.
- 슬라이드에 제시된 글자 및 숫자 오타는 감점 처리됩니다.

【슬라이드 1】 아래의 작성조건 및 출력형태에 알맞게 첫 번째 슬라이드에 작업하시오. (30점)

《출력형태》

《작성조건》
- ▶ 도형 1 ⇒ 블록 화살표 : '화살표: 갈매기형 수장', 도형 채우기(그라데이션 : 미리 설정 – '위쪽 스포트라이트 강조 2', 종류 – 방사형, 방향 – 가운데에서), 도형 윤곽선(실선, 색 : 빨강, 너비 : 3pt, 겹선 종류 : 단순형), 도형 효과(그림자 – 원근감 – '원근감: 아래'), 글꼴(돋움, 40pt, 굵게, 텍스트 그림자, '녹색, 강조 6')
- ▶ 도형 2 ⇒ 기본 도형 : 부분 원형, 도형 채우기('녹색, 강조 6, 25% 더 어둡게'), 선 없음, 도형 효과(그림자 – 바깥쪽 – 오프셋: 오른쪽 아래, 부드러운 가장자리 – 5 포인트)
- ▶ 도형 3 ⇒ 기본 도형 : 다이아몬드, 도형 스타일('강한 효과 – 파랑, 강조 5')
- ▶ 그림 삽입 ⇒ 그림 1 삽입, 크기(높이 : 6cm, 너비 : 8cm)
- ▶ 텍스트 상자(영양소를 많이 함유하고 있는 웰빙식품) ⇒ 글꼴(궁서, 24pt, 굵게, 기울임꼴, '주황, 강조 2')
- ▶ 애니메이션 지정 ⇒ 도형 1: 나타내기 – 늘이기
- ▶ 지시사항이 없는 부분은 《출력형태》와 동일하게 작성하시오.

【슬라이드 2】 아래의 작성조건 및 출력형태에 알맞게 두 번째 슬라이드에 작업하시오. (50점)

《출력형태》

《작성조건》

(1) 제목

▶ 도형 1 ⇒ 기본 도형 : 팔각형, 도형 채우기('녹색, 강조 6, 50% 더 어둡게'), 도형 윤곽선(실선, 색 : 노랑, 너비 : 5pt, 겹선 종류 : 단순형), 도형 효과(그림자 - 바깥쪽 - '오프셋: 오른쪽 아래', 입체 효과 - 부드럽게 둥글리기), 글꼴(돋움, 36pt, 굵게, 텍스트 그림자, 노랑)

(2) 본문

▶ 도형 2 ⇒ 기본 도형 : 십각형, 도형 채우기(빨강, 어두운 그라데이션 - '선형 대각선 - 오른쪽 위에서 왼쪽 아래로'), 도형 윤곽선(실선, 색 : 주황, 너비 : 3pt, 겹선 종류 : 단순형), 글꼴(돋움, 24pt, 굵게, 텍스트 그림자)

▶ 도형 3~6 ⇒ 기본 도형 : 직각 삼각형, 도형 채우기(연한 녹색, 밝은 그라데이션 - 가운데에서), 선 없음, 도형 효과(입체 효과 - 리블렛), 글꼴(굴림, 20pt, 굵게, 기울임꼴, '파랑, 강조 1')

▶ 실행 단추 ⇒ 실행 단추 : '실행 단추: 홈으로 이동', 하이퍼링크 : 첫째 슬라이드, 도형 스타일('미세 효과 - 파랑, 강조 1')

▶ SmartArt 삽입 ⇒ 목록형 : 기본 블록 목록형, 글꼴(돋움, 20pt, 굵게, 텍스트 그림자, 가운데 맞춤), SmartArt 스타일(색 변경 - '색상형 범위 - 강조색 2 또는 3', 보통 효과), (반드시 SmartArt 기능을 이용하여 작성할 것)

▶ 애니메이션 지정 ⇒ SmartArt : 나타내기 - 올라오기

▶ 지시사항이 없는 부분은《출력형태》와 동일하게 작성하시오.

【슬라이드 3】 아래의 작성조건 및 출력형태에 알맞게 세 번째 슬라이드에 작업하시오. (60점)

《출력형태》

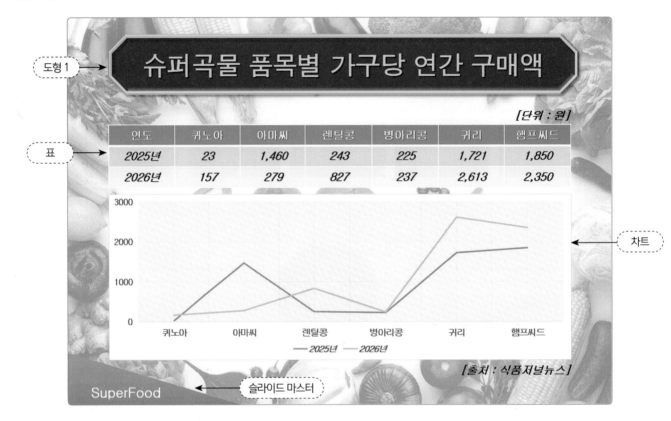

《작성조건》

(1) 제목

▶ 도형 1 ⇒ 기본 도형 : 팔각형, 도형 채우기('녹색, 강조 6, 50% 더 어둡게'), 도형 윤곽선(실선, 색 : 노랑, 너비 : 5pt, 겹선 종류 : 단순형), 도형 효과(그림자 - 바깥쪽 - '오프셋: 오른쪽 아래', 입체 효과 - 부드럽게 둥글리기), 글꼴(돋움, 36pt, 굵게, 텍스트 그림자, 노랑)

(2) 본문 (※ 차트 작성은 반드시 '차트삽입 → 데이터 입력 → 차트 스타일' 순으로 작성바랍니다.)

▶ 텍스트 상자 1([단위 : 원]) ⇒ 글꼴(굴림, 16pt, 굵게, 기울임꼴)

▶ 표 ⇒ 표 스타일(중간 - '보통 스타일 2 - 강조 5'), 가장 위의 행 : 글꼴(굴림, 16pt, 굵게, 텍스트 그림자, 가운데 맞춤), 나머지 행 : 글꼴(굴림, 16pt, 굵게, 기울임꼴, 가운데 맞춤)

▶ 텍스트 상자 2([출처 : 식품저널뉴스]) ⇒ 글꼴(굴림, 16pt, 굵게, 기울임꼴)

▶ 차트 ⇒ 꺾은선형 : 꺾은선형, 차트 스타일(색 변경 - '다양한 색상표 3', 스타일 5), 축 서식/데이터 레이블 서식 : 글꼴(굴림, 12pt, 굵게), 범례 서식 : 글꼴(굴림, 12pt, 굵게, 기울임꼴), 데이터는 표 참고

▶ 배경 ⇒ 배경 서식(채우기 - 그림 또는 질감 채우기)에서 그림 2 삽입(현재 슬라이드만 적용)

▶ 애니메이션 지정 ⇒ 차트 : 나타내기 - 닦아내기

▶ 지시사항이 없는 부분은 《출력형태》와 동일하게 작성하시오.

【슬라이드 4】 아래의 작성조건 및 출력형태에 알맞게 네 번째 슬라이드에 작업하시오. (60점)

《출력형태》

《작성조건》

(1) 제목
▶ 도형 1 ⇒ 기본 도형 : 팔각형, 도형 채우기('녹색, 강조 6, 50% 더 어둡게'), 도형 윤곽선(실선, 색 : 노랑, 너비 : 5pt,
　　　겹선 종류 : 단순형), 도형 효과(그림자 – 바깥쪽 – '오프셋: 오른쪽 아래', 입체 효과 – 부드럽게 둥글리기),
　　　글꼴(돋움, 36pt, 굵게, 텍스트 그림자, 노랑)

(2) 본문
▶ 도형 2~4 ⇒ 별 및 현수막 : 물결, 도형 채우기(질감 : 녹색 대리석), 선 없음, 도형 효과(입체 효과 – 절단),
　　　　　 글꼴(궁서, 20pt, 굵게)
▶ 도형 5~7 ⇒ 기본 도형 : 원통형, 도형 채우기('황금색, 강조 4', 밝은 그라데이션 – 왼쪽 아래 모서리에서), 선 없음,
　　　　　 도형 효과(그림자 – 바깥쪽 – '오프셋: 오른쪽 아래'), 글꼴(굴림, 20pt, 굵게, 기울임꼴, '검정, 텍스트 1')
▶ 도형 8 ⇒ 블록 화살표 : '화살표: 갈매기형 수장', 도형 채우기('파랑, 강조 1, 25% 더 어둡게'), 선 없음,
　　　　 도형 효과(네온 – '네온: 8pt, 파랑, 강조색 1')
▶ 도형 9 ⇒ 블록 화살표 : '화살표: 오른쪽', 도형 채우기(그림 또는 질감 채우기) 기능을 사용하여 그림 3 삽입, 도형 윤
　　　　 곽선(실선, 색 : 파랑, 너비 : 15pt, 겹선 종류 : 단순형, 대시 종류 : 긴 파선), 도형 효과(반사 – '근접 반사: 터치')
▶ WordArt 삽입(맛 좋고 건강에도 좋은 슈퍼푸드) ⇒ WordArt 스타일('무늬 채우기: 파랑, 강조색 1, 50%, 진한 그림자:
　　　　　　　　　　　　　　　　　　　파랑, 강조색 1'), 글꼴(돋움, 28pt, 굵게, 텍스트 그림자)
▶ 지시사항이 없는 부분은 《출력형태》와 동일하게 작성하시오.

제11회 실전모의고사

▸ 시험과목 : 프리젠테이션(파워포인트)
▸ 시험일자 : 20XX. XX. XX.(X)
▸ 응시자 기재사항 및 감독위원 확인

수 검 번 호	DIP - XXXX -	감독위원 확인
성 명		

응시자 유의사항

1. 응시자는 신분증을 지참하여야 시험에 응시할 수 있으며, 시험이 종료될 때까지 신분증을 제시하지 못할 경우 해당 시험은 0점 처리됩니다.

2. 시스템(PC 작동 여부, 네트워크 상태 등)의 이상 여부를 반드시 확인하여야 하며, 시스템 이상이 있을시 감독위원에게 조치를 받으셔야 합니다.

3. 시험 중 부주의 또는 고의로 시스템을 파손한 경우는 응시자 부담으로 합니다.

4. 답안 전송 프로그램을 통해 다운로드 받은 파일을 이용하여 답안 파일을 작성하시기 바랍니다.

5. 작성한 답안 파일은 답안 전송 프로그램을 통하여 전송됩니다. 감독위원의 지시에 따라 주시기 바랍니다.

6. 다음 사항의 경우 실격(0점) 혹은 부정행위 처리됩니다.

   ❶ 답안 파일을 저장하지 않았거나, 저장한 파일이 손상되었을 경우
   ❷ 답안 파일을 지정된 폴더(바탕화면 – "KAIT" 폴더)에 저장하지 않았을 경우
      ※ 답안 전송 프로그램 로그인 시 바탕화면에 자동 생성됨
   ❸ 답안 파일을 다른 보조기억장치(USB) 혹은 네트워크(메신저, 게시판 등)로 전송할 경우
   ❹ 휴대용 전화기 등 통신기기를 사용할 경우

7. 슬라이드는 반드시 순서대로 작성해야 하며, 순서가 다를 경우 "0"점 처리됩니다.

8. 시험지에 제시된 글꼴이 응시 프로그램에 없는 경우, 반드시 감독위원에게 해당 내용을 통보한 뒤 조치를 받아야 합니다.

9. 슬라이드 작성 시 도형의 그룹 설정을 사용하는 경우, 채점에서 감점 처리됩니다.

10. 시험의 완료는 작성이 완료된 답안을 저장하고, 답안 전송이 완료된 상태를 확인한 것으로 합니다. 답안 전송 확인 후 문제지는 감독위원에게 제출한 후 퇴실하여야 합니다.

11. 답안 전송이 완료된 경우에는 수정 또는 정정이 불가능합니다.

12. 시험 시행 후 합격자 발표는 홈페이지(www.ihd.or.kr)에서 확인하시기 바랍니다.

   ※ 합격자 발표 : 20XX. XX. XX.(X)

Korea Association for ICT Promotion
한국정보통신진흥협회 KAIT

<유의사항>
- 《작성조건》을 준수하여 반드시 프리젠테이션 슬라이드로 작업합니다.
- 글꼴 및 기타 사항에 대해 별도의 지시사항이 없는 경우, 슬라이드 크기와 전체적인 균형을 고려하여 임의로 작성하되, 도형은 그룹으로 설정하지 않습니다.
- 모든 슬라이드 크기(A4), 방향(가로), 디자인 테마(Office 테마)로 지정합니다.
  ▶ 슬라이드 크기, 방향 조정 시 '맞춤 확인'으로 지정하여야 합니다.
- 공통적용사항(슬라이드 마스터)
  ▶ 도형 ⇒ 순서도 : '순서도: 준비', 도형 스타일('밝은 색 1 윤곽선, 색 채우기 – 파랑, 강조 1'),
　　　　　　글꼴(굴림, 20pt, 굵게, 텍스트 그림자)
- 그림 삽입 시 다운로드 한 그림 파일을 반드시 사용하여야 합니다.
- ⌐┅┅→ 은 지시사항이므로 작성하지 않습니다.
- 슬라이드에 제시된 글자 및 숫자 오타는 감점 처리됩니다.

【슬라이드 1】 아래의 작성조건 및 출력형태에 알맞게 첫 번째 슬라이드에 작업하시오. (30점)

《출력형태》

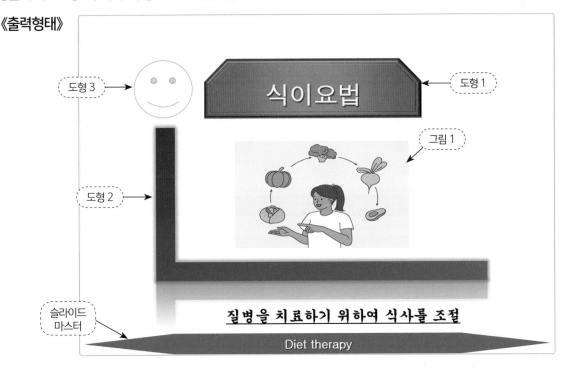

《작성조건》
▶ 도형 1 ⇒ 사각형 : '사각형: 잘린 위쪽 모서리', 도형 채우기(그라데이션 : 미리 설정 – '방사형 그라데이션 – 강조 6',
　　　　　 종류 – 방사형, 방향 – 가운데에서), 도형 윤곽선(실선, 색 : 자주, 너비 : 4pt, 겹선 종류 : 단순형),
　　　　　 도형 효과(입체 효과 – 디벗), 글꼴(돋움, 40pt, 굵게, 텍스트 그림자)
▶ 도형 2 ⇒ 기본 도형 : L 도형, 도형 채우기(파랑, 어두운 그라데이션 – 왼쪽 위 모서리에서), 선 없음,
　　　　　 도형 효과(반사 – '근접 반사: 터치', 네온 – '네온: 8pt, 파랑, 강조색 1')
▶ 도형 3 ⇒ 기본 도형 : 웃는 얼굴, 도형 스타일('색 윤곽선 – 주황, 강조 2')
▶ 그림 삽입 ⇒ 그림 1삽입, 크기(높이 : 6cm, 너비 : 10cm)
▶ 텍스트 상자(질병을 치료하기 위하여 식사를 조절) ⇒ 글꼴(궁서, 24pt, 굵게, 밑줄)
▶ 애니메이션 지정 ⇒ 도형 1 : 나타내기 – 확대/축소
▶ 지시사항이 없는 부분은《출력형태》와 동일하게 작성하시오.

【슬라이드 2】 아래의 작성조건 및 출력형태에 알맞게 두 번째 슬라이드에 작업하시오. (50점)

《출력형태》

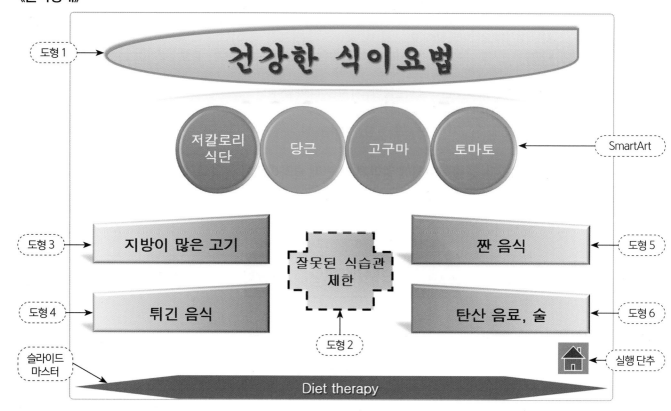

《작성조건》

(1) 제목

▶ 도형1 ⇒ 기본 도형 : 눈물 방울, 도형 채우기('녹색, 강조 6', 밝은 그라데이션 – 선형 위쪽), 도형 윤곽선(실선,
색 : '녹색, 강조 6', 너비 : 3pt, 겹선 종류 : 단순형), 도형 효과(그림자 – 바깥쪽 – '오프셋: 왼쪽 위',
반사 – '근접 반사: 4pt 오프셋'), 글꼴(궁서체, 44pt, 굵게, 텍스트 그림자, 진한 빨강)

(2) 본문

▶ 도형 2 ⇒ 기본 도형 : 십자형, 도형 채우기('주황, 강조 2', 밝은 그라데이션 – 오른쪽 위 모서리에서),
도형 윤곽선(실선, 색 : '검정, 텍스트 1', 너비 : 3pt, 겹선 종류 : 단순형, 대시 종류 : 파선),
글꼴(굴림체, 20pt, 굵게, '검정, 텍스트 1')

▶ 도형 3~6 ⇒ 순서도 : '순서도: 수동 입력', 도형 채우기(빨강, 밝은 그라데이션 – 선형 왼쪽), 선 없음, 도형 효과
(그림자 – 원근감 – '원근감: 왼쪽 위', 입체 효과 – 둥글게), 글꼴(돋움, 22pt, 굵게, '검정, 텍스트 1')

▶ 실행 단추 ⇒ 실행 단추 : '실행 단추: 홈으로 이동', 하이퍼링크 : 첫째 슬라이드,
도형 스타일('밝은 색 1 윤곽선, 색 채우기 – 녹색, 강조 6')

▶ SmartArt 삽입 ⇒ 프로세스형 : 하위 단계 프로세스형, 글꼴(돋움, 20pt, 굵게, 가운데 맞춤), SmartArt 스타일(색 변경
– '색상형 범위 – 강조색 5 또는 6', 3차원 – 경사), (반드시 SmartArt 기능을 이용하여 작성할 것)

▶ 애니메이션 지정 ⇒ SmartArt : 나타내기 – 회전

▶ 지시사항이 없는 부분은 《출력형태》와 동일하게 작성하시오.

【슬라이드 3】 아래의 작성조건 및 출력형태에 알맞게 세 번째 슬라이드에 작업하시오. (60점)

《출력형태》

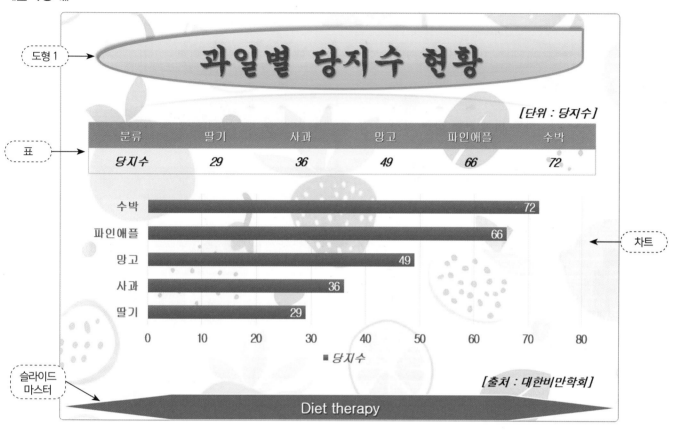

도형 1
표
차트
슬라이드 마스터

《작성조건》

(1) 제목

▶ 도형 1 ⇒ 기본 도형 : 눈물 방울, 도형 채우기('녹색, 강조 6', 밝은 그라데이션 - 선형 위쪽), 도형 윤곽선(실선,
색 : '녹색, 강조 6', 너비 : 3pt, 겹선 종류 : 단순형), 도형 효과(그림자 - 바깥쪽 - '오프셋: 왼쪽 위',
반사 - '근접 반사: 4pt 오프셋'), 글꼴(궁서체, 44pt, 굵게, 텍스트 그림자, 진한 빨강)

(2) 본문 (※ 차트 작성은 반드시 '차트삽입 → 데이터 입력 → 차트 스타일' 순으로 작성바랍니다.)

▶ 텍스트 상자 1([단위 : 당지수]) ⇒ 글꼴(돋움, 16pt, 굵게, 기울임꼴)

▶ 표 ⇒ 표 스타일(밝게 - 밝은 스타일 2 - 강조 2), 가장 위의 행 : 글꼴(굴림체, 16pt, 굵게, 텍스트 그림자, 가운데 맞춤),
나머지 행 : 글꼴(굴림체, 16pt, 굵게, 기울임꼴, 가운데 맞춤)

▶ 텍스트 상자 2([출처 : 대한비만학회]) ⇒ 글꼴(돋움, 16pt, 굵게, 기울임꼴)

▶ 차트 ⇒ 가로 막대형 : 묶은 가로 막대형, 차트 스타일(색 변경 - '단색 색상표 1', 스타일 5), 축 서식/데이터 레이블
서식 : 글꼴(굴림체, 16pt, 굵게), 범례 서식 : 글꼴(굴림체, 16pt, 굵게, 기울임꼴), 데이터는 표 참고

▶ 배경 ⇒ 배경 서식(채우기 - 그림 또는 질감 채우기)에서 그림 2 삽입(현재 슬라이드만 적용)

▶ 애니메이션 지정 ⇒ 차트 : 나타내기 - 밝기 변화

▶ 지시사항이 없는 부분은《출력형태》와 동일하게 작성하시오.

【슬라이드 4】 아래의 작성조건 및 출력형태에 알맞게 네 번째 슬라이드에 작업하시오. (60점)

《출력형태》

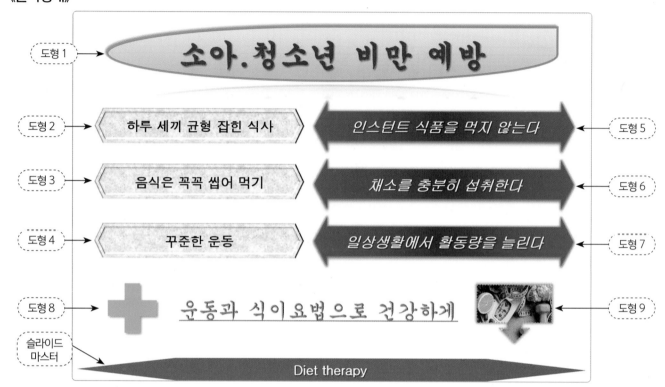

《작성조건》

(1) 제목

▶ 도형 1 ⇒ 기본 도형 : 눈물 방울, 도형 채우기('녹색, 강조 6', 밝은 그라데이션 – 선형 위쪽), 도형 윤곽선(실선,
　　　색 : '녹색, 강조 6', 너비 : 3pt, 겹선 종류 : 단순형), 도형 효과(그림자 – 바깥쪽 – '오프셋: 왼쪽 위',
　　　반사 – '근접 반사: 4pt 오프셋'), 글꼴(궁서체, 44pt, 굵게, 텍스트 그림자, 진한 빨강)

(2) 본문

▶ 도형 2~4 ⇒ 기본 도형 : 육각형, 도형 채우기(질감 : 꽃다발), 선 없음, 도형 효과(입체 효과 – 딱딱한 가장자리),
　　　글꼴(돋움, 20pt, 굵게, '검정, 텍스트 1')

▶ 도형 5~7 ⇒ 블록 화살표 : '화살표: 왼쪽/오른쪽', 도형 채우기(파랑, 어두운 그라데이션 – 가운데에서), 선 없음,
　　　도형 효과(네온 – '네온: 5pt, 파랑, 강조색 1'), 글꼴(굴림, 22pt, 굵게, 기울임꼴, 텍스트 그림자)

▶ 도형 8 ⇒ 수식 도형 : 더하기 기호, 도형 채우기(연한 녹색), 선 없음, 도형 효과(그림자 – 바깥쪽 – '오프셋: 오른쪽 아래')

▶ 도형 9 ⇒ 블록 화살표 : '설명선: 아래쪽 화살표', 도형 채우기(그림 또는 질감 채우기) 기능을 사용하여 그림 3 삽입,
　　　도형 윤곽선(실선, 색 : 연한 녹색, 너비 : 2pt, 겹선 종류 : 단순형, 대시 종류 : 둥근 점선),
　　　도형 효과(그림자 – 바깥쪽 – '오프셋: 가운데')

▶ WordArt 삽입(운동과 식이요법으로 건강하게) ⇒ WordArt 스타일('채우기: 회색, 강조색 3, 선명한 입체'),
　　　　　　　　　　　　　　　글꼴(궁서체, 30pt, 굵게, 밑줄)

▶ 지시사항이 없는 부분은《출력형태》와 동일하게 작성하시오.

제12회 실전모의고사

▷ 시험과목 : 프리젠테이션(파워포인트)
▷ 시험일자 : 20XX. XX. XX.(X)
▷ 응시자 기재사항 및 감독위원 확인

수 검 번 호	DIP - XXXX -	감독위원 확인
성 명		

응시자 유의사항

1. 응시자는 신분증을 지참하여야 시험에 응시할 수 있으며, 시험이 종료될 때까지 신분증을 제시하지 못할 경우 해당 시험은 0점 처리됩니다.

2. 시스템(PC 작동 여부, 네트워크 상태 등)의 이상 여부를 반드시 확인하여야 하며, 시스템 이상이 있을시 감독위원에게 조치를 받으셔야 합니다.

3. 시험 중 부주의 또는 고의로 시스템을 파손한 경우는 응시자 부담으로 합니다.

4. 답안 전송 프로그램을 통해 다운로드 받은 파일을 이용하여 답안 파일을 작성하시기 바랍니다.

5. 작성한 답안 파일은 답안 전송 프로그램을 통하여 전송됩니다. 감독위원의 지시에 따라 주시기 바랍니다.

6. 다음 사항의 경우 실격(0점) 혹은 부정행위 처리됩니다.

   ❶ 답안 파일을 저장하지 않았거나, 저장한 파일이 손상되었을 경우
   ❷ 답안 파일을 지정된 폴더(바탕화면 – "KAIT" 폴더)에 저장하지 않았을 경우
      ※ 답안 전송 프로그램 로그인 시 바탕화면에 자동 생성됨
   ❸ 답안 파일을 다른 보조기억장치(USB) 혹은 네트워크(메신저, 게시판 등)로 전송할 경우
   ❹ 휴대용 전화기 등 통신기기를 사용할 경우

7. 슬라이드는 반드시 순서대로 작성해야 하며, 순서가 다를 경우 "0"점 처리됩니다.

8. 시험지에 제시된 글꼴이 응시 프로그램에 없는 경우, 반드시 감독위원에게 해당 내용을 통보한 뒤 조치를 받아야 합니다.

9. 슬라이드 작성 시 도형의 그룹 설정을 사용하는 경우, 채점에서 감점 처리됩니다.

10. 시험의 완료는 작성이 완료된 답안을 저장하고, 답안 전송이 완료된 상태를 확인한 것으로 합니다. 답안 전송 확인 후 문제지는 감독위원에게 제출한 후 퇴실하여야 합니다.

11. 답안 전송이 완료된 경우에는 수정 또는 정정이 불가능합니다.

12. 시험 시행 후 합격자 발표는 홈페이지(www.ihd.or.kr)에서 확인하시기 바랍니다.

   ※ 합격자 발표 : 20XX. XX. XX.(X)

<유의사항>
- 《작성조건》을 준수하여 반드시 프리젠테이션 슬라이드로 작업합니다.
- 글꼴 및 기타 사항에 대해 별도의 지시사항이 없는 경우, 슬라이드 크기와 전체적인 균형을 고려하여 임의로 작성하되, 도형은 그룹으로 설정하지 않습니다.
- 모든 슬라이드 크기(A4), 방향(가로), 디자인 테마(Office 테마)로 지정합니다.
  ▶ 슬라이드 크기, 방향 조정 시 '맞춤 확인'으로 지정하여야 합니다.
- 공통적용사항(슬라이드 마스터)
  ▶ 도형 ⇒ 블록 화살표 : '화살표: 갈매기형 수장', 도형 스타일('보통 효과 – 황금색, 강조 4'),
  　　　글꼴(바탕체, 20pt, 굵게, 기울임꼴, 텍스트 그림자, '검정, 텍스트 1')
- 그림 삽입 시 다운로드 한 그림 파일을 반드시 사용하여야 합니다.
- ⌈⋯⋯⟩은 지시사항이므로 작성하지 않습니다.
- 슬라이드에 제시된 글자 및 숫자 오타는 감점 처리됩니다.

【슬라이드 1】 아래의 작성조건 및 출력형태에 알맞게 첫 번째 슬라이드에 작업하시오. (30점)

《출력형태》

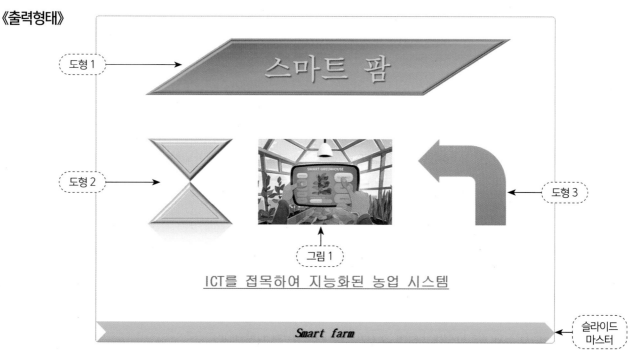

《작성조건》
- ▶ 도형 1 ⇒ 기본 도형 : 평행 사변형, 도형 채우기(그라데이션 : 미리 설정 – '가운데 그라데이션 – 강조 6', 종류 – 선형, 방향 – '선형 대각선 – 왼쪽 위에서 오른쪽 아래로'), 도형 윤곽선(실선, 색 : '주황, 강조 2, 너비 : 2.25pt, 겹선 종류 : 이중), 도형 효과(입체 효과 – 둥글게 볼록), 글꼴(바탕체, 48pt, 굵게, 텍스트 그림자, 노랑)
- ▶ 도형 2 ⇒ 순서도 : '순서도: 대조', 도형 채우기('파랑, 강조 1, 60% 더 밝게'), 선 없음, 도형 효과(반사 – '근접 반사: 터치', 입체 효과 – 디벗)
- ▶ 도형 3 ⇒ 블록 화살표 : '화살표: 굽음', 도형 스타일('보통 효과 – 회색, 강조 3')
- ▶ 그림 삽입 ⇒ 그림 1삽입, 크기(높이 : 5cm, 너비 : 8cm)
- ▶ 텍스트 상자(ICT를 접목하여 지능화된 농업 시스템) ⇒ 글꼴(굴림체, 24pt, 굵게, 밑줄, '파랑, 강조1')
- ▶ 애니메이션 지정 ⇒ 도형 1 : 나타내기 – 닦아내기
- ▶ 지시사항이 없는 부분은 《출력형태》와 동일하게 작성하시오.

【슬라이드 2】 아래의 작성조건 및 출력형태에 알맞게 두 번째 슬라이드에 작업하시오. (50점)

《출력형태》

《작성조건》

(1) 제목

▶ 도형 1 ⇒ 별 및 현수막 : 이중 물결, 도형 채우기(파랑, 강조 1, 80% 더 밝게), 도형 윤곽선(실선, 색 : '검정, 텍스트 1',
　　너비 : 1.25pt, 겹선 종류 : 단순형), 도형 효과(그림자 – 바깥쪽 – '오프셋: 가운데',
　　네온 – '네온: 5pt, 파랑, 강조색 1'), 글꼴(궁서, 40pt, 기울임꼴, 빨강)

(2) 본문

▶ 도형 2 ⇒ 기본 도형 : 사다리꼴, 도형 채우기(자주, 어두운 그라데이션 – 선형 왼쪽), 도형 윤곽선(실선,
　　색 : 빨강, 너비 : 4pt, 겹선 종류 : 이중, 대시 종류 : 파선), 글꼴(돋움체, 20pt, 굵게, 텍스트 그림자)

▶ 도형 3~6 ⇒ 기본 도형 : 타원, 도형 채우기(노랑, 밝은 그라데이션 – 선형 아래쪽), 선 없음,
　　도형 효과(입체 효과 – 볼록하게), 글꼴(돋움체, 22pt, 굵게, 녹색)

▶ 실행 단추 ⇒ 실행 단추 : '실행 단추: 앞으로 또는 다음으로 이동', 하이퍼링크 : 다음 슬라이드,
　　도형 스타일('색 채우기 – 주황, 강조 2')

▶ SmartArt 삽입 ⇒ 목록형 : 세로 글머리 기호 목록형, 글꼴(돋움, 19pt, 굵게, 가운데 맞춤), SmartArt 스타일
　　(색변경 – '강조 1 – 색 채우기 – 강조 1', 3차원 – 만화), (반드시 SmartArt 기능을 이용하여 작성할 것)

▶ 애니메이션 지정 ⇒ SmartArt : 나타내기 – 바운드

▶ 지시사항이 없는 부분은 《출력형태》와 동일하게 작성하시오.

【슬라이드 3】 아래의 작성조건 및 출력형태에 알맞게 세 번째 슬라이드에 작업하시오. (60점)

《출력형태》

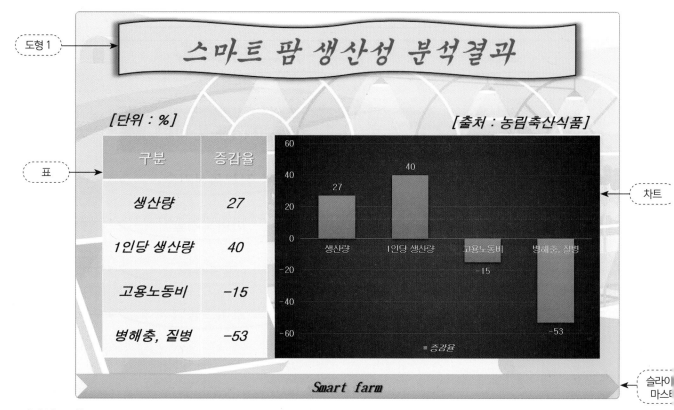

《작성조건》

(1) 제목

▶ 도형 1 ⇒ 별 및 현수막 : 이중 물결, 도형 채우기(파랑, 강조 1, 80% 더 밝게), 도형 윤곽선(실선, 색 : '검정, 텍스트 1',
　　너비 : 1.25pt, 겹선 종류 : 단순형), 도형 효과(그림자 - 바깥쪽 - '오프셋: 가운데',
　　네온 - '네온: 5pt, 파랑, 강조색 1'), 글꼴(궁서, 40pt, 기울임꼴, 빨강)

(2) 본문 (※ 차트 작성은 반드시 '차트삽입 → 데이터 입력 → 차트 스타일' 순으로 작성바랍니다.)

▶ 텍스트 상자 1([단위 : %]) ⇒ 글꼴(돋움, 20pt, 굵게, 기울임꼴)

▶ 표 ⇒ 표 스타일(중간 - '보통 스타일 2 - 강조 4'), 가장 위의 행 : 글꼴(돋움, 20pt, 굵게, 텍스트 그림자, 가운데 맞춤),
　　나머지 행 : 글꼴(돋움, 20pt, 굵게, 기울임꼴, 가운데 맞춤)

▶ 텍스트 상자 2([출처 : 농림축산식품]) ⇒ 글꼴(돋움, 20pt, 굵게, 기울임꼴)

▶ 차트 ⇒ 세로 막대형 : 묶은 세로 막대형, 차트 스타일(색 변경 - 다양한 색상표 3, 스타일 9), 축 서식/데이터 레이블
　　서식 : 글꼴(굴림, 12pt, 굵게), 범례 서식 : 글꼴(굴림, 12pt, 굵게, 기울임꼴), 데이터는 표 참고

▶ 배경 ⇒ 배경 서식(채우기 - 그림 또는 질감 채우기)에서 그림 2 삽입(현재 슬라이드만 적용)

▶ 애니메이션 지정 ⇒ 차트 : 나타내기 - 날아오기

▶ 지시사항이 없는 부분은《출력형태》와 동일하게 작성하시오.

【슬라이드 4】 아래의 작성조건 및 출력형태에 알맞게 네 번째 슬라이드에 작업하시오. (60점)

《출력형태》

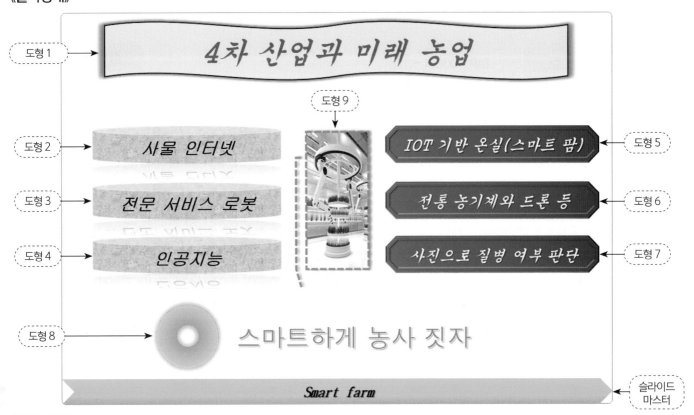

《작성조건》

(1) 제목

▶ 도형 1 ⇒ 별 및 현수막 : 이중 물결, 도형 채우기(파랑, 강조 1, 80% 더 밝게), 도형 윤곽선(실선, 색 : '검정, 텍스트 1',
　　　　　너비 : 1.25pt, 겹선 종류 : 단순형), 도형 효과(그림자 – 바깥쪽 – '오프셋: 가운데',
　　　　　네온 – '네온: 5pt, 파랑, 강조색 1'), 글꼴(궁서, 40pt, 기울임꼴, 빨강)

(2) 본문

▶ 도형 2~4 ⇒ 기본 도형 : 원통형, 도형 채우기(질감 : 분홍 박엽지), 선 없음, 도형 효과(반사 – '1/2 반사: 터치'),
　　　　　글꼴(굴림체, 24pt, 굵게, 기울임꼴)

▶ 도형 5~7 ⇒ 기본 도형 : 팔각형, 도형 채우기(파랑, 어두운 그라데이션 – 선형 왼쪽), 선 없음,
　　　　　도형 효과(입체 효과 – 딱딱한 가장자리), 글꼴(궁서, 22pt, 기울임꼴, 텍스트 그림자)

▶ 도형 8 ⇒ 기본 도형 : '원형: 비어 있음', 도형 채우기(빨강, 밝은 그라데이션 – 가운데에서), 선 없음,
　　　　　도형 효과(네온 – '네온: 8pt, 파랑, 강조색 5')

▶ 도형 9 ⇒ 설명선 : '설명선: 굽은 이중선', 도형 채우기(그림 또는 질감 채우기) 기능을 사용하여 그림 3 삽입,
　　　　　도형 윤곽선(실선, 색 : 녹색, 너비 : 3pt, 겹선 종류 : 단순형, 대시 종류 : 사각 점선),
　　　　　도형 효과(그림자 – 바깥쪽 – '오프셋: 오른쪽')

▶ WordArt 삽입(스마트하게 농사 짓자) ⇒ WordArt 스타일(채우기: 파랑, 강조색 5, 윤곽선: 흰색, 배경색 1,
　　　　　진한 그림자: 파랑, 강조색 5), 글꼴(돋움, 35pt, 굵게, 텍스트 그림자)

▶ 지시사항이 없는 부분은 《출력형태》와 동일하게 작성하시오.

제13회 실전모의고사

▷ 시험과목 : 프리젠테이션(파워포인트)
▷ 시험일자 : 20XX. XX. XX.(X)
▷ 응시자 기재사항 및 감독위원 확인

수 검 번 호	DIP - XXXX -	감독위원 확인
성 명		

응시자 유의사항

1. 응시자는 신분증을 지참하여야 시험에 응시할 수 있으며, 시험이 종료될 때까지 신분증을 제시하지 못할 경우 해당 시험은 0점 처리됩니다.

2. 시스템(PC 작동 여부, 네트워크 상태 등)의 이상 여부를 반드시 확인하여야 하며, 시스템 이상이 있을시 감독위원에게 조치를 받으셔야 합니다.

3. 시험 중 부주의 또는 고의로 시스템을 파손한 경우는 응시자 부담으로 합니다.

4. 답안 전송 프로그램을 통해 다운로드 받은 파일을 이용하여 답안 파일을 작성하시기 바랍니다.

5. 작성한 답안 파일은 답안 전송 프로그램을 통하여 전송됩니다. 감독위원의 지시에 따라 주시기 바랍니다.

6. 다음 사항의 경우 실격(0점) 혹은 부정행위 처리됩니다.
   ❶ 답안 파일을 저장하지 않았거나, 저장한 파일이 손상되었을 경우
   ❷ 답안 파일을 지정된 폴더(바탕화면 - "KAIT" 폴더)에 저장하지 않았을 경우
      ※ 답안 전송 프로그램 로그인 시 바탕화면에 자동 생성됨
   ❸ 답안 파일을 다른 보조기억장치(USB) 혹은 네트워크(메신저, 게시판 등)로 전송할 경우
   ❹ 휴대용 전화기 등 통신기기를 사용할 경우

7. 슬라이드는 반드시 순서대로 작성해야 하며, 순서가 다를 경우 "0"점 처리됩니다.

8. 시험지에 제시된 글꼴이 응시 프로그램에 없는 경우, 반드시 감독위원에게 해당 내용을 통보한 뒤 조치를 받아야 합니다.

9. 슬라이드 작성 시 도형의 그룹 설정을 사용하는 경우, 채점에서 감점 처리됩니다.

10. 시험의 완료는 작성이 완료된 답안을 저장하고, 답안 전송이 완료된 상태를 확인한 것으로 합니다. 답안 전송 확인 후 문제지는 감독위원에게 제출한 후 퇴실하여야 합니다.

11. 답안 전송이 완료된 경우에는 수정 또는 정정이 불가능합니다.

12. 시험 시행 후 합격자 발표는 홈페이지(www.ihd.or.kr)에서 확인하시기 바랍니다.

   ※ 합격자 발표 : 20XX. XX. XX.(X)

Korea Association for ICT Promotion
한국정보통신진흥협회 KAIT

<유의사항> 　• 《작성조건》을 준수하여 반드시 프리젠테이션 슬라이드로 작업합니다.
　• 글꼴 및 기타 사항에 대해 별도의 지시사항이 없는 경우, 슬라이드 크기와 전체적인 균형을 고려하여 임의로 작성하되, 도형은 그룹으로 설정하지 않습니다.
　• 모든 슬라이드 크기(A4), 방향(가로), 디자인 테마(Office 테마)로 지정합니다.
　　▶ 슬라이드 크기, 방향 조정 시 '맞춤 확인'으로 지정하여야 합니다.
　• 공통적용사항(슬라이드 마스터)
　　▶ 도형 ⇒ 기본 도형 : L 도형, 도형 스타일('미세 효과 – 녹색, 강조 6'), 글꼴(궁서체, 24pt, 굵게, 밑줄, '녹색, 강조 6, 25% 더 어둡게')
　• 그림 삽입 시 다운로드 한 그림 파일을 반드시 사용하여야 합니다.
　• ⌐⋯⋯┐➞은 지시사항이므로 작성하지 않습니다.
　• 슬라이드에 제시된 글자 및 숫자 오타는 감점 처리됩니다.

【슬라이드 1】 아래의 작성조건 및 출력형태에 알맞게 첫 번째 슬라이드에 작업하시오. (30점)

《출력형태》

《작성조건》
▶ 도형 1 ⇒ 순서도 : '순서도: 지연', 도형 채우기(그라데이션 : 미리 설정 – '밝은 그라데이션 – 강조 5', 종류 – 사각형, 방향 – 가운데에서), 도형 윤곽선(실선, 색 : '파랑, 강조 1', 너비 : 8pt, 겹선 종류 : 이중), 도형 효과(그림자 – 바깥쪽 – '오프셋: 오른쪽 아래'), 글꼴(굴림, 40pt, 굵게, 기울임꼴, '주황, 강조 2, 25% 더 어둡게')
▶ 도형 2 ⇒ 기본 도형 : 원통형, 도형 채우기('청회색, 텍스트 2', 어두운 그라데이션 – 선형 위쪽), 선 없음, 도형 효과(그림자 – 원근감 – '원근감: 오른쪽 위', 부드러운 가장자리 – 5포인트)
▶ 도형 3 ⇒ 순서도 : '순서도: 판단', 도형 스타일('강한 효과 – 녹색, 강조 6')
▶ 그림 삽입 ⇒ 그림 1 삽입, 크기(높이 : 7cm, 너비 : 5cm)
▶ 텍스트 상자(물이 많은 곳에서 잘 사는 식물) ⇒ 글꼴(굴림, 32pt, 굵게, 기울임꼴, 밑줄, '파랑, 강조 1')
▶ 애니메이션 지정 ⇒ 도형 1 : 나타내기 – 시계 방향 회전
▶ 지시사항이 없는 부분은 《출력형태》와 동일하게 작성하시오.

【슬라이드 2】 아래의 작성조건 및 출력형태에 알맞게 두 번째 슬라이드에 작업하시오. (50점)

《출력형태》

《작성조건》

(1) 제목

▶ 도형 1 ⇒ 기본 도형 : 배지, 도형 채우기(질감 : 파피루스), 도형 윤곽선(실선, 색 : '파랑, 강조 1', 너비 : 2.5pt,
　　　겹선 종류 : 단순형), 도형 효과(그림자 – 바깥쪽 – '오프셋: 왼쪽 아래', 반사 – '근접 반사: 터치'),
　　　글꼴(궁서체, 36pt, 기울임꼴, 텍스트 그림자, 진한 파랑)

(2) 본문

▶ 도형 2 ⇒ 기본 도형 : 액자, 도형 채우기('녹색, 강조 6, 50% 더 어둡게', 어두운 그라데이션 – 왼쪽 위 모서리에서),
　　　도형 윤곽선(실선, 색 : '흰색, 배경 1', 너비 : 3pt, 겹선 종류 : 이중), 글꼴(굴림, 24pt, 굵게, 진한 파랑)

▶ 도형 3~6 ⇒ 사각형 : '사각형: 둥근 위쪽 모서리', 도형 채우기(녹색, 밝은 그라데이션 – 선형 아래쪽), 도형 윤곽선
　　　(실선, 색 : 녹색, 너비 : 3pt, 겹선 종류 : 단순형, 대시 종류 : 사각 점선), 글꼴(굴림, 20pt, 굵게, '검정, 텍스트 1')

▶ 실행 단추 ⇒ 실행 단추 : '실행 단추: 처음으로 이동', 하이퍼링크 : 첫째 슬라이드, 도형 스타일('미세 효과 – 회색, 강조 3')

▶ SmartArt 삽입 ⇒ 프로세스형 : 지그재그 프로세스형, 글꼴(돋움, 24pt, 굵게, 텍스트 그림자, 가운데 맞춤), SmartArt
　　　스타일(색 변경 – '강조2 – 그라데이션 범위 – 강조 2', 3차원 – 경사), (반드시 SmartArt 기능을 이용
　　　하여 작성할 것)

▶ 애니메이션 지정 ⇒ SmartArt : 나타내기 – 날아오기

▶ 지시사항이 없는 부분은 《출력형태》와 동일하게 작성하시오.

[슬라이드 3] 아래의 작성조건 및 출력형태에 알맞게 세 번째 슬라이드에 작업하시오. (60점)

《출력형태》

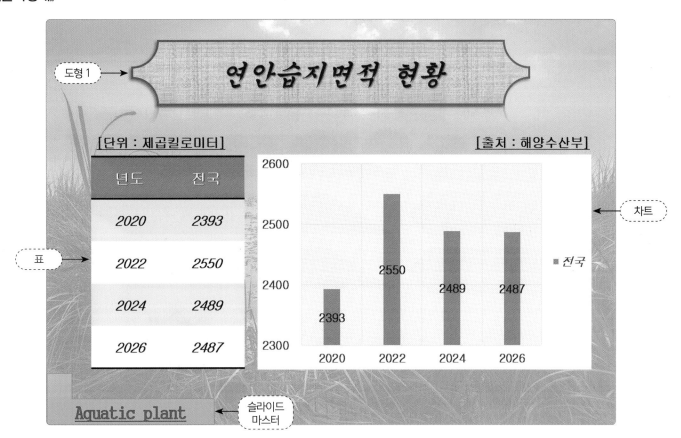

《작성조건》

(1) 제목

▶ 도형 1 ⇒ 기본 도형 : 배지, 도형 채우기(질감 : 파피루스), 도형 윤곽선(실선, 색 : '파랑, 강조 1', 너비 : 2.5pt,
　　　　　겹선 종류 : 단순형), 도형 효과(그림자 – 바깥쪽 – '오프셋: 왼쪽 아래', 반사 – '근접 반사: 터치'),
　　　　　글꼴(궁서체, 36pt, 기울임꼴, 텍스트 그림자, 진한 파랑)

(2) 본문 (※ 차트 작성은 반드시 '차트삽입 → 데이터 입력 → 차트 스타일' 순으로 작성바랍니다.)

▶ 텍스트 상자 1([단위 : 제곱킬로미터]) ⇒ 글꼴(굴림, 18pt, 굵게, 밑줄)

▶ 표 ⇒ 표 스타일(중간 – '보통 스타일 3 – 강조 2'), 가장 위의 행 : 글꼴(굴림체, 20pt, 굵게, 텍스트 그림자, 가운데 맞춤),
　　　나머지 행 : 글꼴(굴림, 18pt, 굵게, 기울임꼴, 가운데 맞춤)

▶ 텍스트 상자 2([출처 : 해양수산부]) ⇒ 글꼴(굴림, 18pt, 굵게, 밑줄)

▶ 차트 ⇒ 세로 막대형 : 묶은 세로 막대형, 차트 스타일(색 변경 – '다양한 색상표 3', 스타일 8), 축 서식/데이터 레이블
　　　서식 : 글꼴(굴림, 16pt, 굵게), 범례 서식 : 글꼴(돋움, 16pt, 굵게, 기울임꼴), 데이터는 표 참고

▶ 배경 ⇒ 배경 서식(채우기 – 그림 또는 질감 채우기)에서 그림 2 삽입(현재 슬라이드만 적용)

▶ 애니메이션 지정 ⇒ 차트 : 나타내기 – 닦아내기

▶ 지시사항이 없는 부분은 《출력형태》와 동일하게 작성하시오.

[슬라이드 4] 아래의 작성조건 및 출력형태에 알맞게 네 번째 슬라이드에 작업하시오. (60점)

《출력형태》

《작성조건》

(1) 제목

▶ 도형 1 ⇒ 기본 도형 : 배지, 도형 채우기(질감 : 파피루스), 도형 윤곽선(실선, 색 : '파랑, 강조 1', 너비 : 2.5pt,
　　　　　겹선 종류 : 단순형), 도형 효과(그림자 – 바깥쪽 – '오프셋: 왼쪽 아래', 반사 – '근접 반사: 터치'),
　　　　　글꼴(궁서체, 36pt, 기울임꼴, 텍스트 그림자, 진한 파랑)

(2) 본문

▶ 도형 2~4 ⇒ 블록 화살표 : '화살표: 오각형', 도형 채우기(파랑, 어두운 그라데이션 – '선형 대각선 – 오른쪽 위에서
　　　　　왼쪽 아래로'), 선 없음, 도형 효과(입체 효과 – 각지게), 글꼴(궁서, 24pt, 굵게, 텍스트 그림자, 노랑)

▶ 도형 5~7 ⇒ 순서도 : '순서도: 데이터', 도형 채우기('녹색, 강조 6, 50% 더 어둡게'), 선 없음, 도형 효과(그림자 –
　　　　　바깥쪽 – '오프셋: 오른쪽 아래'), 글꼴(돋움, 20pt, 굵게, 기울임꼴, '황금색, 강조 4, 60% 더 밝게')

▶ 도형 8 ⇒ 기본 도형 : 하트, 도형 채우기('주황, 강조 2, 40% 더 밝게', 밝은 그라데이션 – 왼쪽 위 모서리에서), 선 없음,
　　　　　도형 효과(반사 – '전체 반사: 터치')

▶ 도형 9 ⇒ 별 및 현수막 : '별: 꼭짓점 10개', 도형 채우기(그림 또는 질감 채우기) 기능을 사용하여 그림 3 삽입,
　　　　　도형 윤곽선(실선, 색 : 주황, 너비 : 2.5pt, 겹선 종류 : 단순형), 도형 효과(네온 – '네온: 8pt, 주황, 강조색 2')

▶ WordArt 삽입(소중한 자원 식물) ⇒ WordArt 스타일('그라데이션 채우기: 황금색, 강조색 4, 윤곽선: 황금색,
　　　　　강조색 4') 글꼴(바탕체, 32pt, 굵게, 밑줄, 텍스트 그림자)

▶ 지시사항이 없는 부분은 《출력형태》와 동일하게 작성하시오.

제14회 실전모의고사

▸ 시험과목 : 프리젠테이션(파워포인트)
▸ 시험일자 : 20XX. XX. XX.(X)
▸ 응시자 기재사항 및 감독위원 확인

수 검 번 호	DIP - XXXX -	감독위원 확인
성 명		

응시자 유의사항

1. 응시자는 신분증을 지참하여야 시험에 응시할 수 있으며, 시험이 종료될 때까지 신분증을 제시하지 못할 경우 해당 시험은 0점 처리됩니다.

2. 시스템(PC 작동 여부, 네트워크 상태 등)의 이상 여부를 반드시 확인하여야 하며, 시스템 이상이 있을시 감독위원에게 조치를 받으셔야 합니다.

3. 시험 중 부주의 또는 고의로 시스템을 파손한 경우는 응시자 부담으로 합니다.

4. 답안 전송 프로그램을 통해 다운로드 받은 파일을 이용하여 답안 파일을 작성하시기 바랍니다.

5. 작성한 답안 파일은 답안 전송 프로그램을 통하여 전송됩니다. 감독위원의 지시에 따라 주시기 바랍니다.

6. 다음 사항의 경우 실격(0점) 혹은 부정행위 처리됩니다.
   ❶ 답안 파일을 저장하지 않았거나, 저장한 파일이 손상되었을 경우
   ❷ 답안 파일을 지정된 폴더(바탕화면 – "KAIT" 폴더)에 저장하지 않았을 경우
     ※ 답안 전송 프로그램 로그인 시 바탕화면에 자동 생성됨
   ❸ 답안 파일을 다른 보조기억장치(USB) 혹은 네트워크(메신저, 게시판 등)로 전송할 경우
   ❹ 휴대용 전화기 등 통신기기를 사용할 경우

7. 슬라이드는 반드시 순서대로 작성해야 하며, 순서가 다를 경우 "0"점 처리됩니다.

8. 시험지에 제시된 글꼴이 응시 프로그램에 없는 경우, 반드시 감독위원에게 해당 내용을 통보한 뒤 조치를 받아야 합니다.

9. 슬라이드 작성 시 도형의 그룹 설정을 사용하는 경우, 채점에서 감점 처리됩니다.

10. 시험의 완료는 작성이 완료된 답안을 저장하고, 답안 전송이 완료된 상태를 확인한 것으로 합니다. 답안 전송 확인 후 문제지는 감독위원에게 제출한 후 퇴실하여야 합니다.

11. 답안 전송이 완료된 경우에는 수정 또는 정정이 불가능합니다.

12. 시험 시행 후 합격자 발표는 홈페이지(www.ihd.or.kr)에서 확인하시기 바랍니다.

    ※ 합격자 발표 : 20XX. XX. XX.(X)

Korea Association for ICT Promotion
한국정보통신진흥협회 KAIT

<유의사항>
- 《작성조건》을 준수하여 반드시 프리젠테이션 슬라이드로 작업합니다.
- 글꼴 및 기타 사항에 대해 별도의 지시사항이 없는 경우, 슬라이드 크기와 전체적인 균형을 고려하여 임의로 작성하되, 도형은 그룹으로 설정하지 않습니다.
- 모든 슬라이드 크기(A4), 방향(가로), 디자인 테마(Office 테마)로 지정합니다.
  ▶ 슬라이드 크기, 방향 조정 시 '맞춤 확인'으로 지정하여야 합니다.
- 공통적용사항(슬라이드 마스터)
  ▶ 도형 ⇒ 블록 화살표 : '화살표: 왼쪽/오른쪽', 도형 스타일('밝은 색 1 윤곽선, 색 채우기 – 녹색, 강조 6'),
     글꼴(굴림체, 24pt, 굵게, 밑줄, '검정, 텍스트 1')
- 그림 삽입 시 다운로드 한 그림 파일을 반드시 사용하여야 합니다.
- ⟨┈┈⟩➡은 지시사항이므로 작성하지 않습니다.
- 슬라이드에 제시된 글자 및 숫자 오타는 감점 처리됩니다.

[슬라이드 1] 아래의 작성조건 및 출력형태에 알맞게 첫 번째 슬라이드에 작업하시오. (30점)

《출력형태》

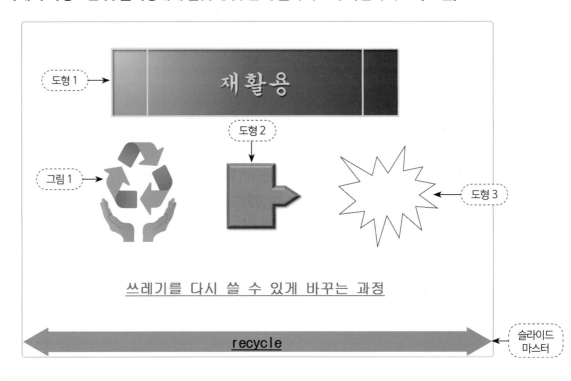

《작성조건》
▶ 도형 1 ⇒ 순서도 : '순서도: 종속 처리', 도형 채우기(그라데이션 : 미리 설정 – '아래쪽 스포트라이트 – 강조 1',
　　　　　종류 – 방사형, 방향 – 왼쪽 위 모서리에서), 도형 윤곽선(실선, 색 : 노랑, 너비 : 3pt, 겹선 종류 : 단순형),
　　　　　도형 효과(그림자 – 안쪽 – '안쪽: 왼쪽 위'), 글꼴(궁서체, 40pt, 텍스트 그림자, 노랑)
▶ 도형 2 ⇒ 블록 화살표 : '설명선: 오른쪽 화살표', 도형 채우기('주황, 강조 2'), 선 없음,
　　　　　도형 효과(그림자 – 바깥쪽 – '오프셋: 오른쪽 아래', 입체 효과 – 기울기)
▶ 도형 3 ⇒ 별 및 현수막 : '폭발: 8pt', 도형 스타일('색 윤곽선 – 검정, 어둡게 1')
▶ 그림 삽입 ⇒ 그림 1 삽입, 크기(높이 : 6cm, 너비 : 6cm)
▶ 텍스트 상자(쓰레기를 다시 쓸 수 있게 바꾸는 과정) ⇒ 글꼴(굴림체, 24pt, 굵게, 밑줄, 빨강)
▶ 애니메이션 지정 ⇒ 도형 1 : 나타내기 – 날아오기
▶ 지시사항이 없는 부분은 《출력형태》와 동일하게 작성하시오.

【슬라이드 2】 아래의 작성조건 및 출력형태에 알맞게 두 번째 슬라이드에 작업하시오. (50점)

《출력형태》

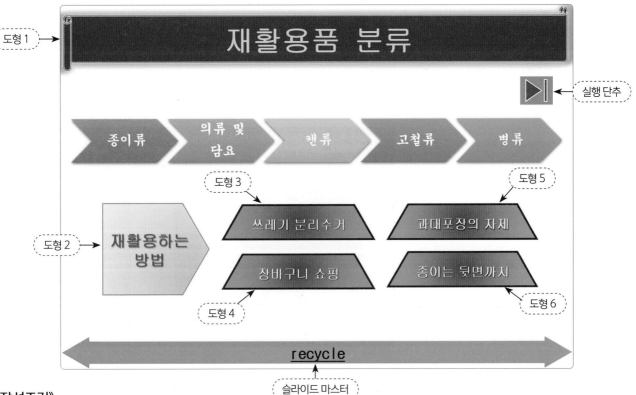

《작성조건》

(1) 제목

▶ 도형 1 ⇒ 별 및 현수막 : '두루마리 모양: 가로로 말림', 도형 채우기(파랑, 강조 5, 50% 더 어둡게), 도형 윤곽선
　　　　　(실선, 색 : 노랑, 너비 : 3pt, 겹선 종류 : 이중), 도형 효과(그림자 – 바깥쪽 – '오프셋: 가운데',
　　　　　네온 – '네온: 8pt, 황금색, 강조색 4'), 글꼴(굴림체, 44pt, 굵게, 노랑)

(2) 본문

▶ 도형 2 ⇒ 블록 화살표 : '화살표: 오각형', 도형 채우기(파랑, 강조 5, 밝은 그라데이션 – 오른쪽 아래 모서리에서),
　　　　　도형 윤곽선(실선, 색 : 파랑, 너비 : 1.5pt, 겹선 종류 : 삼중), 글꼴(굴림체, 24pt, 굵게, 텍스트 그림자, 빨강)

▶ 도형 3~6 ⇒ 기본 도형 : 사다리꼴, 도형 채우기(녹색, 어두운 그라데이션 – 가운데에서), 도형 윤곽선(실선,
　　　　　색 : 진한 파랑, 너비 : 3pt, 겹선 종류 : 단순형), 글꼴(굴림, 20pt, 굵게, 텍스트 그림자)

▶ 실행 단추 ⇒ 실행 단추 : '실행 단추: 끝으로 이동', 하이퍼링크 : 마지막 슬라이드,
　　　　　도형 스타일('밝은 색 1 윤곽선, 색 채우기 – 파랑, 강조 5')

▶ SmartArt 삽입 ⇒ 프로세스형 : 기본 갈매기형 수장 프로세스형, 글꼴(궁서체, 20pt, 굵게, 가운데 맞춤),
　　　　　SmartArt 스타일(색 변경 – '색상형 – 강조색', 강한 효과), (반드시 SmartArt 기능을 이용하여
　　　　　작성할 것)

▶ 애니메이션 지정 ⇒ SmartArt : 나타내기 – 날아오기

▶ 지시사항이 없는 부분은 《출력형태》와 동일하게 작성하시오.

【슬라이드 3】 아래의 작성조건 및 출력형태에 알맞게 세 번째 슬라이드에 작업하시오. (60점)

《출력형태》

《작성조건》

(1) 제목

▶ 도형 1 ⇒ 별 및 현수막 : '두루마리 모양: 가로로 말림', 도형 채우기(파랑, 강조 5, 50% 더 어둡게), 도형 윤곽선
　　　　　(실선, 색 : 노랑, 너비 : 3pt, 겹선 종류 : 이중), 도형 효과(그림자 – 바깥쪽 – '오프셋: 가운데',
　　　　　네온 – '네온: 8pt, 황금색, 강조색 4'), 글꼴(굴림체, 44pt, 굵게, 노랑)

(2) 본문 (※ 차트 작성은 반드시 '차트삽입 → 데이터 입력 → 차트 스타일' 순으로 작성바랍니다.)

▶ 텍스트 상자 1([단위 : %]) ⇒ 글꼴(굴림, 18pt, 굵게, 기울임꼴)

▶ 표 ⇒ 표 스타일(중간 – '보통 스타일 2 – 강조 4'), 가장 위의 행 : 글꼴(굴림체, 20pt, 굵게, 텍스트 그림자, 가운데 맞춤),
　　　나머지 행 : 글꼴(굴림, 18pt, 굵게, 기울임꼴, 가운데 맞춤)

▶ 텍스트 상자 2([출처 : 한국폐기물협회]) ⇒ 글꼴(굴림, 18pt, 굵게, 기울임꼴)

▶ 차트 ⇒ 세로 막대형 : 묶은 세로 막대형, 차트 스타일(색 변경 – '단색 색상표 4', 스타일 9), 축 서식/데이터 레이블
　　　서식 : 글꼴(굴림, 14pt, 굵게), 범례 서식 : 글꼴(굴림, 14pt, 굵게, 기울임꼴), 데이터는 표 참고

▶ 배경 ⇒ 배경 서식(채우기 – 그림 또는 질감 채우기)에서 그림 2 삽입(현재 슬라이드만 적용)

▶ 애니메이션 지정 ⇒ 차트 : 나타내기 – 바람개비

▶ 지시사항이 없는 부분은 《출력형태》와 동일하게 작성하시오.

【슬라이드 4】 아래의 작성조건 및 출력형태에 알맞게 네 번째 슬라이드에 작업하시오. (60점)

《출력형태》

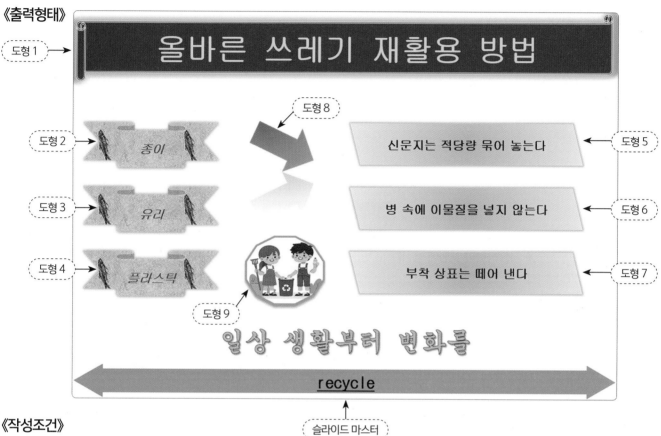

《작성조건》

(1) 제목

▶ 도형 1 ⇒ 별 및 현수막 : '두루마리 모양: 가로로 말림', 도형 채우기(파랑, 강조 5, 50% 더 어둡게'), 도형 윤곽선
　　　　 (실선, 색 : 노랑, 너비 : 3pt, 겹선 종류 : 이중), 도형 효과(그림자 – 바깥쪽 – '오프셋: 가운데',
　　　　 네온 – '네온: 8pt, 황금색, 강조색 4'), 글꼴(굴림체, 44pt, 굵게, 노랑)

(2) 본문

▶ 도형 2~4 ⇒ 별 및 현수막 : '리본: 아래로 기울어짐', 도형 채우기(질감 : 물고기 화석), 선 없음,
　　　　　 도형 효과(그림자 – 바깥쪽 – '오프셋: 가운데'), 글꼴(굴림, 18pt, 굵게, 기울임꼴, 자주)

▶ 도형 5~7 ⇒ 기본 도형 : 평행 사변형, 도형 채우기('주황, 강조 2', 밝은 그라데이션 – 가운데에서), 선 없음,
　　　　　 도형 효과(네온 – '네온: 5pt, 주황, 강조색 2'), 글꼴(굴림, 18pt, 굵게, '검정, 텍스트 1')

▶ 도형 8 ⇒ 블록 화살표 : '화살표: 오른쪽', 도형 채우기('파랑, 강조 1, 40% 더 밝게', 어두운 그라데이션 –
　　　　 왼쪽 위 모서리에서), 선 없음, 도형 효과(반사 – '전체 반사: 터치')

▶ 도형 9 ⇒ 기본 도형 : 십이각형, 도형 채우기(그림 또는 질감 채우기) 기능을 사용하여 그림 3삽입, 도형 윤곽선
　　　　 (실선, 색 : '녹색, 강조 6', 너비 : 2.5pt, 겹선 종류 : 단순형), 도형 효과(그림자 – 바깥쪽 – '오프셋: 아래쪽')

▶ WordArt 삽입(일상 생활부터 변화를) ⇒ WordArt 스타일('무늬 채우기: 회색, 강조색 3, 좁은 수평선 무늬,
　　　　　　　　　　　 안쪽 그림자'), 글꼴(궁서체, 36pt, 굵게, 텍스트 그림자)

▶ 지시사항이 없는 부분은 《출력형태》와 동일하게 작성하시오.

제15회 실전모의고사

▸ 시험과목 : 프리젠테이션(파워포인트)
▸ 시험일자 : 20XX. XX. XX.(X)
▸ 응시자 기재사항 및 감독위원 확인

수 검 번 호	DIP - XXXX -	감독위원 확인
성 명		

응시자 유의사항

1. 응시사는 신분증을 지삼하여야 시험에 응시할 수 있으며, 시험이 종료될 때까지 신분증을 제시하지 못할 경우 해당 시힘은 0점 처리됩니다.

2. 시스템(PC 작동 여부, 네트워크 상태 등)의 이상 여부를 반드시 확인하여야 하며, 시스템 이상이 있을시 감독위원에게 조치를 받으셔야 합니다.

3. 시험 중 부주의 또는 고의로 시스템을 파손한 경우는 응시자 부담으로 합니다.

4. 답안 전송 프로그램을 통해 다운로드 받은 파일을 이용하여 답안 파일을 작성하시기 바랍니다.

5. 작성한 답안 파일은 답안 전송 프로그램을 통하여 전송됩니다. 감독위원의 지시에 따라 주시기 바랍니다.

6. 다음 사항의 경우 실격(0점) 혹은 부정행위 처리됩니다.

   ❶ 답안 파일을 저장하지 않았거나, 저장한 파일이 손상되었을 경우
   ❷ 답안 파일을 지정된 폴더(바탕화면 – "KAIT" 폴더)에 저장하지 않았을 경우
      ※ 답안 전송 프로그램 로그인 시 바탕화면에 자동 생성됨
   ❸ 답안 파일을 다른 보조기억장치(USB) 혹은 네트워크(메신저, 게시판 등)로 전송할 경우
   ❹ 휴대용 전화기 등 통신기기를 사용할 경우

7. 슬라이드는 반드시 순서대로 작성해야 하며, 순서가 다를 경우 "0"점 처리됩니다.

8. 시험지에 제시된 글꼴이 응시 프로그램에 없는 경우, 반드시 감독위원에게 해당 내용을 통보한 뒤 조치를 받아야 합니다.

9. 슬라이드 작성 시 도형의 그룹 설정을 사용하는 경우, 채점에서 감점 처리됩니다.

10. 시험의 완료는 작성이 완료된 답안을 저장하고, 답안 전송이 완료된 상태를 확인한 것으로 합니다. 답안 전송 확인 후 문제지는 감독위원에게 제출한 후 퇴실하여야 합니다.

11. 답안 전송이 완료된 경우에는 수정 또는 정정이 불가능합니다.

12. 시험 시행 후 합격자 발표는 홈페이지(www.ihd.or.kr)에서 확인하시기 바랍니다.

   ※ 합격자 발표 : 20XX. XX. XX.(X)

Korea Association for ICT Promotion
한국정보통신진흥협회 KAIT

<유의사항>
- 《작성조건》을 준수하여 반드시 프리젠테이션 슬라이드로 작업합니다.
- 글꼴 및 기타 사항에 대해 별도의 지시사항이 없는 경우, 슬라이드 크기와 전체적인 균형을 고려하여 임의로 작성하되, 도형은 그룹으로 설정하지 않습니다.
- 모든 슬라이드 크기(A4), 방향(가로), 디자인 테마(Office 테마)로 지정합니다.
  ▶ 슬라이드 크기, 방향 조정 시 '맞춤 확인'으로 지정하여야 합니다.
- 공통적용사항(슬라이드 마스터)
  ▶ 도형 ⇒ 순서도 : '순서도: 문서', 도형 스타일('미세 효과 - 파랑, 강조 5'), 글꼴(궁서체, 20pt, 굵게)
- 그림 삽입 시 다운로드 한 그림 파일을 반드시 사용하여야 합니다.
- ⌐⌐⌐→은 지시사항이므로 작성하지 않습니다.
- 슬라이드에 제시된 글자 및 숫자 오타는 감점 처리됩니다.

【슬라이드 1】 아래의 작성조건 및 출력형태에 알맞게 첫 번째 슬라이드에 작업하시오. (30점)

《출력형태》

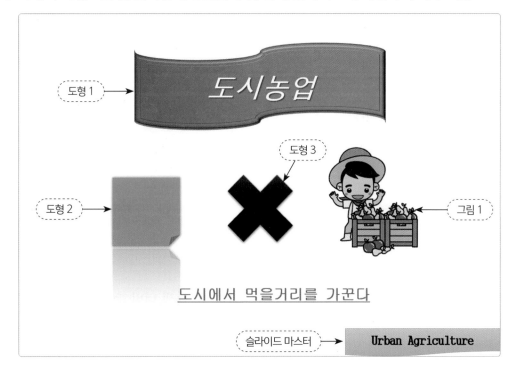

《작성조건》
▶ 도형 1 ⇒ 순서도 : '순서도: 천공 테이프', 도형 채우기(그라데이션 : 미리 설정 - '방사형 그라데이션 - 강조 2', 종류 - 방사형, 방향 - 오른쪽 위 모서리에서), 도형 윤곽선(실선, 색 : 자주, 너비 : 1pt, 겹선 종류 : 단순형), 도형 효과(입체 효과 - 디벗), 글꼴(돋움체, 44pt, 굵게, 기울임꼴, 텍스트 그림자)
▶ 도형 2 ⇒ 기본 도형 : '사각형: 모서리가 접힌 도형', 도형 채우기('녹색, 강조 6'), 선 없음, 도형 효과(그림자 - 바깥쪽 - '오프셋: 가운데', 반사 - '전체 반사: 4pt 오프셋')
▶ 도형 3 ⇒ 수식 도형 : 곱하기 기호, 도형 스타일('강한 효과 - 검정, 어둡게 1')
▶ 그림 삽입 ⇒ 그림 1삽입, 크기(높이 : 7cm, 너비 : 6cm)
▶ 텍스트 상자(도시에서 먹을거리를 가꾼다) ⇒ 글꼴(굴림체, 24pt, 굵게, 밑줄, 빨강)
▶ 애니메이션 지정 ⇒ 도형 1:나타내기 - 닦아내기
▶ 지시사항이 없는 부분은《출력형태》와 동일하게 작성하시오.

【슬라이드 2】 아래의 작성조건 및 출력형태에 알맞게 두 번째 슬라이드에 작업하시오. (50점)

《출력형태》

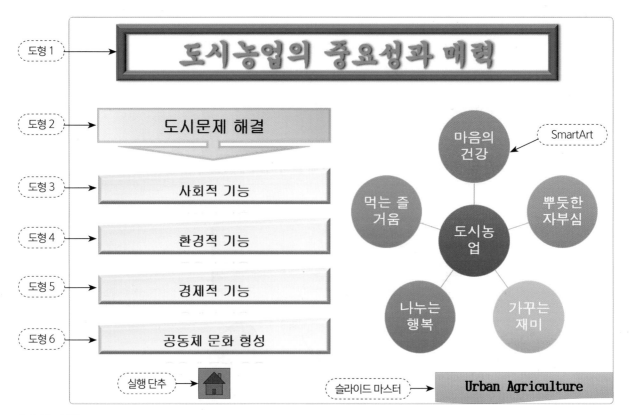

《작성조건》

(1) 제목

▶ 도형 1 ⇒ 기본 도형 : 액자, 도형 채우기(파랑), 도형 윤곽선(실선, 색 : 녹색, 너비 : 2pt, 겹선 종류 : 단순형), 도형 효과
　　　　(그림자 - 바깥쪽 - '오프셋: 오른쪽', 입체 효과 - 둥글게), 글꼴(궁서, 40pt, 굵게, 텍스트 그림자, 녹색)

(2) 본문

▶ 도형 2 ⇒ 블록 화살표 : '설명선: 아래쪽 화살표', 도형 채우기(연한 파랑, 밝은 그라데이션 - 선형 왼쪽), 도형 윤곽선
　　　　(실선, 색 : 주황, 너비 : 2.5pt, 겹선 종류 : 굵고 얇음), 글꼴(굴림, 24pt, 굵게, '검정, 텍스트 1')

▶ 도형 3~6 ⇒ 순서도 : '순서도: 수동 입력', 도형 채우기(노랑, 밝은 그라데이션 - '선형 대각선 -
　　　　왼쪽 위에서 오른쪽 아래로'), 선 없음, 도형 효과(반사 - '근접 반사: 터치', 입체 효과 - 기울기),
　　　　글꼴(굴림, 20pt, 굵게, '검정, 텍스트 1')

▶ 실행 단추 ⇒ 실행 단추 : '실행 단추: 홈으로 이동', 하이퍼링크 : 첫째 슬라이드, 도형 스타일('색 채우기 - 파랑, 강조 5')

▶ SmartArt 삽입 ⇒ 주기형 : 기본 방사형, 글꼴(돋움, 20pt, 굵게, 가운데 맞춤), SmartArt 스타일(색 변경 - '색상형 -
　　　　강조색', 보통 효과), (반드시 SmartArt 기능을 이용하여 작성할 것)

▶ 애니메이션 지정 ⇒ SmartArt : 나타내기 - 날아오기

▶ 지시사항이 없는 부분은 《출력형태》와 동일하게 작성하시오.

【슬라이드 3】 아래의 작성조건 및 출력형태에 알맞게 세 번째 슬라이드에 작업하시오. (60점)

《출력형태》

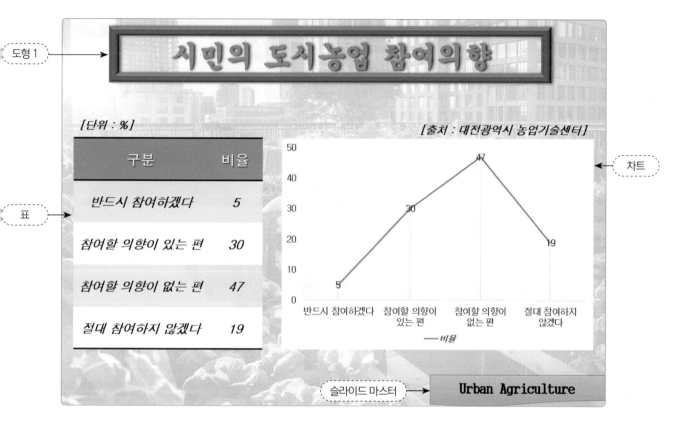

《작성조건》

(1) 제목

▶ 도형 1 ⇒ 기본 도형 : 액자, 도형 채우기(파랑), 도형 윤곽선(실선, 색 : 녹색, 너비 : 2pt, 겹선 종류 : 단순형), 도형 효과
  (그림자 – 바깥쪽 – '오프셋: 오른쪽', 입체 효과 – 둥글게), 글꼴(궁서, 40pt, 굵게, 텍스트 그림자, 녹색)

(2) 본문 (※ 차트 작성은 반드시 '차트삽입 → 데이터 입력 → 차트 스타일' 순으로 작성바랍니다.)

▶ 텍스트 상자 1([단위 : %]) ⇒ 글꼴(돋움, 16pt, 굵게, 기울임꼴)

▶ 표 ⇒ 표 스타일(중간 – '보통 스타일 3 – 강조 6'), 가장 위의 행 : 글꼴(돋움체, 20pt, 굵게, 텍스트 그림자, 가운데 맞춤),
  나머지 행 : 글꼴(돋움, 18pt, 굵게, 기울임꼴, 가운데 맞춤)

▶ 텍스트 상자 2([출처 : 대전광역시 농업기술센터]) ⇒ 글꼴(돋움, 16pt, 굵게, 기울임꼴)

▶ 차트 ⇒ 꺾은선형 : 꺾은선형, 차트 스타일(색 변경 – '다양한 색상표 3', 스타일 4), 축 서식/데이터 레이블 서식 :
  글꼴(돋움, 12pt, 굵게), 범례 서식 : 글꼴(돋움, 12pt, 굵게, 기울임꼴), 데이터는 표 참고

▶ 배경 ⇒ 배경 서식(채우기 – 그림 또는 질감 채우기)에서 그림 2 삽입(현재 슬라이드만 적용)

▶ 애니메이션 지정 ⇒ 차트 : 나타내기 – 나누기

▶ 지시사항이 없는 부분은 《출력형태》와 동일하게 작성하시오.

【슬라이드 4】 아래의 작성조건 및 출력형태에 알맞게 네 번째 슬라이드에 작업하시오. (60점)

《출력형태》

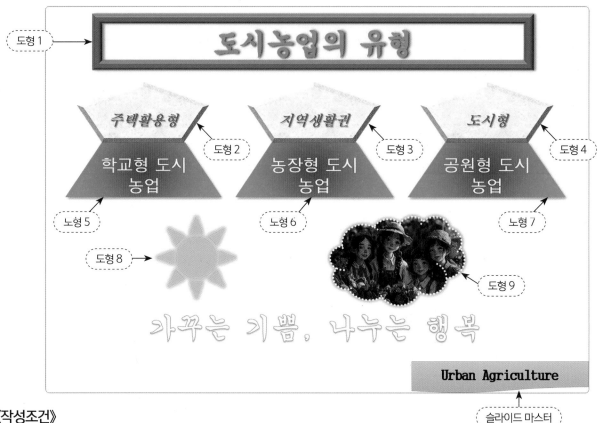

《작성조건》

(1) 제목

▶ 도형 1 ⇒ 기본 도형 : 액자, 도형 채우기(파랑), 도형 윤곽선(실선, 색 : 녹색, 너비 : 2pt, 겹선 종류 : 단순형), 도형 효과
(그림자 – 바깥쪽 – '오프셋: 오른쪽', 입체 효과 – 둥글게), 글꼴(궁서, 40pt, 굵게, 텍스트 그림자, 녹색)

(2) 본문

▶ 도형 2~4 ⇒ 기본 도형 : 오각형, 도형 채우기(질감 : 파랑 박엽지), 선 없음, 도형 효과(입체 효과 – 각지게),
글꼴(바탕체, 20pt, 굵게, 기울임꼴, 텍스트 그림자, 파랑)

▶ 도형 5~7 ⇒ 기본 도형 : 사다리꼴, 도형 채우기(녹색, 어두운 그라데이션 – 가운데에서), 선 없음,
도형 효과(그림자 – 바깥쪽 – '오프셋: 오른쪽 아래'), 글꼴(돋움, 24pt, 굵게)

▶ 도형 8 ⇒ 기본 도형 : 해, 도형 채우기('황금색, 강조 4'), 선 없음, 도형 효과(네온 – '네온: 8pt, 주황, 강조색 2')

▶ 도형 9 ⇒ 기본 도형 : 구름, 도형 채우기(그림 또는 질감 채우기) 기능을 사용하여 그림 3 삽입,
도형 윤곽선(실선, 색 : '흰색, 배경 1', 너비 : 2.5pt, 겹선 종류 : 단순형, 대시 종류 : 둥근 점선),
도형 효과(그림자 – 바깥쪽 – '오프셋: 가운데')

▶ WordArt 삽입(가꾸는 기쁨, 나누는 행복) ⇒ WordArt 스타일('채우기: 흰색, 윤곽선: 파랑, 강조색 5, 그림자'),
글꼴(궁서체, 40pt, 굵게, 텍스트 그림자)

▶ 지시사항이 없는 부분은 《출력형태》와 동일하게 작성하시오.

제16회 실전모의고사

▸ 시험과목 : 프리젠테이션(파워포인트)
▸ 시험일자 : 20XX. XX. XX.(X)
▸ 응시자 기재사항 및 감독위원 확인

수 검 번 호	DIP - XXXX -	감독위원 확인
성 명		

응시자 유의사항

1. 응시자는 신분증을 지참하여야 시험에 응시할 수 있으며, 시험이 종료될 때까지 신분증을 제시하지 못할 경우 해당 시험은 0점 처리됩니다.

2. 시스템(PC 작동 여부, 네트워크 상태 등)의 이상 여부를 반드시 확인하여야 하며, 시스템 이상이 있을시 감독위원에게 조치를 받으셔야 합니다.

3. 시험 중 부주의 또는 고의로 시스템을 파손한 경우는 응시자 부담으로 합니다.

4. 답안 전송 프로그램을 통해 다운로드 받은 파일을 이용하여 답안 파일을 작성하시기 바랍니다.

5. 작성한 답안 파일은 답안 전송 프로그램을 통하여 전송됩니다. 감독위원의 지시에 따라 주시기 바랍니다.

6. 다음 사항의 경우 실격(0점) 혹은 부정행위 처리됩니다.

   ❶ 답안 파일을 저장하지 않았거나, 저장한 파일이 손상되었을 경우
   ❷ 답안 파일을 지정된 폴더(바탕화면 – "KAIT" 폴더)에 저장하지 않았을 경우
      ※ 답안 전송 프로그램 로그인 시 바탕화면에 자동 생성됨
   ❸ 답안 파일을 다른 보조기억장치(USB) 혹은 네트워크(메신저, 게시판 등)로 전송할 경우
   ❹ 휴대용 전화기 등 통신기기를 사용할 경우

7. 슬라이드는 반드시 순서대로 작성해야 하며, 순서가 다를 경우 "0"점 처리됩니다.

8. 시험지에 제시된 글꼴이 응시 프로그램에 없는 경우, 반드시 감독위원에게 해당 내용을 통보한 뒤 조치를 받아야 합니다.

9. 슬라이드 작성 시 도형의 그룹 설정을 사용하는 경우, 채점에서 감점 처리됩니다.

10. 시험의 완료는 작성이 완료된 답안을 저장하고, 답안 전송이 완료된 상태를 확인한 것으로 합니다. 답안 전송 확인 후 문제지는 감독위원에게 제출한 후 퇴실하여야 합니다.

11. 답안 전송이 완료된 경우에는 수정 또는 정정이 불가능합니다.

12. 시험 시행 후 합격자 발표는 홈페이지(www.ihd.or.kr)에서 확인하시기 바랍니다.

   ※ 합격자 발표 : 20XX. XX. XX.(X)

Korea Association for ICT Promotion
한국정보통신진흥협회 KAIT

<유의사항>　　• 《작성조건》을 준수하여 반드시 프리젠테이션 슬라이드로 작업합니다.
　　　　　　　• 글꼴 및 기타 사항에 대해 별도의 지시사항이 없는 경우, 슬라이드 크기와 전체적인 균형을 고려하여 임의로 작성하
　　　　　　　　되, 도형은 그룹으로 설정하지 않습니다.
　　　　　　　• 모든 슬라이드 크기(A4), 방향(가로), 디자인 테마(Office 테마)로 지정합니다.
　　　　　　　　▶ 슬라이드 크기, 방향 조정 시 '맞춤 확인'으로 지정하여야 합니다.
　　　　　　　• 공통적용사항(슬라이드 마스터)
　　　　　　　　▶ 도형 ⇒ 순서도 : '순서도: 문서', 도형 스타일('강한 효과 – 황금색, 강조 4'),
　　　　　　　　　　　　　글꼴(굴림체, 20pt, 굵게, 밑줄, '검정, 텍스트 1')
　　　　　　　• 그림 삽입 시 다운로드 한 그림 파일을 반드시 사용하여야 합니다.
　　　　　　　• ⌐ ⌐ ➔은 지시사항이므로 작성하지 않습니다.
　　　　　　　• 슬라이드에 제시된 글자 및 숫자 오타는 감점 처리됩니다.

【슬라이드 1】 아래의 작성조건 및 출력형태에 알맞게 첫 번째 슬라이드에 작업하시오. (30점)

《출력형태》

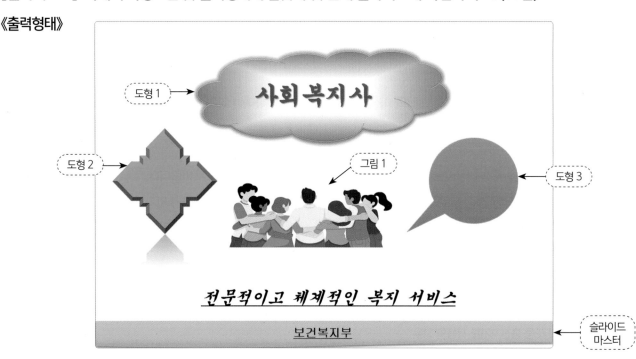

《작성조건》

▶ 도형 1 ⇒ 기본 도형 : 구름, 도형 채우기(그라데이션 : 미리 설정 – '위쪽 스포트라이트 강조 5', 종류 – 사각형,
　　　　　　방향 – 가운데에서), 도형 윤곽선(실선, 색 : 주황, 너비 : 1pt, 겹선 종류 : 단순형), 도형 효과(그림자 –
　　　　　　바깥쪽 – '오프셋: 아래쪽', 네온 – '네온: 8pt, 주황, 강조색 2'), 글꼴(궁서체, 40pt, 굵게, 텍스트 그림자, 파랑)

▶ 도형 2 ⇒ 블록 화살표 : '설명선: 왼쪽/오른쪽/위쪽/아래쪽', 도형 채우기(연한 파랑), 선 없음,
　　　　　　도형 효과(반사 – '근접 반사: 터치', 입체 효과 – 각지게)

▶ 도형 3 ⇒ 설명선 : '말풍선: 타원형', 도형 스타일('보통 효과 – 녹색, 강조 6')

▶ 그림 삽입 ⇒ 그림 1 삽입, 크기(높이 : 5cm, 너비 : 10cm)

▶ 텍스트 상자(전문적이고 체계적인 복지 서비스) ⇒ 글꼴(궁서체, 28pt, 굵게, 기울임꼴, 밑줄)

▶ 애니메이션 지정 ⇒ 도형 1 : 나타내기 – 도형

▶ 지시사항이 없는 부분은 《출력형태》와 동일하게 작성하시오.

【슬라이드 2】 아래의 작성조건 및 출력형태에 알맞게 두 번째 슬라이드에 작업하시오. (50점)

《출력형태》

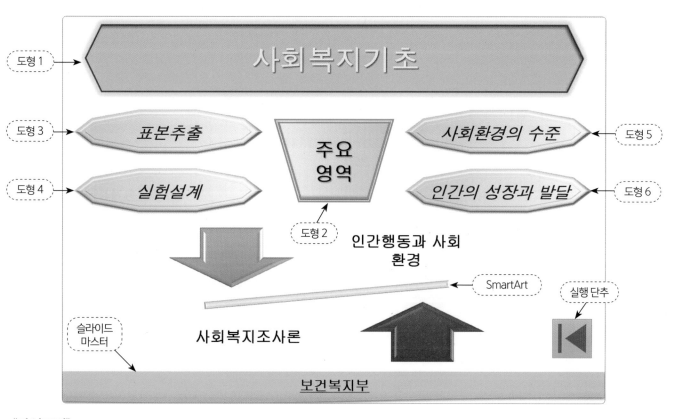

《작성조건》

(1) 제목

▶ 도형 1 ⇒ 기본 도형 : 육각형, 도형 채우기(주황), 도형 윤곽선(실선, 색 : '청회색, 텍스트 2', 너비 : 2pt,

　　　겹선 종류 : 단순형), 도형 효과(그림자 – 안쪽 – '안쪽: 오른쪽 위', 네온 – '네온: 11pt, 회색, 강조색 3'),

　　　글꼴(돋움체, 40pt, 굵게, 텍스트 그림자, '밝은 회색, 배경 2')

(2) 본문

▶ 도형 2 ⇒ 순서도 : '순서도: 수동 연산', 도형 채우기(연한 녹색, 밝은 그라데이션 – 선형 왼쪽), 도형 윤곽선

　　　(실선, 색 : 녹색, 너비 : 6pt, 겹선 종류 : 이중), 글꼴(굴림체, 28pt, 굵게, 텍스트 그림자, '검정, 텍스트 1')

▶ 도형 3~6 ⇒ 기본 도형 : 십각형, 도형 채우기(연한 파랑, 밝은 그라데이션 – 왼쪽 위 모서리에서), 선 없음,

　　　도형 효과(입체 효과 – 디벗), 글꼴(돋움, 24pt, 굵게, 기울임꼴, 진한 파랑)

▶ 실행 단추 ⇒ 실행 단추 : '실행 단추: 처음으로 이동', 하이퍼링크 : 이전 슬라이드,

　　　도형 스타일('미세 효과 – 녹색, 강조 6')

▶ SmartArt 삽입 ⇒ 관계형 : 평형 화살표형, 글꼴(굴림, 22pt, 굵게, 가운데 맞춤), SmartArt 스타일(색 변경 –

　　　'색상형 범위 – 강조색 3 또는 4', 3차원 – 경사), (반드시 SmartArt 기능을 이용하여 작성할 것)

▶ 애니메이션 지정 ⇒ SmartArt : 나타내기 – 실선 무늬

▶ 지시사항이 없는 부분은《출력형태》와 동일하게 작성하시오.

【슬라이드 3】 아래의 작성조건 및 출력형태에 알맞게 세 번째 슬라이드에 작업하시오. (60점)

《출력형태》

《작성조건》

(1) 제목

▶ 도형 1 ⇒ 기본 도형 : 육각형, 도형 채우기(주황), 도형 윤곽선(실선, 색 : '청회색, 텍스트 2', 너비 : 2pt,
　　　　겹선 종류 : 단순형), 도형 효과(그림자 – 안쪽 – '안쪽: 오른쪽 위', 네온 – '네온:11pt, 회색, 강조색 3'),
　　　　글꼴(돋움체, 40pt, 굵게, 텍스트 그림자, '밝은 회색, 배경 2')

(2) 본문 (※ 차트 작성은 반드시 '차트삽입 → 데이터 입력 → 차트 스타일' 순으로 작성바랍니다.)

▶ 텍스트 상자 1([단위 : 명]) ⇒ 글꼴(돋움, 18pt, 굵게, 밑줄)

▶ 표 ⇒ 표 스타일(밝게 – 밝은 스타일 2 – 강조 5), 가장 위의 행 : 글꼴(바탕, 20pt, 굵게, 텍스트 그림자, 가운데 맞춤),
　　　　나머지 행 : 글꼴(바탕, 20pt, 굵게, 기울임꼴, 가운데 맞춤)

▶ 텍스트 상자 2([출처 : 통계청]) ⇒ 글꼴(돋움, 18pt, 굵게, 밑줄)

▶ 차트 ⇒ 세로 막대형 : 묶은 세로 막대형, 차트 스타일(색 변경 – '다양한 색상표 2', 스타일 9), 축 서식/데이터 레이블
　　　　서식 : 글꼴(굴림, 16pt, 굵게), 범례 서식 : 글꼴(굴림, 16pt, 굵게, 기울임꼴), 데이터는 표 참고

▶ 배경 ⇒ 배경 서식(채우기 – 그림 또는 질감 채우기)에서 그림 2 삽입(현재 슬라이드만 적용)

▶ 애니메이션 지정 ⇒ 차트 : 나타내기 – 늘이기

▶ 지시사항이 없는 부분은《출력형태》와 동일하게 작성하시오.

【슬라이드 4】 아래의 작성조건 및 출력형태에 알맞게 네 번째 슬라이드에 작업하시오. (60점)

《출력형태》

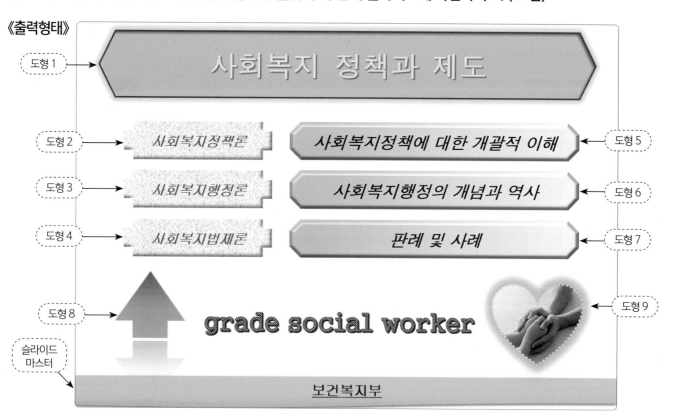

《작성조건》

(1) 제목

▶ 도형 1 ⇒ 기본 도형 : 육각형, 도형 채우기(주황), 도형 윤곽선(실선, 색 : '청회색, 텍스트 2', 너비 : 2pt,
겹선 종류 : 단순형), 도형 효과(그림자 – 안쪽 – '안쪽: 오른쪽 위', 네온 – '네온: 11pt, 회색, 강조색 3'),
글꼴(돋움체, 40pt, 굵게, 텍스트 그림자, '밝은 회색, 배경 2')

(2) 본문

▶ 도형 2~4 ⇒ 기본 도형 : 십자형, 도형 채우기(질감 : 신문 용지), 선 없음, 도형 효과(그림자 – 안쪽 –
'안쪽: 오른쪽 아래'), 글꼴(굴림, 20pt, 굵게, 기울임꼴, 파랑)

▶ 도형 5~7 ⇒ 기본 도형 : 팔각형, 도형 채우기('주황, 강조 2', 밝은 그라데이션 – 왼쪽 아래 모서리에서), 선 없음,
도형 효과(입체 효과 – 기울기), 글꼴(돋움, 24pt, 굵게, 기울임꼴, '검정, 텍스트 1')

▶ 도형 8 ⇒ 블록 화살표 : '화살표: 위쪽', 도형 채우기(연한 녹색, 어두운 그라데이션 – 선형 아래쪽), 선 없음,
도형 효과(반사 – '1/2 반사: 4pt 오프셋')

▶ 도형 9 ⇒ 기본 도형 : 하트, 도형 채우기(그림 또는 질감 채우기) 기능을 사용하여 그림 3삽입, 도형 윤곽선(실선,
색 : 노랑, 너비 : 3pt, 겹선 종류 : 단순형, 대시 종류 : 둥근 점선), 도형 효과(네온 – '네온: 18pt, 녹색, 강조색 6')

▶ WordArt 삽입(grade social worker) ⇒ WordArt 스타일('무늬 채우기: 청회색, 어두운 상향 대각선 줄무늬,
진한 그림자'), 글꼴(궁서, 36pt, 굵게, 텍스트 그림자)

▶ 지시사항이 없는 부분은 《출력형태》와 동일하게 작성하시오.

제17회 실전모의고사

▸ 시험과목 : 프리젠테이션(파워포인트)
▸ 시험일자 : 20XX. XX. XX.(X)
▸ 응시자 기재사항 및 감독위원 확인

수 검 번 호	DIP - XXXX -	감독위원 확인
성 명		

응시자 유의사항

1. 응시자는 신분증을 지참하여야 시험에 응시할 수 있으며, 시험이 종료될 때까지 신분증을 제시하시 못할 경우 해당 시험은 0점 처리됩니다.

2. 시스템(PC 작동 여부, 네트워크 상태 등)의 이상 여부를 반드시 확인하여야 하며, 시스템 이상이 있을시 감독위원에게 조치를 받으셔야 합니다.

3. 시험 중 부주의 또는 고의로 시스템을 파손한 경우는 응시자 부담으로 합니다.

4. 답안 전송 프로그램을 통해 다운로드 받은 파일을 이용하여 답안 파일을 작성하시기 바랍니다.

5. 작성한 답안 파일은 답안 전송 프로그램을 통하여 전송됩니다. 감독위원의 지시에 따라 주시기 바랍니다.

6. 다음 사항의 경우 실격(0점) 혹은 부정행위 처리됩니다.

   ❶ 답안 파일을 저장하지 않았거나, 저장한 파일이 손상되었을 경우
   ❷ 답안 파일을 지정된 폴더(바탕화면 – "KAIT" 폴더)에 저장하지 않았을 경우
      ※ 답안 전송 프로그램 로그인 시 바탕화면에 자동 생성됨
   ❸ 답안 파일을 다른 보조기억장치(USB) 혹은 네트워크(메신저, 게시판 등)로 전송할 경우
   ❹ 휴대용 전화기 등 통신기기를 사용할 경우

7. 슬라이드는 반드시 순서대로 작성해야 하며, 순서가 다를 경우 "0"점 처리됩니다.

8. 시험지에 제시된 글꼴이 응시 프로그램에 없는 경우, 반드시 감독위원에게 해당 내용을 통보한 뒤 조치를 받아야 합니다.

9. 슬라이드 작성 시 도형의 그룹 설정을 사용하는 경우, 채점에서 감점 처리됩니다.

10. 시험의 완료는 작성이 완료된 답안을 저장하고, 답안 전송이 완료된 상태를 확인한 것으로 합니다. 답안 전송 확인 후 문제지는 감독위원에게 제출한 후 퇴실하여야 합니다.

11. 답안 전송이 완료된 경우에는 수정 또는 정정이 불가능합니다.

12. 시험 시행 후 합격자 발표는 홈페이지(www.ihd.or.kr)에서 확인하시기 바랍니다.

   ※ 합격자 발표 : 20XX. XX. XX.(X)

Korea Association for ICT Promotion
한국정보통신진흥협회 KAIT

<유의사항>　
- 《작성조건》을 준수하여 반드시 프리젠테이션 슬라이드로 작업합니다.
- 글꼴 및 기타 사항에 대해 별도의 지시사항이 없는 경우, 슬라이드 크기와 전체적인 균형을 고려하여 임의로 작성하되, 도형은 그룹으로 설정하지 않습니다.
- 모든 슬라이드 크기(A4), 방향(가로), 디자인 테마(Office 테마)로 지정합니다.
  ▶ 슬라이드 크기, 방향 조정 시 '맞춤 확인'으로 지정하여야 합니다.
- 공통적용사항(슬라이드 마스터)
  ▶ 도형 ⇒ 기본 도형 : 눈물 방울, 도형 스타일('보통 효과 – 회색, 강조 3'), 글꼴(바탕, 20pt, 굵게, 텍스트 그림자)
- 그림 삽입 시 다운로드 한 그림 파일을 반드시 사용하여야 합니다.
- ⌐ ⌐ ⌐➔은 지시사항이므로 작성하지 않습니다.
- 슬라이드에 제시된 글자 및 숫자 오타는 감점 처리됩니다.

【슬라이드 1】 아래의 작성조건 및 출력형태에 알맞게 첫 번째 슬라이드에 작업하시오. (30점)

《출력형태》

《작성조건》
▶ 도형 1 ⇒ 기본 도형 : 타원, 도형 채우기(그라데이션 : 미리 설정 – '밝은 그라데이션 – 강조 2', 종류 – 선형, 방향 – 선형 아래쪽), 도형 윤곽선(실선, 색 : '주황, 강조 2', 너비 : 3pt, 겹선 종류 : 이중), 도형 효과
　　　(네온 –'네온: 5pt, 파랑, 강조색 5'), 글꼴(궁서체, 40pt, 굵게, 기울임꼴, '주황, 강조 2, 25% 더 어둡게')
▶ 도형 2 ⇒ 기본 도형 : 부분 원형, 도형 채우기(파랑, 어두운 그라데이션 – 왼쪽 위 모서리에서), 선 없음,
　　　도형 효과(그림자 – 안쪽 – '안쪽: 왼쪽 위', 반사 – '근접 반사: 터치')
▶ 도형 3 ⇒ 기본 도형 : 눈물 방울, 도형 스타일('미세 효과 – '주황, 강조 2')
▶ 그림 삽입 ⇒ 그림 1 삽입, 크기(높이 : 8cm, 너비 : 12cm)
▶ 텍스트 상자(청소년 진로의식 및 진로) ⇒ 글꼴(궁서체, 24pt, 굵게, 밑줄, '파랑, 강조 1')
▶ 애니메이션 지정 ⇒ 도형 1 : 나타내기 – 밝기 변화
▶ 지시사항이 없는 부분은 《출력형태》와 동일하게 작성하시오.

【슬라이드 2】 아래의 작성조건 및 출력형태에 알맞게 두 번째 슬라이드에 작업하시오. (50점)

《출력형태》

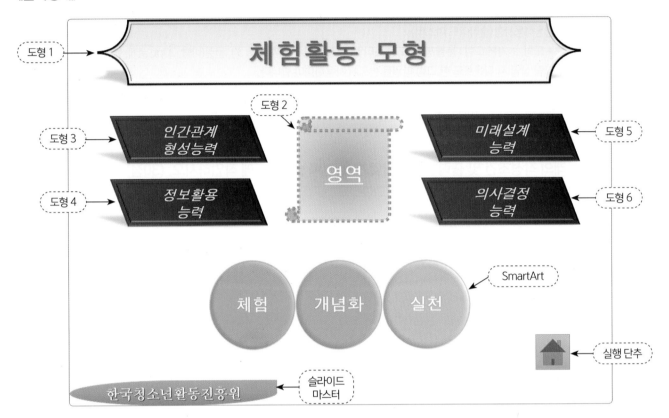

《작성조건》

(1) 제목

▶ 도형 1 ⇒ 기본 도형 : 배지, 도형 채우기(노랑, 밝은 그라데이션 – 선형 아래쪽), 도형 윤곽선(실선, 색 : '검정, 텍스트 1',
　　　너비 : 2.5pt, 겹선 종류 : 단순형), 도형 효과(그림자 – 원근감 – '원근감: 왼쪽 위',
　　　입체 효과 – 딱딱한 가장자리), 글꼴(돋움체, 40pt, 굵게, 텍스트 그림자, '파랑, 강조 1')

(2) 본문

▶ 도형 2 ⇒ 별 및 현수막 : '두루마리 모양: 세로로 말림', 도형 채우기(파랑, 밝은 그라데이션 – 가운데에서), 도형 윤곽선
　　　(실선, 색 : 녹색, 너비 : 4pt, 겹선 종류 : 굵고 얇음, 대시 종류 : 둥근 점선), 글꼴(굴림, 28pt, 굵게, 밑줄)

▶ 도형 3~6 ⇒ 기본 도형 : 평행 사변형, 도형 채우기('청회색, 텍스트 2', 어두운 그라데이션 – 왼쪽 위 모서리에서),
　　　선 없음, 도형 효과(그림자 – 원근감 – '원근감: 왼쪽 위', 입체 효과 – 딱딱한 가장자리),
　　　글꼴(돋움, 20pt, 굵게, 기울임꼴, '밝은 회색, 배경 2')

▶ 실행 단추 ⇒ 실행 단추 : '실행 단추: 홈으로 이동', 하이퍼링크 : 첫째 슬라이드, 도형 스타일('미세 효과 – 주황, 강조 2')

▶ SmartArt 삽입 ⇒ 프로세스 : 하위 단계 프로세스형, 글꼴(돋움체, 24pt, 굵게, 가운데 맞춤), SmartArt 스타일(색 변경
　　　– '색상형 범위 – 강조색 2 또는 3', 3차원 – 파우더), (반드시 SmartArt 기능을 이용하여 작성할 것)

▶ 애니메이션 지정 ⇒ SmartArt : 나타내기 – 바운드

▶ 지시사항이 없는 부분은 《출력형태》와 동일하게 작성하시오.

【슬라이드 3】 아래의 작성조건 및 출력형태에 알맞게 세 번째 슬라이드에 작업하시오. (60점)

《출력형태》

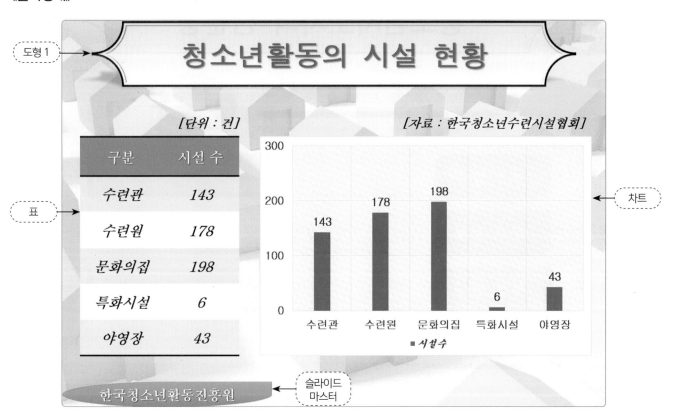

《작성조건》

(1) 제목
▶ 도형 1 ⇒ 기본 도형:배지, 도형 채우기(노랑, 밝은 그라데이션 – 선형 아래쪽), 도형 윤곽선(실선, 색 : '검정, 텍스트 1',
　　　너비 : 2.5pt, 겹선 종류 : 단순형), 도형 효과(그림자 – 원근감 – '원근감: 왼쪽 위',
　　　입체 효과 – 딱딱한 가장자리), 글꼴(돋움체, 40pt, 굵게, 텍스트 그림자, '파랑, 강조 1')

(2) 본문 (※ 차트 작성은 반드시 '차트삽입 → 데이터 입력 → 차트 스타일' 순으로 작성바랍니다.)
▶ 텍스트 상자 1([단위 : 건]) ⇒ 글꼴(바탕, 18pt, 굵게, 기울임꼴)
▶ 표 ⇒ 표 스타일(중간 – '보통 스타일 3 – 강조 5'), 가장 위의 행 : 글꼴(바탕, 20pt, 굵게, 텍스트 그림자,
　　　가운데 맞춤), 나머지 행 : 글꼴(바탕, 20pt, 굵게, 기울임꼴, 가운데 맞춤)
▶ 텍스트 상자 2([자료 : 한국청소년수련시설협회]) ⇒ 글꼴(바탕, 18pt, 굵게, 기울임꼴)
▶ 차트 ⇒ 세로 막대형 : 묶은 세로 막대형, 차트 스타일(색 변경 – '단색 색상표 1', 스타일 8), 축 서식/데이터 레이블
　　　서식 : 글꼴(굴림, 16pt, 굵게), 범례 서식 : 글꼴(궁서, 14pt, 굵게, 기울임꼴), 데이터는 표 참고
▶ 배경 ⇒ 배경 서식(채우기 – 그림 또는 질감 채우기)에서 그림 2 삽입(현재 슬라이드만 적용)
▶ 애니메이션 지정 ⇒ 차트 : 나타내기 – 바둑판 무늬
▶ 지시사항이 없는 부분은 《출력형태》와 동일하게 작성하시오.

【슬라이드 4】 아래의 작성조건 및 출력형태에 알맞게 네 번째 슬라이드에 작업하시오. (60점)

《출력형태》

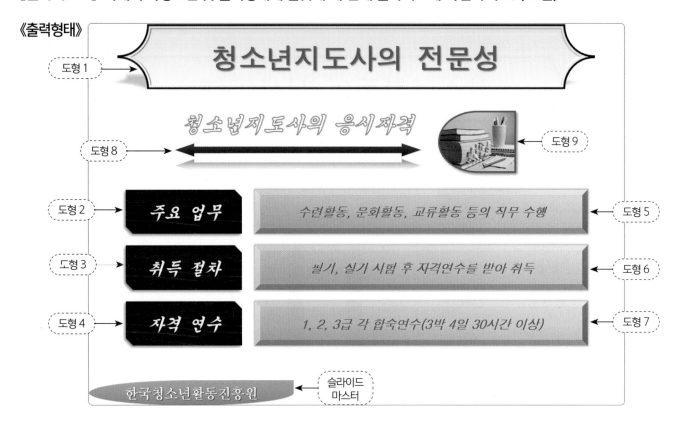

《작성조건》

(1) 제목
▶ 도형 1 ⇒ 기본 도형 : 배지, 도형 채우기(노랑, 밝은 그라데이션 – 선형 아래쪽), 도형 윤곽선(실선, 색 : '검정, 텍스트 1',
　　　　너비 : 2.5pt, 겹선 종류 : 단순형), 도형 효과(그림자 – 원근감 – '원근감: 왼쪽 위',
　　　　입체 효과 – 딱딱한 가장자리), 글꼴(돋움체, 40pt, 굵게, 텍스트 그림자, '파랑, 강조 1')

(2) 본문
▶ 도형 2~4 ⇒ 사각형 : '사각형: 잘린 대각선 방향 모서리', 도형 채우기(질감 : 월넛), 선 없음,
　　　　　　도형 효과(그림자 – 바깥쪽 – '오프셋: 왼쪽 아래'), 글꼴(궁서체, 24pt, 굵게, 기울임꼴)
▶ 도형 5~7 ⇒ 기본 도형 : '사각형: 빗면', 도형 채우기(파랑, 밝은 그라데이션 – '선형 대각선 –
　　　　　　왼쪽 아래에서 오른쪽 위로'), 선 없음, 도형 효과(네온 – 네온: 5pt, 파랑, 강조색 5'),
　　　　　　글꼴(돋움, 18pt, 굵게, 기울임꼴, '주황, 강조 2, 25% 더 어둡게')
▶ 도형 8 ⇒ 블록 화살표 : '화살표: 왼쪽/오른쪽', 도형 채우기('파랑, 강조 5, 50% 더 어둡게',
　　　　　어두운 그라데이션 – 선형 위쪽), 선 없음, 도형 효과(반사 – '전체 반사: 4pt 오프셋')
▶ 도형 9 ⇒ 순서도 : '순서도: 지연', 도형 채우기(그림 또는 질감 채우기) 기능을 사용하여 그림 3 삽입, 도형 윤곽선
　　　　　(실선, 색 : 파랑, 너비 : 2.25pt, 겹선 종류 : 단순형), 도형 효과(그림자 – 바깥쪽 – '오프셋: 오른쪽 아래')
▶ WordArt 삽입(청소년지도사의 응시자격) ⇒ WordArt 스타일('채우기: 흰색, 윤곽선: 파랑, 강조색 1,
　　　　　　　　　　　네온: 파랑, 강조색 1'), 글꼴(궁서, 30pt, 굵게, 기울임꼴)
▶ 지시사항이 없는 부분은 《출력형태》와 동일하게 작성하시오.

제18회 실전모의고사

▸ 시험과목 : 프리젠테이션(파워포인트)
▸ 시험일자 : 20XX. XX. XX.(X)
▸ 응시자 기재사항 및 감독위원 확인

수 검 번 호	DIP - XXXX -	감독위원 확인
성 명		

응시자 유의사항

1. 응시자는 신분증을 지참하여야 시험에 응시할 수 있으며, 시험이 종료될 때까지 신분증을 제시하지 못할 경우 해당 시험은 0점 처리됩니다.

2. 시스템(PC 작동 여부, 네트워크 상태 등)의 이상 여부를 반드시 확인하여야 하며, 시스템 이상이 있을시 감독위원에게 조치를 받으셔야 합니다.

3. 시험 중 부주의 또는 고의로 시스템을 파손한 경우는 응시자 부담으로 합니다.

4. 답안 전송 프로그램을 통해 다운로드 받은 파일을 이용하여 답안 파일을 작성하시기 바랍니다.

5. 작성한 답안 파일은 답안 전송 프로그램을 통하여 전송됩니다. 감독위원의 지시에 따라 주시기 바랍니다.

6. 다음 사항의 경우 실격(0점) 혹은 부정행위 처리됩니다.
   ❶ 답안 파일을 저장하지 않았거나, 저장한 파일이 손상되었을 경우
   ❷ 답안 파일을 지정된 폴더(바탕화면 – "KAIT" 폴더)에 저장하지 않았을 경우
      ※ 답안 전송 프로그램 로그인 시 바탕화면에 자동 생성됨
   ❸ 답안 파일을 다른 보조기억장치(USB) 혹은 네트워크(메신저, 게시판 등)로 전송할 경우
   ❹ 휴대용 전화기 등 통신기기를 사용할 경우

7. 슬라이드는 반드시 순서대로 작성해야 하며, 순서가 다를 경우 "0"점 처리됩니다.

8. 시험지에 제시된 글꼴이 응시 프로그램에 없는 경우, 반드시 감독위원에게 해당 내용을 통보한 뒤 조치를 받아야 합니다.

9. 슬라이드 작성 시 도형의 그룹 설정을 사용하는 경우, 채점에서 감점 처리됩니다.

10. 시험의 완료는 작성이 완료된 답안을 저장하고, 답안 전송이 완료된 상태를 확인한 것으로 합니다. 답안 전송 확인 후 문제지는 감독위원에게 제출한 후 퇴실하여야 합니다.

11. 답안 전송이 완료된 경우에는 수정 또는 정정이 불가능합니다.

12. 시험 시행 후 합격자 발표는 홈페이지(www.ihd.or.kr)에서 확인하시기 바랍니다.
   ※ 합격자 발표 : 20XX. XX. XX.(X)

Korea Association for ICT Promotion
한국정보통신진흥협회 KAIT

<유의사항>
- 《작성조건》을 준수하여 반드시 프리젠테이션 슬라이드로 작업합니다.
- 글꼴 및 기타 사항에 대해 별도의 지시사항이 없는 경우, 슬라이드 크기와 전체적인 균형을 고려하여 임의로 작성하되, 도형은 그룹으로 설정하지 않습니다.
- 모든 슬라이드 크기(A4), 방향(가로), 디자인 테마(Office 테마)로 지정합니다.
  - ▶ 슬라이드 크기, 방향 조정 시 '맞춤 확인'으로 지정하여야 합니다.
- 공통적용사항(슬라이드 마스터)
  - ▶ 도형 ⇒ 순서도 : '순서도: 준비', 도형 스타일('밝은 색 1 윤곽선, 색 채우기 – 주황, 강조 2'),
    글꼴(굴림, 18pt, 굵게, 밑줄, 텍스트 그림자)
- 그림 삽입 시 다운로드 한 그림 파일을 반드시 사용하여야 합니다.
- ⌐⌐⌐➔은 지시사항이므로 작성하지 않습니다.
- 슬라이드에 제시된 글자 및 숫자 오타는 감점 처리됩니다.

【슬라이드 1】 아래의 작성조건 및 출력형태에 알맞게 첫 번째 슬라이드에 작업하시오. (30점)

《출력형태》

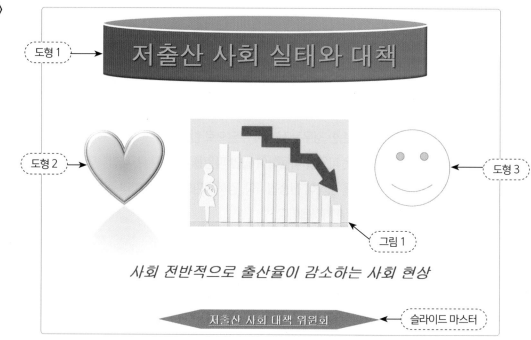

《작성조건》
- ▶ 도형 1 ⇒ 기본 도형 : 원통형, 도형 채우기(그라데이션 : 미리 설정 – '방사형 그라데이션 – 강조 6', 종류 – 방사형,
  방향 – 오른쪽 아래 모서리에서), 도형 윤곽선(실선, 색 : '흰색, 배경 1', 너비 : 3pt, 겹선 종류 : 단순형),
  도형 효과(그림자 – 안쪽 – '안쪽: 오른쪽 아래'), 글꼴(돋움, 40pt, 굵게, 텍스트 그림자, 주황)
- ▶ 도형 2 ⇒ 기본 도형 : 하트, 도형 채우기('주황, 강조 2', 밝은 그라데이션 – 가운데에서), 선 없음,
  도형 효과(반사 – '전체 반사: 터치', 입체 효과 – 둥글게 볼록')
- ▶ 도형 3 ⇒ 기본 도형 : 웃는 얼굴, 도형 스타일('색 윤곽선 – 녹색, 강조 6')
- ▶ 그림 삽입 ⇒ 그림 1삽입, 크기(높이 : 6cm, 너비 : 9cm)
- ▶ 텍스트 상자(사회 전반적으로 출산율이 감소하는 사회 현상) ⇒ 글꼴(굴림, 24pt, 굵게, 기울임꼴, 자주)
- ▶ 애니메이션 지정 ⇒ 도형 1 : 나타내기 – 확대/축소
- ▶ 지시사항이 없는 부분은 《출력형태》와 동일하게 작성하시오.

【슬라이드 2】 아래의 작성조건 및 출력형태에 알맞게 두 번째 슬라이드에 작업하시오. (50점)

《출력형태》

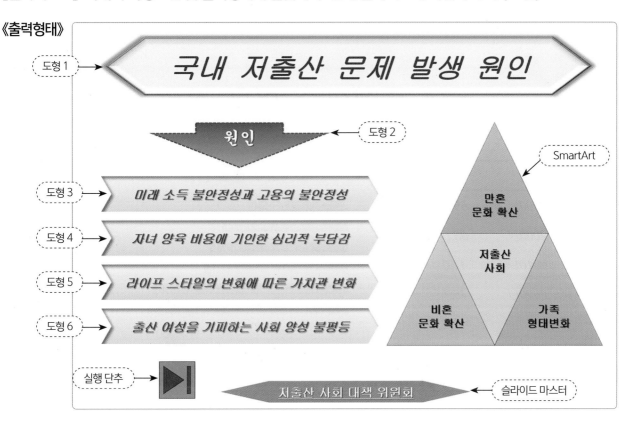

《작성조건》

(1) 제목

▶ 도형 1 ⇒ 기본 도형 : 육각형, 도형 채우기('주황, 강조 2, 80% 더 밝게'), 도형 윤곽선(실선, 색 : '주황, 강조 2',
　　　　　　너비 : 3pt, 겹선 종류 : 단순형), 도형 효과(그림자 – 바깥쪽 – '오프셋: 가운데',
　　　　　　입체 효과 – 부드럽게 둥글리기), 글꼴(굴림체, 40pt, 굵게, 기울임꼴, '청회색, 텍스트 2')

(2) 본문

▶ 도형 2 ⇒ 블록 화살표 : '화살표: 아래쪽', 도형 채우기(연한 파랑, 어두운 그라데이션 – 선형 아래쪽),
　　　　　　도형 윤곽선(실선, 색 : 진한 빨강, 너비 : 1.5pt, 겹선 종류 : 단순형, 대시 종류 : 사각 점선),
　　　　　　글꼴(궁서, 24pt, 굵게, 텍스트 그림자)

▶ 도형 3~6 ⇒ 블록 화살표 : '화살표: 갈매기형 수장', 도형 채우기(주황, 밝은 그라데이션 – 선형 위쪽), 선 없음,
　　　　　　도형 효과(그림자 – 안쪽 – '안쪽: 왼쪽 위'), 글꼴(굴림, 18pt, 굵게, 기울임꼴, 텍스트 그림자, 자주)

▶ 실행 단추 ⇒ 실행 단추: '실행 단추: 끝으로 이동', 하이퍼링크 : 마지막 슬라이드, 도형 스타일('색 채우기 – 녹색, 강조 6)

▶ SmartArt 삽입 ⇒ 피라미드형 : 세그먼트 피라미드형, 글꼴(굴림, 16pt, 굵게, 텍스트 그림자, 가운데 맞춤),
　　　　　　SmartArt 스타일(색 변경 – '색상형 – 강조색', 미세 효과), (반드시 SmartArt 기능을 이용하여
　　　　　　작성할 것)

▶ 애니메이션 지정 ⇒ SmartArt : 나타내기 – 닦아내기

▶ 지시사항이 없는 부분은 《출력형태》와 동일하게 작성하시오.

【슬라이드 3】 아래의 작성조건 및 출력형태에 알맞게 세 번째 슬라이드에 작업하시오. (60점)

《출력형태》

《작성조건》

(1) 제목

▶ 도형 1 ⇒ 기본 도형 : 육각형, 도형 채우기('주황, 강조 2, 80% 더 밝게'), 도형 윤곽선(실선, 색 : '주황, 강조 2',
　　　　너비 : 3pt, 겹선 종류 : 단순형), 도형 효과(그림자 – 바깥쪽 – '오프셋: 가운데',
　　　　입체 효과 – 부드럽게 둥글리기), 글꼴(굴림체, 40pt, 굵게, 기울임꼴, '청회색, 텍스트 2')

(2) 본문 (※ 차트 작성은 반드시 '차트삽입 → 데이터 입력 → 차트 스타일' 순으로 작성바랍니다.)

▶ 텍스트 상자 1([단위 : 만명]) ⇒ 글꼴(궁서체, 20pt, 굵게, 텍스트 그림자)

▶ 표 ⇒ 표 스타일(중간 – '보통 스타일 3 – 강조 2'), 가장 위의 행 : 글꼴(굴림, 20pt, 굵게, 텍스트 그림자, 가운데 맞춤),
　　　나머지 행 : 글꼴(굴림, 18pt, 굵게, 기울임꼴, 가운데 맞춤)

▶ 텍스트 상자 2([출처 : 통계청]) ⇒ 글꼴(궁서체, 20pt, 굵게, 텍스트 그림자)

▶ 차트 ⇒ 가로 막대형 : 묶은 가로 막대형, 차트 스타일(색 변경 – '단색 색상표 8', 스타일 5), 축 서식/데이터 레이블
　　　서식 : 글꼴(굴림, 18pt, 굵게), 범례 서식 : 글꼴(돋움, 20pt, 굵게, 기울임꼴), 데이터는 표 참고

▶ 배경 ⇒ 배경 서식(채우기 – 그림 또는 질감 채우기)에서 그림 2 삽입(현재 슬라이드만 적용)

▶ 애니메이션 지정 ⇒ 차트 : 나타내기 – 바둑판 무늬

▶ 지시사항이 없는 부분은 《출력형태》와 동일하게 작성하시오.

【슬라이드 4】 아래의 작성조건 및 출력형태에 알맞게 네 번째 슬라이드에 작업하시오. (60점)

《출력형태》

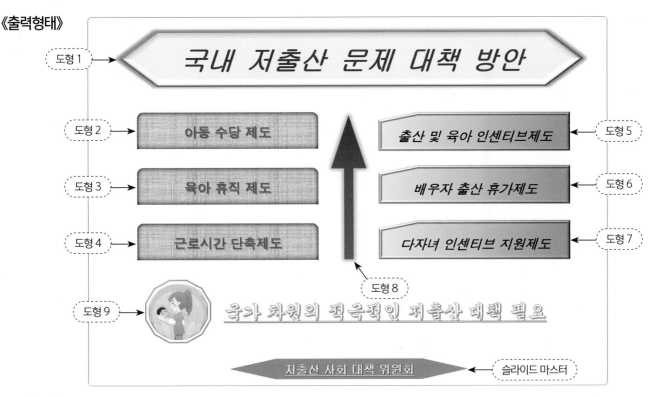

《작성조건》

(1) 제목

▶ 도형 1 ⇒ 기본 도형 : 육각형, 도형 채우기('주황, 강조 2, 80% 더 밝게'), 도형 윤곽선(실선, 색 : '주황, 강조 2',
　　　　　너비 : 3pt, 겹선 종류 : 단순형), 도형 효과(그림자 – 바깥쪽 – '오프셋: 가운데',
　　　　　입체 효과 – 부드럽게 둥글리기), 글꼴(굴림체, 40pt, 굵게, 기울임꼴, '청회색, 텍스트 2')

(2) 본문

▶ 도형 2~4 ⇒ 사각형 : '사각형: 둥근 위쪽 모서리', 도형 채우기(질감 : 파피루스), 선 없음,
　　　　　　도형 효과(그림자 – 안쪽 – '안쪽: 가운데'), 글꼴(돋움, 20pt, 굵게, 텍스트 그림자, '파랑, 강조 1')

▶ 도형 5~7 ⇒ 순서도 : '순서도: 카드', 도형 채우기(빨강, 밝은 그라데이션 – 선형 왼쪽), 선 없음,
　　　　　　도형 효과(입체 효과 – 낮은 수준의 경사), 글꼴(돋움, 20pt, 굵게, 기울임꼴, '검정, 텍스트 1')

▶ 도형 8 ⇒ 블록 화살표 : '화살표: 위쪽', 도형 채우기(파랑, 어두운 그라데이션 – 선형 아래쪽), 선 없음,
　　　　　도형 효과(네온 – '네온: 8pt, 파랑, 강조색 5')

▶ 도형 9 ⇒ 기본 도형 : 십이각형, 도형 채우기(그림 또는 질감 채우기) 기능을 사용하여 그림 3 삽입, 도형 윤곽선
　　　　　(실선, 색 : '파랑, 강조 5', 너비 : 1.75pt, 겹선 종류 : 이중), 도형 효과(입체 효과 – 십자형으로)

▶ WordArt 삽입(국가 차원의 적극적인 저출산 대책 필요)

　⇒ WordArt 스타일('채우기: 흰색, 윤곽선: 주황, 강조색 2, 진한 그림자: 주황, 강조색 2'),
　　　글꼴(궁서, 28pt, 굵게, 밑줄, 텍스트 그림자)

▶ 지시사항이 없는 부분은 《출력형태》와 동일하게 작성하시오.

Digital Information Ability Test

PART 03

최신 기출문제

 최신기출문제를 통해 시험을 완벽하게 대비할 수 있습니다.

제01회 최신기출문제   제06회 최신기출문제
제02회 최신기출문제   제07회 최신기출문제
제03회 최신기출문제   제08회 최신기출문제
제04회 최신기출문제   제09회 최신기출문제
제05회 최신기출문제   제10회 최신기출문제

제01회 최신기출문제

▸ 시험과목 : 프리젠테이션(파워포인트)
▸ 시험일자 : 20XX. XX. XX.(X)
▸ 응시자 기재사항 및 감독위원 확인

수 검 번 호	DIP - XXXX -	감독위원 확인
성 명		

응시자 유의사항

1. 응시자는 신분증을 지참하여야 시험에 응시할 수 있으며, 시험이 종료될 때까지 신분증을 제시하지 못할 경우 해당 시험은 0점 처리됩니다.

2. 시스템(PC 작동 여부, 네트워크 상태 등)의 이상 여부를 반드시 확인하여야 하며, 시스템 이상이 있을시 감독위원에게 조치를 받으셔야 합니다.

3. 시험 중 부주의 또는 고의로 시스템을 파손한 경우는 응시자 부담으로 합니다.

4. 답안 전송 프로그램을 통해 다운로드 받은 파일을 이용하여 답안 파일을 작성하시기 바랍니다.

5. 작성한 답안 파일은 답안 전송 프로그램을 통하여 전송됩니다. 감독위원의 지시에 따라 주시기 바랍니다.

6. 다음 사항의 경우 실격(0점) 혹은 부정행위 처리됩니다.

   ❶ 답안 파일을 저장하지 않았거나, 저장한 파일이 손상되었을 경우
   ❷ 답안 파일을 지정된 폴더(바탕화면 – "KAIT" 폴더)에 저장하지 않았을 경우
      ※ 답안 전송 프로그램 로그인 시 바탕화면에 자동 생성됨
   ❸ 답안 파일을 다른 보조기억장치(USB) 혹은 네트워크(메신저, 게시판 등)로 전송할 경우
   ❹ 휴대용 전화기 등 통신기기를 사용할 경우

7. 슬라이드는 반드시 순서대로 작성해야 하며, 순서가 다를 경우 "0"점 처리됩니다.

8. 시험지에 제시된 글꼴이 응시 프로그램에 없는 경우, 반드시 감독위원에게 해당 내용을 통보한 뒤 조치를 받아야 합니다.

9. 슬라이드 작성 시 도형의 그룹 설정을 사용하는 경우, 채점에서 감점 처리됩니다.

10. 시험의 완료는 작성이 완료된 답안을 저장하고, 답안 전송이 완료된 상태를 확인한 것으로 합니다. 답안 전송 확인 후 문제지는 감독위원에게 제출한 후 퇴실하여야 합니다.

11. 답안 전송이 완료된 경우에는 수정 또는 정정이 불가능합니다.

12. 시험 시행 후 합격자 발표는 홈페이지(www.ihd.or.kr)에서 확인하시기 바랍니다.

   ※ 합격자 발표 : 20XX. XX. XX.(X)

Korea Association for ICT Promotion
한국정보통신진흥협회 KAIT

<유의사항>
- 《작성조건》을 준수하여 반드시 프리젠테이션 슬라이드로 작업합니다.
- 글꼴 및 기타 사항에 대해 별도의 지시사항이 없는 경우, 슬라이드 크기와 전체적인 균형을 고려하여 임의로 작성하되, 도형은 그룹으로 설정하지 않습니다.
- 모든 슬라이드 크기(A4), 방향(가로), 디자인 테마(Office 테마)로 지정합니다.
  ▶ 슬라이드 크기, 방향 조정 시 '맞춤 확인'으로 지정하여야 합니다.
- 공통적용사항(슬라이드 마스터)
  ▶ 도형 ⇒ 블록 화살표 : '화살표: 오각형', 도형 스타일('미세 효과 – 황금색, 강조 4'), 글꼴(굴림, 20pt, 굵게)
- 그림 삽입 시 다운로드 한 그림 파일을 반드시 사용하여야 합니다.
- ⸨⋯⋯➔⸩은 지시사항이므로 작성하지 않습니다.
- 슬라이드에 제시된 글자 및 숫자 오타는 감점 처리됩니다.

【슬라이드 1】 아래의 작성조건 및 출력형태에 알맞게 첫 번째 슬라이드에 작업하시오. (30점)

《출력형태》

《작성조건》
▶ 도형 1 ⇒ 순서도 : '순서도: 종속 처리', 도형 채우기(그라데이션 : 미리 설정 – '가운데 그라데이션 – 강조 1', 종류 – 선형, 방향 – 선형 왼쪽), 도형 윤곽선(실선, 색 : 노랑, 너비 : 3pt, 겹선 종류 : 단순형), 도형 효과(입체 효과 – 딱딱한 가장자리), 글꼴(돋움, 40pt, 굵게, 텍스트 그림자, 진한 파랑)
▶ 도형 2 ⇒ 기본 도형 : '해', 도형 채우기(빨강, 밝은 그라데이션 – 가운데에서), 선 없음, 도형 효과(그림자 – 안쪽 – '안쪽: 아래쪽', 반사 – '근접 반사: 터치')
▶ 도형 3 ⇒ 별 및 현수막 : '별 : 꼭짓점 10개', 도형 스타일('미세 효과 – 녹색, 강조 6')
▶ 그림 삽입 ⇒ 그림 1 삽입, 크기(높이 : 7cm, 너비 : 8.5cm)
▶ 텍스트 상자(일하는 시간과 살아가는 시간의 균형) ⇒ 글꼴(굴림, 24pt, 굵게, 기울임꼴, 밑줄)
▶ 애니메이션 지정 ⇒ 도형 2 : 나타내기 – 바운드
▶ 지시사항이 없는 부분은 《출력형태》와 동일하게 작성하시오.

【슬라이드 2】 아래의 작성조건 및 출력형태에 알맞게 두 번째 슬라이드에 작업하시오. (50점)

《출력형태》

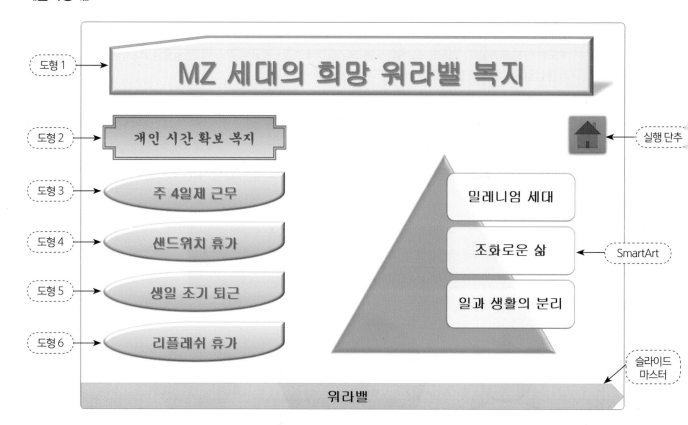

《작성조건》

(1) 제목

▶ 도형 1 ⇒ 순서도 : '순서도: 카드', 도형 채우기('녹색, 강조 6, 80% 더 밝게'), 도형 윤곽선(실선, 색 : '주황, 강조 2',
　　　너비 : 3pt, 겹선 종류 : 단순형), 도형 효과(그림자 - 원근감 - '원근감: 오른쪽 위', 입체 효과 - 둥글게 볼록),
　　　글꼴(굴림, 40pt, 굵게, 텍스트 그림자, '주황, 강조 2')

(2) 본문

▶ 도형 2 ⇒ 기본 도형 : 십자형, 도형 채우기('주황, 강조2', 밝은 그라데이션 - 선형 아래쪽),
　　　도형 윤곽선(실선, 색 : 파랑, 너비 : 4pt, 겹선 종류 : 이중), 글꼴(궁서, 20pt, 굵게, 빨강)

▶ 도형 3~6 ⇒ 기본 도형 : 눈물 방울, 도형 채우기('주황, 강조2', 밝은 그라데이션 - 선형 위쪽), 선 없음,
　　　도형 효과(입체 효과 - 둥글게), 글꼴(굴림, 20pt, 굵게, 텍스트 그림자, 파랑)

▶ 실행 단추 ⇒ 실행 단추 : '실행 단추: 홈으로 이동', 하이퍼링크 : 첫째 슬라이드,
　　　도형 스타일('강한 효과 - 녹색, 강조 6')

▶ SmartArt 삽입 ⇒ 피라미드형 : 피라미드 목록형, 글꼴(굴림, 20pt, 굵게, 가운데 맞춤), SmartArt 스타일(색 변경 -
　　　'색상형 범위 - 강조색 5 또는 6', 3차원 - 파우더), (반드시 SmartArt 기능을 이용하여 작성할 것)

▶ 애니메이션 지정 SmartArt : 나타내기 - 확대/축소

▶ 지시사항이 없는 부분은 《출력형태》와 동일하게 작성하시오.

【슬라이드 3】 아래의 작성조건 및 출력형태에 알맞게 세 번째 슬라이드에 작업하시오. (60점)

《출력형태》

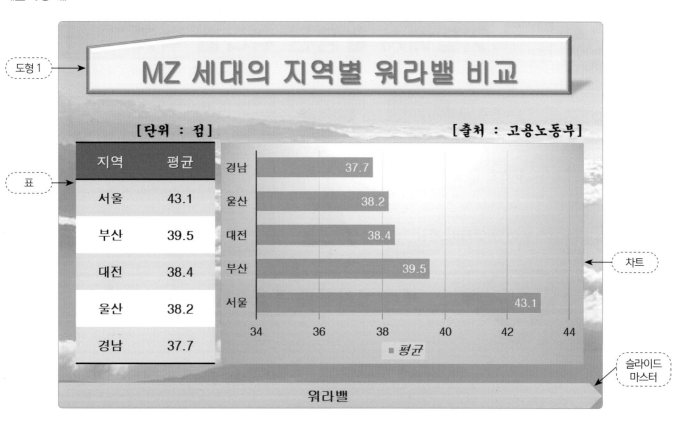

《작성조건》

(1) 제목

▶ 도형 1 ⇒ 순서도 : '순서도: 카드', 도형 채우기('녹색, 강조 6, 80% 더 밝게'), 도형 윤곽선(실선, 색 : '주황, 강조 2',
　　　　너비 : 3pt, 겹선 종류 : 단순형), 도형 효과(그림자 – 원근감 – '원근감: 오른쪽 위', 입체 효과 – 둥글게 볼록),
　　　　글꼴(굴림, 40pt, 굵게, 텍스트 그림자, '주황, 강조 2')

(2) 본문 (※ 차트 작성은 반드시 '차트삽입 → 데이터 입력 → 차트 스타일' 순으로 작성바랍니다.)

▶ 텍스트 상자 1([단위 : 점]) ⇒ 글꼴(궁서체, 20pt, 굵게)

▶ 표 ⇒ 표 스타일(중간 – '보통 스타일 3 – 강조 1'), 가장 위의 행 : 글꼴(돋움, 20pt, 굵게, 텍스트 그림자, 가운데 맞춤),
　　　　나머지 행 : 글꼴(돋움, 18pt, 굵게, 가운데 맞춤)

▶ 텍스트 상자 2([출처 : 고용노동부]) ⇒ 글꼴(궁서체, 20pt, 굵게)

▶ 차트 ⇒ 가로 막대형 : 묶은 가로 막대형, 차트 스타일(색 변경 – '다양한 색상표 4', 스타일 3), 축 서식/데이터 레이블 :
　　　　글꼴(돋움, 16pt, 굵게), 범례 서식 : 글꼴(돋움, 18pt, 굵게, 기울임꼴), 데이터는 표 참고

▶ 배경 ⇒ 배경 서식(채우기 – 그림 또는 질감 채우기)에서 그림 2 삽입(현재 슬라이드만 적용)

▶ 애니메이션 지정 ⇒ 차트 : 나타내기 – 바둑판 무늬

▶ 지시사항이 없는 부분은《출력형태》와 동일하게 작성하시오.

【슬라이드 4】 아래의 작성조건 및 출력형태에 알맞게 네 번째 슬라이드에 작업하시오. (60점)

《출력형태》

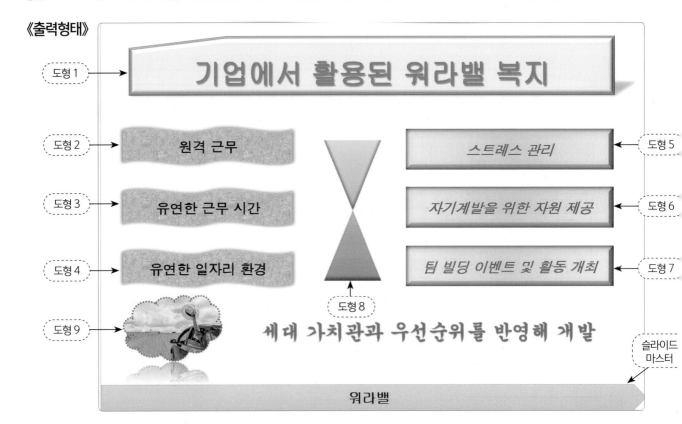

《작성조건》

(1) 제목

▶ 도형 1 ⇒ 순서도 : '순서도: 카드', 도형 채우기('녹색, 강조 6, 80% 더 밝게'), 도형 윤곽선(실선, 색 : '주황, 강조 2',
　　　　너비 : 3pt, 겹선 종류 : 단순형), 도형 효과(그림자 – 원근감 – '원근감: 오른쪽 위', 입체 효과 – 둥글게 볼록),
　　　　글꼴(굴림, 40pt, 굵게, 텍스트 그림자, '주황, 강조 2')

(2) 본문

▶ 도형 2~4 ⇒ 별 및 현수막 : 이중 물결, 도형 채우기(질감 : 분홍 박엽지), 선 없음, 도형 효과(그림자 – 바깥쪽 –
　　　　'오프셋: 가운데'), 글꼴(돋움, 20pt, 굵게, '검정, 텍스트 1')

▶ 도형 5~7 ⇒ 기본 도형 : '사각형: 빗면', 도형 채우기('황금색, 강조 4', 밝은 그라데이션 – 가운데에서), 선 없음,
　　　　도형 효과(그림자 – 안쪽 – '안쪽: 가운데'), 글꼴(돋움, 20pt, 굵게, 기울임꼴, 파랑)

▶ 도형 8 ⇒ 순서도 : '순서도: 대조', 도형 채우기(진한 빨강, 밝은 그라데이션 – 선형 위쪽), 선 없음,
　　　　도형 효과(그림자 – 안쪽 – '안쪽: 아래쪽')

▶ 도형 9 ⇒ 기본 도형 : 구름, 도형 채우기(그림 또는 질감 채우기) 기능을 사용하여 그림 3 삽입, 도형 윤곽선(실선,
　　　　색 : 파랑, 너비 : 2pt, 겹선 종류 : 단순형, 대시 종류 : 둥근 점선), 도형 효과(반사 – '근접 반사: 터치')

▶ WordArt 삽입(세대 가치관과 우선순위를 반영해 개발) ⇒ WordArt 스타일('채우기: 파랑, 강조색 1, 그림자'),
　　　　　　　　　　　　　　　　　　　　　　　글꼴(궁서, 28pt, 굵게, 텍스트 그림자)

▶ 지시사항이 없는 부분은《출력형태》와 동일하게 작성하시오.

제02회 최신기출문제

▷ 시험과목 : 프리젠테이션(파워포인트)
▷ 시험일자 : 20XX. XX. XX.(X)
▷ 응시자 기재사항 및 감독위원 확인

수 검 번 호	DIP - XXXX -	감독위원 확인
성 명		

응시자 유의사항

1. 응시자는 신분증을 지참하여야 시험에 응시할 수 있으며, 시험이 종료될 때까지 신분증을 제시하지 못할 경우 해당 시험은 0점 처리됩니다.

2. 시스템(PC 작동 여부, 네트워크 상태 등)의 이상 여부를 반드시 확인하여야 하며, 시스템 이상이 있을시 감독위원에게 조치를 받으셔야 합니다.

3. 시험 중 부주의 또는 고의로 시스템을 파손한 경우는 응시자 부담으로 합니다.

4. 답안 전송 프로그램을 통해 다운로드 받은 파일을 이용하여 답안 파일을 작성하시기 바랍니다.

5. 작성한 답안 파일은 답안 전송 프로그램을 통하여 전송됩니다. 감독위원의 지시에 따라 주시기 바랍니다.

6. 다음 사항의 경우 실격(0점) 혹은 부정행위 처리됩니다.
   ❶ 답안 파일을 저장하지 않았거나, 저장한 파일이 손상되었을 경우
   ❷ 답안 파일을 지정된 폴더(바탕화면 - "KAIT" 폴더)에 저장하지 않았을 경우
     ※ 답안 전송 프로그램 로그인 시 바탕화면에 자동 생성됨
   ❸ 답안 파일을 다른 보조기억장치(USB) 혹은 네트워크(메신저, 게시판 등)로 전송할 경우
   ❹ 휴대용 전화기 등 통신기기를 사용할 경우

7. 슬라이드는 반드시 순서대로 작성해야 하며, 순서가 다를 경우 "0"점 처리됩니다.

8. 시험지에 제시된 글꼴이 응시 프로그램에 없는 경우, 반드시 감독위원에게 해당 내용을 통보한 뒤 조치를 받아야 합니다.

9. 슬라이드 작성 시 도형의 그룹 설정을 사용하는 경우, 채점에서 감점 처리됩니다.

10. 시험의 완료는 작성이 완료된 답안을 저장하고, 답안 전송이 완료된 상태를 확인한 것으로 합니다. 답안 전송 확인 후 문제지는 감독위원에게 제출한 후 퇴실하여야 합니다.

11. 답안 전송이 완료된 경우에는 수정 또는 정정이 불가능합니다.

12. 시험 시행 후 합격자 발표는 홈페이지(www.ihd.or.kr)에서 확인하시기 바랍니다.
   ※ 합격자 발표 : 20XX. XX. XX.(X)

Korea Association for ICT Promotion
한국정보통신진흥협회 KAIT

<유의사항>
- 《작성조건》을 준수하여 반드시 프리젠테이션 슬라이드로 작업합니다.
- 글꼴 및 기타 사항에 대해 별도의 지시사항이 없는 경우, 슬라이드 크기와 전체적인 균형을 고려하여 임의로 작성하되, 도형은 그룹으로 설정하지 않습니다.
- 모든 슬라이드 크기(A4), 방향(가로), 디자인 테마(Office 테마)로 지정합니다.
  - ▶ 슬라이드 크기, 방향 조정 시 '맞춤 확인'으로 지정하여야 합니다.
- 공통적용사항(슬라이드 마스터)
  - ▶ 도형 ⇒ 별 및 현수막 : 이중 물결, 도형 스타일('미세 효과 – 황금색, 강조 4'), 글꼴(돋움, 18pt, 굵게, 진한 파랑)
- 그림 삽입 시 다운로드 한 그림 파일을 반드시 사용하여야 합니다.
- ⌐ ¬→ 은 지시사항이므로 작성하지 않습니다.
- 슬라이드에 제시된 글자 및 숫자 오타는 감점 처리됩니다.

【슬라이드 1】 아래의 작성조건 및 출력형태에 알맞게 첫 번째 슬라이드에 작업하시오. (30점)

《출력형태》

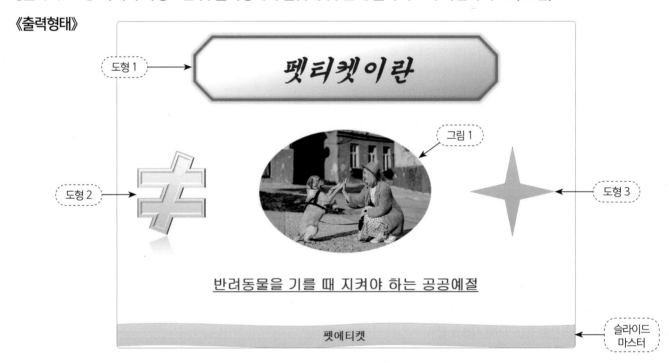

《작성조건》
- ▶ 도형 1 ⇒ 기본 도형 : 팔각형, 도형 채우기(그라데이션 : 미리 설정 – '위쪽 스포트라이트 – 강조 3', 종류 – 선형, 방향 – '선형 대각선 – 왼쪽 위에서 오른쪽 아래로'), 도형 윤곽선(실선, 색 : '파랑, 강조 1', 너비 : 4pt, 겹선 종류 : 단순형), 도형 효과(그림자 – 안쪽 – '안쪽: 가운데'), 글꼴(궁서, 44pt, 굵게, 기울임꼴, 진한 파랑)
- ▶ 도형 2 ⇒ 수식 도형 : 부등호, 도형 채우기('파랑, 강조 5', 밝은 그라데이션 – 선형 위쪽), 선 없음, 도형 효과(반사 – '근접 반사: 터치', 입체 효과 – 딱딱한 가장자리)
- ▶ 도형 3 ⇒ 별 및 현수막 : '별: 꼭짓점 4개', 도형 스타일('미세 효과 – 녹색, 강조 6')
- ▶ 그림 삽입 ⇒ 그림 1 삽입, 크기(높이 : 7cm, 너비 : 10cm)
- ▶ 텍스트 상자(반려동물을 기를 때 지켜야 하는 공공예절) ⇒ 글꼴(굴림, 24pt, 굵게, 밑줄, 진한 파랑)
- ▶ 애니메이션 지정 ⇒ 도형 1 : 나타내기 – 도형
- ▶ 지시사항이 없는 부분은 《출력형태》와 동일하게 작성하시오.

【슬라이드 2】 아래의 작성조건 및 출력형태에 알맞게 두 번째 슬라이드에 작업하시오. (50점)

《출력형태》

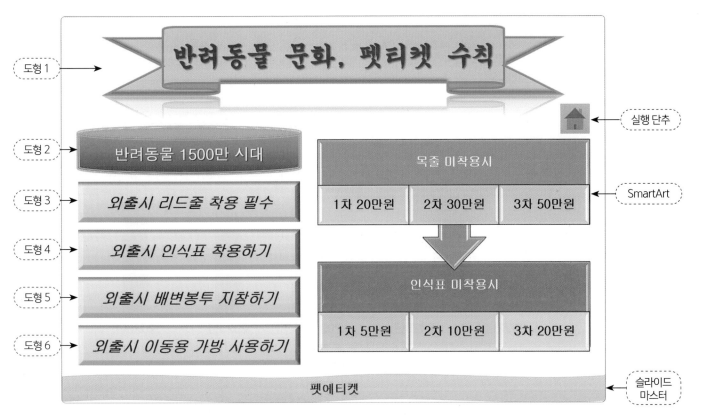

《작성조건》

(1) 제목

▶ 도형 1 ⇒ 별 및 현수막 : '리본: 위로 기울어짐', 도형 채우기('파랑, 강조 5, 60% 더 밝게'), 도형 윤곽선(실선,
　　　　색 : '파랑, 강조 5', 너비 : 3pt, 겹선 종류 : 단순형), 도형 효과(그림자 – 안쪽 – '안쪽: 아래쪽',
　　　　반사 – '근접 반사: 터치'), 글꼴(궁서체, 36pt, 굵게, 텍스트 그림자, 자주)

(2) 본문

▶ 도형 2 ⇒ 기본 도형 : 원통형, 도형 채우기(녹색, 어두운 그라데이션 – 선형 위쪽), 도형 윤곽선(실선,
　　　　색 : '황금색, 강조 4', 너비 : 5pt, 겹선 종류 : 이중), 글꼴(돋움, 22pt, 굵게, 텍스트 그림자)

▶ 도형 3~6 ⇒ 기본 도형 : '사각형: 빗면', 도형 채우기(연한 녹색, 밝은 그라데이션 – 선형 위쪽), 선 없음,
　　　　도형 효과(그림자 – 안쪽 – '안쪽: 오른쪽 위'), 글꼴(굴림, 22pt, 굵게, 기울임꼴, 진한 파랑)

▶ 실행 단추 ⇒ 실행 단추 : '실행 단추: 홈으로 이동', 하이퍼링크 : 첫째 슬라이드,
　　　　도형 스타일('미세 효과 – 녹색, 강조 6')

▶ SmartArt 삽입 ⇒ 프로세스형 : 세그먼트 프로세스형, 글꼴(굴림, 18pt, 굵게, 가운데 맞춤), SmartArt 스타일
　　　　(색 변경 – '색상형 – 강조색', 3차원 – 만화), (반드시 SmartArt 기능을 이용하여 작성할 것)

▶ 애니메이션 지정 ⇒ SmartArt : 나타내기 – 실선 무늬

▶ 지시사항이 없는 부분은《출력형태》와 동일하게 작성하시오.

【슬라이드 3】 아래의 작성조건 및 출력형태에 알맞게 세 번째 슬라이드에 작업하시오. (60점)

《출력형태》

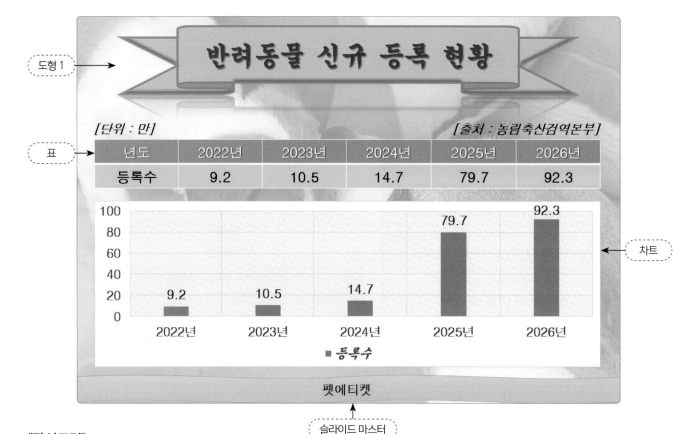

《작성조건》

(1) 제목

▶ 도형 1 ⇒ 별 및 현수막 : '리본: 위로 기울어짐', 도형 채우기('파랑, 강조 5, 60% 더 밝게'), 도형 윤곽선(실선,
　　　　색 : '파랑, 강조 5', 너비 : 3pt, 겹선 종류 : 단순형), 도형 효과(그림자 – 안쪽 – '안쪽: 아래쪽',
　　　　반사 – '근접 반사: 터치'), 글꼴(궁서체, 36pt, 굵게, 텍스트 그림자, 자주)

(2) 본문 (※ 차트 작성은 반드시 '차트삽입 → 데이터 입력 → 차트 스타일' 순으로 작성바랍니다.)

▶ 텍스트 상자 1([단위 : 만]) ⇒ 글꼴(돋움, 18pt, 굵게, 기울임꼴)

▶ 표 ⇒ 표 스타일(중간 – '보통 스타일 2 – 강조 6'), 가장 위의 행 : 글꼴(돋움, 20pt, 굵게, 텍스트 그림자, 가운데 맞춤),
　　　나머지 행 : 글꼴(돋움, 20pt, 굵게, 가운데 맞춤)

▶ 텍스트 상자 2([출처 : 농림축산검역본부]) ⇒ 글꼴(돋움, 18pt, 굵게, 기울임꼴)

▶ 차트 ⇒ 세로 막대형 : 묶은 세로 막대형, 차트 스타일(색 변경 – '다양한 색상표 3', 스타일 8), 축 서식/데이터 레이블 :
　　　글꼴(돋움, 18pt, 굵게), 범례 서식 : 글꼴(궁서, 18pt, 굵게, 기울임꼴), 데이터는 표 참고

▶ 배경 ⇒ 배경 서식(채우기 – 그림 또는 질감 채우기)에서 그림 2 삽입(현재 슬라이드만 적용)

▶ 애니메이션 지정 ⇒ 차트 : 나타내기 – 나누기

▶ 지시사항이 없는 부분은 《출력형태》와 동일하게 작성하시오.

【슬라이드 4】 아래의 작성조건 및 출력형태에 알맞게 네 번째 슬라이드에 작업하시오. (60점)

《출력형태》

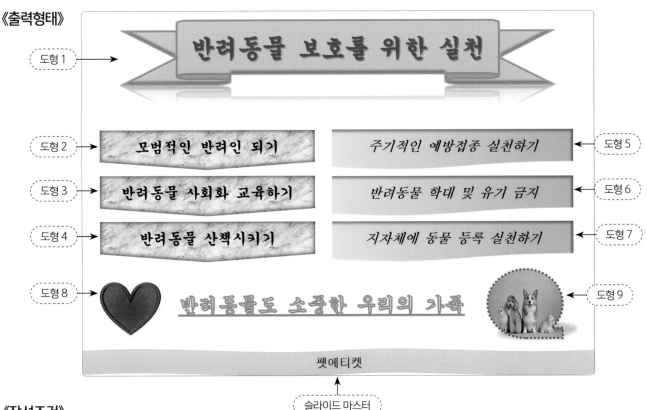

《작성조건》

(1) 제목

▶ 도형 1 ⇒ 별 및 현수막 : '리본: 위로 기울어짐', 도형 채우기(파랑, 강조 5, 60% 더 밝게), 도형 윤곽선(실선,
색 : '파랑, 강조 5', 너비 : 3pt, 겹선 종류 : 단순형), 도형 효과(그림자 – 안쪽 – '안쪽: 아래쪽',
반사 – '근접 반사: 터치'), 글꼴(궁서체, 36pt, 굵게, 텍스트 그림자, 자주)

(2) 본문

▶ 도형 2~4 ⇒ 순서도 : '순서도: 다른 페이지 연결선', 도형 채우기(질감 : 흰색 대리석), 선 없음,
도형 효과(그림자 – 안쪽 – '안쪽: 가운데'), 글꼴(궁서체, 22pt, 굵게, '검정, 텍스트 1')

▶ 도형 5~7 ⇒ 순서도 : '순서도: 문서', 도형 채우기('주황, 강조 2', 밝은 그라데이션 – 선형 왼쪽), 선 없음,
도형 효과(그림자 – 안쪽 – '안쪽: 오른쪽 위'), 글꼴(바탕체, 20pt, 굵게, 기울임꼴, '검정, 텍스트 1')

▶ 도형 8 ⇒ 기본 도형 : 하트, 도형 채우기(빨강, 어두운 그라데이션 – 가운데에서), 선 없음, 도형 효과(입체 효과 – 절단)

▶ 도형 9 ⇒ 순서도 : '순서도: 순차적 액세스 저장소', 도형 채우기(그림 또는 질감 채우기) 기능을 사용하여 그림 3
삽입, 도형 윤곽선(실선, 색 : 자주, 너비 : 3pt, 겹선 종류 : 단순형, 대시 종류 : 둥근 점선),
도형 효과(그림자 – 원근감 – '원근감: 오른쪽 위')

▶ WordArt 삽입(반려동물도 소중한 우리의 가족) ⇒ WordArt 스타일(채우기: 주황, 강조색 2, 윤곽선: 주황, 강조색 2'),
글꼴(궁서체, 30pt, 굵게, 밑줄)

▶ 지시사항이 없는 부분은 《출력형태》와 동일하게 작성하시오.

제03회 최신기출문제

‣ 시험과목 : 프리젠테이션(파워포인트)
‣ 시험일자 : 20XX. XX. XX.(X)
‣ 응시자 기재사항 및 감독위원 확인

수 검 번 호	DIP - XXXX -	감독위원 확인
성 명		

응시자 유의사항

1. 응시자는 신분증을 지참하여야 시험에 응시할 수 있으며, 시험이 종료될 때까지 신분증을 제시하지 못힐 경우 해당 시험은 0점 처리됩니다.

2. 시스템(PC 작동 여부, 네트워크 상태 등)의 이상 여부를 반드시 확인하여야 하며, 시스템 이상이 있을시 감독위원에게 조치를 받으셔야 합니다.

3. 시험 중 부주의 또는 고의로 시스템을 파손한 경우는 응시자 부담으로 합니다.

4. 답안 전송 프로그램을 통해 다운로드 받은 파일을 이용하여 답안 파일을 작성하시기 바랍니다.

5. 작성한 답안 파일은 답안 전송 프로그램을 통하여 전송됩니다. 감독위원의 지시에 따라 주시기 바랍니다.

6. 다음 사항의 경우 실격(0점) 혹은 부정행위 처리됩니다.

   ❶ 답안 파일을 저장하지 않았거나, 저장한 파일이 손상되었을 경우
   ❷ 답안 파일을 지정된 폴더(바탕화면 – "KAIT" 폴더)에 저장하지 않았을 경우
      ※ 답안 전송 프로그램 로그인 시 바탕화면에 자동 생성됨
   ❸ 답안 파일을 다른 보조기억장치(USB) 혹은 네트워크(메신저, 게시판 등)로 전송할 경우
   ❹ 휴대용 전화기 등 통신기기를 사용할 경우

7. 슬라이드는 반드시 순서대로 작성해야 하며, 순서가 다를 경우 "0"점 처리됩니다.

8. 시험지에 제시된 글꼴이 응시 프로그램에 없는 경우, 반드시 감독위원에게 해당 내용을 통보한 뒤 조치를 받아야 합니다.

9. 슬라이드 작성 시 도형의 그룹 설정을 사용하는 경우, 채점에서 감점 처리됩니다.

10. 시험의 완료는 작성이 완료된 답안을 저장하고, 답안 전송이 완료된 상태를 확인한 것으로 합니다. 답안 전송 확인 후 문제지는 감독위원에게 제출한 후 퇴실하여야 합니다.

11. 답안 전송이 완료된 경우에는 수정 또는 정정이 불가능합니다.

12. 시험 시행 후 합격자 발표는 홈페이지(www.ihd.or.kr)에서 확인하시기 바랍니다.

   ※ 합격자 발표 : 20XX. XX. XX.(X)

Korea Association for ICT Promotion
한국정보통신진흥협회 KAIT

<유의사항>
- 《작성조건》을 준수하여 반드시 프리젠테이션 슬라이드로 작업합니다.
- 글꼴 및 기타 사항에 대해 별도의 지시사항이 없는 경우, 슬라이드 크기와 전체적인 균형을 고려하여 임의로 작성하되, 도형은 그룹으로 설정하지 않습니다.
- 모든 슬라이드 크기(A4), 방향(가로), 디자인 테마(Office 테마)로 지정합니다.
  ▶ 슬라이드 크기, 방향 조정 시 '맞춤 확인'으로 지정하여야 합니다.
- 공통적용사항(슬라이드 마스터)
  ▶ 도형 ⇒ 기본 도형 : 평행 사변형, 도형 스타일('보통 효과 – 녹색, 강조 6'), 글꼴(돋움체, 22pt, 굵게, 밑줄)
- 그림 삽입 시 다운로드 한 그림 파일을 반드시 사용하여야 합니다.
- ⌐ ⌐ ➔ 은 지시사항이므로 작성하지 않습니다.
- 슬라이드에 제시된 글자 및 숫자 오타는 감점 처리됩니다.

【슬라이드 1】 아래의 작성조건 및 출력형태에 알맞게 첫 번째 슬라이드에 작업하시오. (30점)

《출력형태》

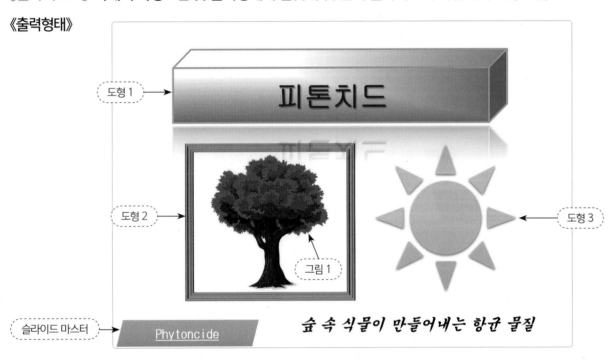

《작성조건》
▶ 도형 1 ⇒ 기본 도형 : 정육면체, 도형 채우기(그라데이션 : 미리 설정 – '위쪽 스포트라이트 강조 1', 종류 – 사각형,
　　　　　　방향 – 왼쪽 위 모서리에서), 도형 윤곽선(실선, 색 : '회색, 강조 3', 너비 : 3pt, 겹선 종류 : 단순형),
　　　　　　도형 효과(반사 – '1/2 반사: 4pt 오프셋'), 글꼴(굴림, 48pt, 굵게, 텍스트 그림자, 진한 파랑)
▶ 도형 2 ⇒ 기본 도형 : 액자, 도형 채우기('주황, 강조 2'), 선 없음,
　　　　　　도형 효과(그림자 – 안쪽 – '안쪽: 왼쪽 아래', 입체 효과 – 절단)
▶ 도형 3 ⇒ 기본 도형 : 해, 도형 스타일('강한 효과 – 황금색, 강조 4')
▶ 그림 삽입 ⇒ 그림 1삽입, 크기(높이 : 8cm, 너비 : 7cm)
▶ 텍스트 상자(숲 속 식물이 만들어내는 항균 물질) ⇒ 글꼴(궁서, 26pt, 굵게, 기울임꼴)
▶ 애니메이션 지정 ⇒ 도형 1: 나타내기 – 나누기
▶ 지시사항이 없는 부분은 《출력형태》와 동일하게 작성하시오.

【슬라이드 2】 아래의 작성조건 및 출력형태에 알맞게 두 번째 슬라이드에 작업하시오. (50점)

《출력형태》

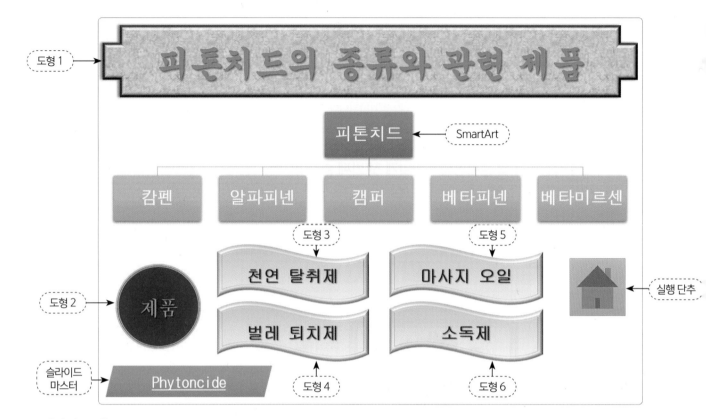

《작성조건》

(1) 제목
▶ 도형 1 ⇒ 기본 도형 : 십자형, 도형 채우기(질감 : 분홍 박엽지), 도형 윤곽선(실선, 색 : 진한 빨강, 너비 : 3pt,
　　　겹선 종류 : 단순형), 도형 효과(그림자 – 바깥쪽 – '오프셋: 왼쪽', 입체 효과 – 기울기),
　　　글꼴(궁서, 48pt, 굵게, 텍스트 그림자, '파랑, 강조 5')

(2) 본문
▶ 도형 2 ⇒ 기본 도형 : 타원, 도형 채우기(자주, 어두운 그라데이션 – 가운데에서), 도형 윤곽선(실선,
　　　색 : 주황, 너비 : 4pt, 겹선 종류 : 이중), 글꼴(바탕체, 28pt, 굵게, 텍스트 그림자, 연한 파랑)
▶ 도형 3~6 ⇒ 별 및 현수막 : 물결, 도형 채우기('녹색, 강조 6', 밝은 그라데이션 – 선형 아래쪽), 선 없음,
　　　도형 효과(입체 효과 – 리블렛), 글꼴(굴림체, 24pt, 굵게, 텍스트 그림자, 진한 파랑)
▶ 실행 단추 ⇒ 실행 단추 : '실행 단추: 홈으로 이동', 하이퍼링크 : 첫째 슬라이드,
　　　도형 스타일('미세 효과 – 파랑, 강조 5')
▶ SmartArt 삽입 ⇒ 계층 구조형 : 조직도형, 글꼴(돋움체, 24pt, 굵게, 가운데 맞춤), SmartArt 스타일(색 변경 –
　　　'색상형 범위 – 강조색 3 또는 4', 강한 효과), (반드시 SmartArt 기능을 이용하여 작성할 것)
▶ 애니메이션 지정 ⇒ SmartArt : 나타내기 – 날아오기
▶ 지시사항이 없는 부분은《출력형태》와 동일하게 작성하시오.

【슬라이드 3】 아래의 작성조건 및 출력형태에 알맞게 세 번째 슬라이드에 작업하시오. (60점)

《출력형태》

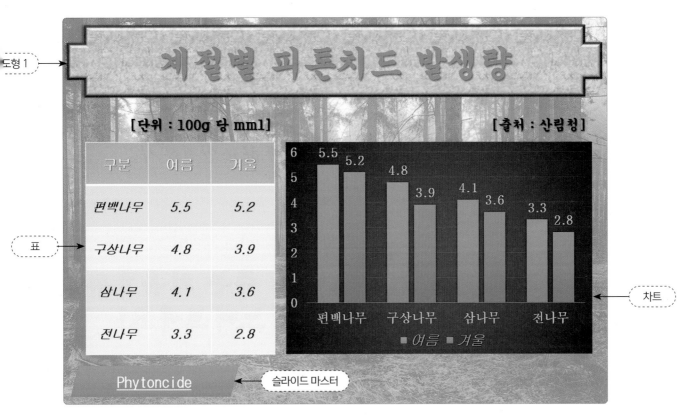

《작성조건》

(1) 제목

▶ 도형 1 ⇒ 기본 도형 : 십자형, 도형 채우기(질감 : 분홍 박엽지), 도형 윤곽선(실선, 색 : 진한 빨강, 너비 : 3pt,

겹선 종류 : 단순형), 도형 효과(그림자 – 바깥쪽 – '오프셋: 왼쪽', 입체 효과 – 기울기),

글꼴(궁서, 48pt, 굵게, 텍스트 그림자, '파랑, 강조 5')

(2) 본문 (※ 차트 작성은 반드시 '차트삽입 → 데이터 입력 → 차트 스타일' 순으로 작성바랍니다.)

▶ 텍스트 상자 1([단위 : 100g 당 mml]) ⇒ 글꼴(궁서, 20pt, 굵게, 텍스트 그림자)

▶ 표 ⇒ 표 스타일(중간 – '보통 스타일 2 – 강조 4'), 가장 위의 행 : 글꼴(굴림체, 20pt, 굵게, 텍스트 그림자, 가운데 맞춤),

나머지 행 : 글꼴(굴림체, 18pt, 굵게, 기울임꼴, 가운데 맞춤)

▶ 텍스트 상자 2([출처 : 산림청]) ⇒ 글꼴(궁서, 20pt, 굵게, 텍스트 그림자)

▶ 차트 ⇒ 세로 막대형 : 묶은 세로 막대형, 차트 스타일(색 변경 – '다양한 색상표 4', 스타일 8), 축 서식/데이터 레이블 :

글꼴(바탕체, 18pt, 굵게), 범례 서식 : 글꼴(굴림, 20pt, 기울임꼴, 텍스트 그림자), 데이터는 표 참고

▶ 배경 ⇒ 배경 서식(채우기 – 그림 또는 질감 채우기)에서 그림 2 삽입(현재 슬라이드만 적용)

▶ 애니메이션 지정 ⇒ 차트 : 나타내기 – 닦아내기

▶ 지시사항이 없는 부분은《출력형태》와 동일하게 작성하시오.

【슬라이드 4】 아래의 작성조건 및 출력형태에 알맞게 네 번째 슬라이드에 작업하시오. (60점)

《출력형태》

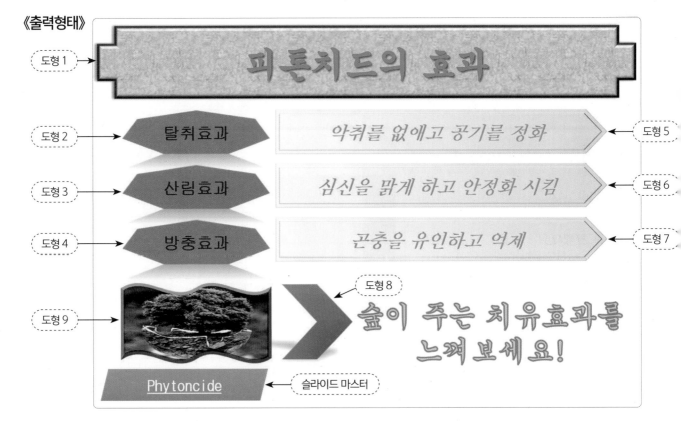

《작성조건》

(1) 제목

▶ 도형 1 ⇒ 기본 도형 : 십자형, 도형 채우기(질감 : 분홍 박엽지), 도형 윤곽선(실선, 색 : 진한 빨강, 너비 : 3pt,
　　　　 겹선 종류 : 단순형), 도형 효과(그림자 – 바깥쪽 – '오프셋: 왼쪽', 입체 효과 – 기울기),
　　　　 글꼴(궁서, 48pt, 굵게, 텍스트 그림자, '파랑, 강조 5')

(2) 본문

▶ 도형 2~4 ⇒ 기본 도형 : 칠각형, 도형 채우기('주황, 강조 2'), 선 없음, 도형 효과(반사 – '근접 반사: 터치'),
　　　　 글꼴(굴림체, 24pt, 굵게, 진한 파랑)

▶ 도형 5~7 ⇒ 블록 화살표 : '화살표: 오각형', 도형 채우기(주황, 밝은 그라데이션 – 선형 왼쪽), 선 없음,
　　　　 도형 효과(입체 효과 – 십자형으로), 글꼴(바탕, 26pt, 굵게, 기울임꼴, 녹색)

▶ 도형 8 ⇒ 블록 화살표 : '화살표: 갈매기형 수장', 도형 채우기('파랑, 강조 5', 어두운 그라데이션 –
　　　　 오른쪽 아래 모서리에서), 선 없음, 도형 효과(그림자 – 원근감 – '원근감: 왼쪽 위')

▶ 도형 9 ⇒ 별 및 현수막 : 이중 물결, 도형 채우기(그림 또는 질감 채우기) 기능을 사용하여 그림 3 삽입,
　　　　 도형 윤곽선(실선, 색 : 녹색, 너비 : 4pt, 겹선 종류 : 단순형), 도형 효과(입체 효과 – 각지게)

▶ WordArt 삽입(숲이 주는 치유효과를 느껴보세요!) ⇒ WordArt 스타일('채우기: 주황, 강조색 2, 윤곽선: 주황,
　　　　 강조색 2'), 글꼴(궁서, 40pt, 굵게)

▶ 지시사항이 없는 부분은 《출력형태》와 동일하게 작성하시오.

제04회 최신기출문제

▸ 시험과목 : 프리젠테이션(파워포인트)
▸ 시험일자 : 20XX. XX. XX.(X)
▸ 응시자 기재사항 및 감독위원 확인

수 검 번 호	DIP – XXXX –	감독위원 확인
성 명		

응시자 유의사항

1. 응시자는 신분증을 지참하여야 시험에 응시할 수 있으며, 시험이 종료될 때까지 신분증을 제시하지 못할 경우 해당 시험은 0점 처리됩니다.

2. 시스템(PC 작동 여부, 네트워크 상태 등)의 이상 여부를 반드시 확인하여야 하며, 시스템 이상이 있을시 감독위원에게 조치를 받으셔야 합니다.

3. 시험 중 부주의 또는 고의로 시스템을 파손한 경우는 응시자 부담으로 합니다.

4. 답안 전송 프로그램을 통해 다운로드 받은 파일을 이용하여 답안 파일을 작성하시기 바랍니다.

5. 작성한 답안 파일은 답안 전송 프로그램을 통하여 전송됩니다. 감독위원의 지시에 따라 주시기 바랍니다.

6. 다음 사항의 경우 실격(0점) 혹은 부정행위 처리됩니다.

   ❶ 답안 파일을 저장하지 않았거나, 저장한 파일이 손상되었을 경우
   ❷ 답안 파일을 지정된 폴더(바탕화면 – "KAIT" 폴더)에 저장하지 않았을 경우
      ※ 답안 전송 프로그램 로그인 시 바탕화면에 자동 생성됨
   ❸ 답안 파일을 다른 보조기억장치(USB) 혹은 네트워크(메신저, 게시판 등)로 전송할 경우
   ❹ 휴대용 전화기 등 통신기기를 사용할 경우

7. 슬라이드는 반드시 순서대로 작성해야 하며, 순서가 다를 경우 "0"점 처리됩니다.

8. 시험지에 제시된 글꼴이 응시 프로그램에 없는 경우, 반드시 감독위원에게 해당 내용을 통보한 뒤 조치를 받아야 합니다.

9. 슬라이드 작성 시 도형의 그룹 설정을 사용하는 경우, 채점에서 감점 처리됩니다.

10. 시험의 완료는 작성이 완료된 답안을 저장하고, 답안 전송이 완료된 상태를 확인한 것으로 합니다. 답안 전송 확인 후 문제지는 감독위원에게 제출한 후 퇴실하여야 합니다.

11. 답안 전송이 완료된 경우에는 수정 또는 정정이 불가능합니다.

12. 시험 시행 후 합격자 발표는 홈페이지(www.ihd.or.kr)에서 확인하시기 바랍니다.

   ※ 합격자 발표 : 20XX. XX. XX.(X)

Korea Association for ICT Promotion
한국정보통신진흥협회 KAIT

<유의사항> • 《작성조건》을 준수하여 반드시 프리젠테이션 슬라이드로 작업합니다.
• 글꼴 및 기타 사항에 대해 별도의 지시사항이 없는 경우, 슬라이드 크기와 전체적인 균형을 고려하여 임의로 작성하되, 도형은 그룹으로 설정하지 않습니다.
• 모든 슬라이드 크기(A4), 방향(가로), 디자인 테마(Office 테마)로 지정합니다.
   ▶ 슬라이드 크기, 방향 조정 시 '맞춤 확인'으로 지정하여야 합니다.
• 공통적용사항(슬라이드 마스터)
   ▶ 도형 ⇒ 순서도 : '순서도: 화면 표시', 도형 스타일('색 채우기 – 회색, 강조 3'), 글꼴(굴림, 18pt, 굵게)
• 그림 삽입 시 다운로드 한 그림 파일을 반드시 사용하여야 합니다.
• ⸨⸩→은 지시사항이므로 작성하지 않습니다.
• 슬라이드에 제시된 글자 및 숫자 오타는 감점 처리됩니다.

【슬라이드 1】 아래의 작성조건 및 출력형태에 알맞게 첫 번째 슬라이드에 작업하시오. (30점)

《출력형태》

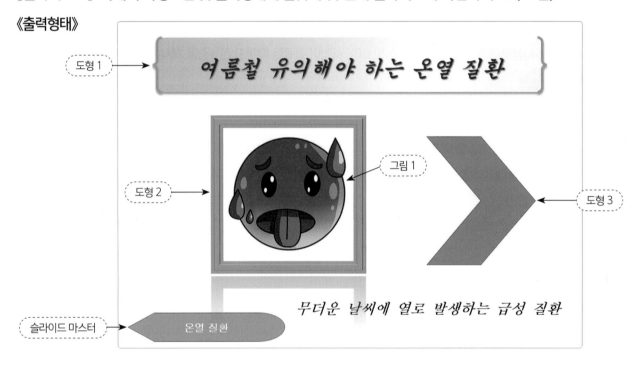

《작성조건》
▶ 도형 1 ⇒ 기본 도형 : 양쪽 중괄호, 도형 채우기(그라데이션 : 미리 설정 – '위쪽 스포트라이트 강조 4', 종류 – 방사형, 방향 – 오른쪽 아래 모서리에서), 도형 윤곽선(실선, 색 : '녹색, 강조 6', 너비 : 4pt, 겹선 종류 : 단순형), 도형 효과(그림자 – 바깥쪽 – '오프셋: 아래쪽'), 글꼴(궁서, 36pt, 기울임꼴, 텍스트 그림자, 진한 파랑)
▶ 도형 2 ⇒ 기본 도형 : 액자, 도형 채우기('파랑, 강조 5'), 선 없음, 도형 효과(반사 – '근접 반사: 4pt 오프셋', 입체 효과 – 십자형으로)
▶ 도형 3 ⇒ 블록 화살표 : '화살표: 갈매기형 수장', 도형 스타일('색 채우기 – 주황, 강조 2')
▶ 그림 삽입 ⇒ 그림 1삽입, 크기(높이 : 8cm, 너비 : 8cm)
▶ 텍스트 상자(무더운 날씨에 열로 발생하는 급성 질환) ⇒ 글꼴(바탕체, 24pt, 굵게, 기울임꼴)
▶ 애니메이션 지정 ⇒ 도형 1 : 나타내기 – 실선 무늬
▶ 지시사항이 없는 부분은 《출력형태》와 동일하게 작성하시오.

【슬라이드 2】 아래의 작성조건 및 출력형태에 알맞게 두 번째 슬라이드에 작업하시오. (50점)

《출력형태》

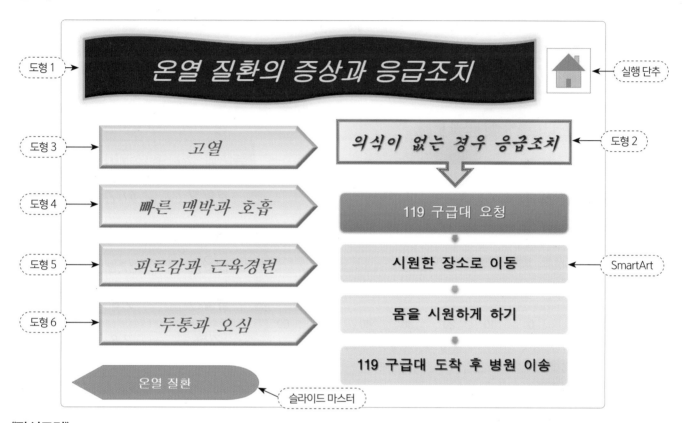

《작성조건》

(1) 제목

▶ 도형 1 ⇒ 별 및 현수막 : 이중 물결, 도형 채우기(진한 파랑), 도형 윤곽선(실선, 색 : '황금색, 강조 4', 너비 : 3pt,
　　　　　　겹선 종류 : 단순형), 도형 효과(그림자 – 안쪽 – '안쪽: 아래쪽', 네온 – '네온: 11pt, 황금색, 강조색 4'),
　　　　　　글꼴(굴림, 36pt, 굵게, 기울임꼴, '밝은 회색, 배경 2')

(2) 본문

▶ 도형 2 ⇒ 블록 화살표 : '설명선: 아래쪽 화살표', 도형 채우기(황금색, 강조 4, 밝은 그라데이션 – 가운데에서), 도형 윤곽선
　　　　　　(실선, 색 : 진한 빨강, 너비 : 4pt, 겹선 종류 : 삼중), 글꼴(궁서체, 24pt, 기울임꼴, 텍스트 그림자, 진한 파랑)

▶ 도형 3~6 ⇒ 블록 화살표 : '화살표: 오각형', 도형 채우기(연한 녹색, 밝은 그라데이션 – 선형 아래쪽), 선 없음,
　　　　　　도형 효과(입체 효과 – 기울기), 글꼴(바탕체, 24pt, 굵게, 기울임꼴 , 자주)

▶ 실행 단추 ⇒ 실행 단추 : '실행 단추: 홈으로 이동', 하이퍼링크 : 첫째 슬라이드, 도형 스타일('색 윤곽선 – 녹색, 강조 6)

▶ SmartArt 삽입 ⇒ 프로세스형 : 프로세스 목록형, 글꼴(돋움체, 20pt, 굵게, 텍스트 그림자, 가운데 맞춤),
　　　　　　SmartArt 스타일(색 변경 – '색상형 범위 – 강조색 5 또는 6', 강한 효과), (반드시 SmartArt 기능을
　　　　　　이용하여 작성할 것)

▶ 애니메이션 지정 ⇒ SmartArt : 나타내기 – 밝기 변화

▶ 지시사항이 없는 부분은 《출력형태》와 동일하게 작성하시오.

【슬라이드 3】 아래의 작성조건 및 출력형태에 알맞게 세 번째 슬라이드에 작업하시오. (60점)

《출력형태》

《작성조건》

(1) 제목

▶ 도형 1 ⇒ 별 및 현수막 : 이중 물결, 도형 채우기(진한 파랑), 도형 윤곽선(실선, 색 : '황금색, 강조 4', 너비 : 3pt,
　　　겹선 종류 : 단순형), 도형 효과(그림자 – 안쪽 – '안쪽: 아래쪽', 네온 – '네온: 11pt, 황금색, 강조색 4'),
　　　글꼴(굴림, 36pt, 굵게, 기울임꼴, '밝은 회색, 배경 2')

(2) 본문 (※ 차트 작성은 반드시 '차트삽입 → 데이터 입력 → 차트 스타일' 순으로 작성바랍니다.)

▶ 텍스트 상자 1([단위 : %]) ⇒ 글꼴(바탕체, 20pt, 굵게)

▶ 표 ⇒ 표 스타일(중간 – '보통 스타일 3 – 강조 6'), 가장 위의 행 : 글꼴(돋움, 22pt, 굵게, 텍스트 그림자, 가운데 맞춤),
　　　나머지 행 : 글꼴(돋움, 20pt, 굵게, 기울임꼴, 가운데 맞춤)

▶ 텍스트 상자 2([출처 : 질병관리본부]) ⇒ 글꼴(바탕체, 20pt, 굵게)

▶ 차트 ⇒ 가로 막대형 : 묶은 가로 막대형, 차트 스타일(색 변경 – '다양한 색상표 3', 스타일 6), 축 서식/데이터 레이블 :
　　　글꼴(굴림체, 18pt, 굵게), 범례 서식 : 글꼴(궁서체, 20pt, 굵게, 기울임꼴), 데이터는 표 참고

▶ 배경 ⇒ 배경 서식(채우기 – 그림 또는 질감 채우기)에서 그림 2 삽입(현재 슬라이드만 적용)

▶ 애니메이션 지정 ⇒ 차트 : 나타내기 – 날아오기

▶ 지시사항이 없는 부분은 《출력형태》와 동일하게 작성하시오.

【슬라이드 4】 아래의 작성조건 및 출력형태에 알맞게 네 번째 슬라이드에 작업하시오. (60점)

《출력형태》

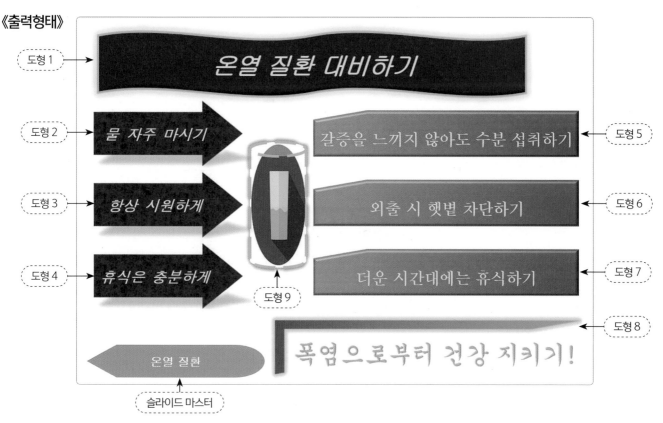

《작성조건》

(1) 제목

▶ 도형1 ⇒ 별 및 현수막 : 이중 물결, 도형 채우기(진한 파랑), 도형 윤곽선(실선, 색 : '황금색, 강조 4', 너비 : 3pt, 겹선 종류 : 단순형), 도형 효과(그림자 – 안쪽 – '안쪽: 아래쪽', 네온 – '네온: 11pt, 황금색, 강조색 4'), 글꼴(굴림, 36pt, 굵게, 기울임꼴, '밝은 회색, 배경 2')

(2) 본문

▶ 도형 2~4 ⇒ 블록 화살표 : '화살표: 오른쪽', 도형 채우기(질감 : 자주 편물), 선 없음, 도형 효과(그림자 – 원근감 – '원근감: 오른쪽 위'), 글꼴(돋움체, 22pt, 굵게, 기울임꼴, '황금색, 강조 4, 80% 더 밝게')

▶ 도형 5~7 ⇒ 순서도 : '순서도: 카드', 도형 채우기('주황, 강조 2', 어두운 그라데이션 – 오른쪽 아래 모서리에서), 선 없음, 도형 효과(입체 효과 – 둥글게), 글꼴(바탕, 24pt, 굵게, '밝은 회색, 배경 2')

▶ 도형 8 ⇒ 기본 도형 : 1/2 액자, 도형 채우기('녹색, 강조 6', 어두운 그라데이션 – 선형 오른쪽), 선 없음, 도형 효과(네온 – '네온: 8pt, 녹색, 강조색 6')

▶ 도형 9 ⇒ 기본 도형 : 원통형, 도형 채우기(그림 또는 질감 채우기) 기능을 사용하여 그림 3삽입, 도형 윤곽선(실선, 색 : 연한 녹색, 너비 : 4pt, 겹선 종류 : 단순형, 대시 종류 : 긴 파선), 도형 효과(그림자 – 바깥쪽 – '오프셋: 가운데')

▶ WordArt 삽입(폭염으로부터 건강 지키기!) ⇒ WordArt 스타일('채우기: 황금색, 강조색 4, 부드러운 입체'), 글꼴(궁서, 36pt, 굵게)

▶ 지시사항이 없는 부분은 《출력형태》와 동일하게 작성하시오.

제05회 최신기출문제

▸ 시험과목 : 프리젠테이션(파워포인트)
▸ 시험일자 : 20XX. XX. XX.(X)
▸ 응시자 기재사항 및 감독위원 확인

수 검 번 호	DIP - XXXX -	감독위원 확인
성 명		

응시자 유의사항

1. 응시자는 신분증을 지참하여야 시험에 응시할 수 있으며, 시험이 종료될 때까지 신분증을 제시하지 못할 경우 해당 시험은 0점 처리됩니다.

2. 시스템(PC 작동 여부, 네트워크 상태 등)의 이상 여부를 반드시 확인하여야 하며, 시스템 이상이 있을시 감독위원에게 조치를 받으셔야 합니다.

3. 시험 중 부주의 또는 고의로 시스템을 파손한 경우는 응시자 부담으로 합니다.

4. 답안 전송 프로그램을 통해 다운로드 받은 파일을 이용하여 답안 파일을 작성하시기 바랍니다.

5. 작성한 답안 파일은 답안 전송 프로그램을 통하여 전송됩니다. 감독위원의 지시에 따라 주시기 바랍니다.

6. 다음 사항의 경우 실격(0점) 혹은 부정행위 처리됩니다.

   ❶ 답안 파일을 저장하지 않았거나, 저장한 파일이 손상되었을 경우
   ❷ 답안 파일을 지정된 폴더(바탕화면 – "KAIT" 폴더)에 저장하지 않았을 경우
      ※ 답안 전송 프로그램 로그인 시 바탕화면에 자동 생성됨
   ❸ 답안 파일을 다른 보조기억장치(USB) 혹은 네트워크(메신저, 게시판 등)로 전송할 경우
   ❹ 휴대용 전화기 등 통신기기를 사용할 경우

7. 슬라이드는 반드시 순서대로 작성해야 하며, 순서가 다를 경우 "0"점 처리됩니다.

8. 시험지에 제시된 글꼴이 응시 프로그램에 없는 경우, 반드시 감독위원에게 해당 내용을 통보한 뒤 조치를 받아야 합니다.

9. 슬라이드 작성 시 도형의 그룹 설정을 사용하는 경우, 채점에서 감점 처리됩니다.

10. 시험의 완료는 작성이 완료된 답안을 저장하고, 답안 전송이 완료된 상태를 확인한 것으로 합니다. 답안 전송 확인 후 문제지는 감독위원에게 제출한 후 퇴실하여야 합니다.

11. 답안 전송이 완료된 경우에는 수정 또는 정정이 불가능합니다.

12. 시험 시행 후 합격자 발표는 홈페이지(www.ihd.or.kr)에서 확인하시기 바랍니다.

   ※ 합격자 발표 : 20XX. XX. XX.(X)

<유의사항>
- 《작성조건》을 준수하여 반드시 프리젠테이션 슬라이드로 작업합니다.
- 글꼴 및 기타 사항에 대해 별도의 지시사항이 없는 경우, 슬라이드 크기와 전체적인 균형을 고려하여 임의로 작성하되, 도형은 그룹으로 설정하지 않습니다.
- 모든 슬라이드 크기(A4), 방향(가로), 디자인 테마(Office 테마)로 지정합니다.
  ▶ 슬라이드 크기, 방향 조정 시 '맞춤 확인'으로 지정하여야 합니다.
- 공통적용사항(슬라이드 마스터)
  ▶ 도형 ⇒ 기본 도형 : 사다리꼴, 도형 스타일('미세 효과 - 황금색, 강조 4'), 글꼴(돋움, 18pt, 굵게)
- 그림 삽입 시 다운로드 한 그림 파일을 반드시 사용하여야 합니다.
- ⤙⟶ 은 지시사항이므로 작성하지 않습니다.
- 슬라이드에 제시된 글자 및 숫자 오타는 감점 처리됩니다.

【슬라이드 1】 **아래의 작성조건 및 출력형태에 알맞게 첫 번째 슬라이드에 작업하시오. (30점)**

《출력형태》

《작성조건》
- ▶ 도형 1 ⇒ 기본 도형 : 팔각형, 도형 채우기(그라데이션 : 미리 설정 - '가운데 그라데이션 - 강조 2', 종류 - 선형, 방향 - 선형 아래쪽), 도형 윤곽선(실선, 색 : 주황, 너비 : 3pt, 겹선 종류 : 단순형), 도형 효과(그림자 - 바깥쪽 - '오프셋: 오른쪽 위'), 글꼴(궁서체, 44pt, 기울임꼴, 텍스트 그림자, 노랑)
- ▶ 도형 2 ⇒ 기본 도형 : '원형: 비어 있음', 도형 채우기(파랑, 강조 1), 선 없음, 도형 효과(그림자 - 안쪽 - '안쪽: 가운데', 반사 - '근접 반사: 터치')
- ▶ 도형 3 ⇒ 기본 도형 : 하트, 도형 스타일('보통 효과 - 녹색, 강조 6')
- ▶ 그림 삽입 ⇒ 그림 1 삽입, 크기(높이 : 7cm, 너비 : 10cm)
- ▶ 텍스트 상자(고양이 전문 수의사가 만든 백과사전) ⇒ 글꼴(돋움체, 24pt, 굵게, 밑줄)
- ▶ 애니메이션 지정 ⇒ 도형 1: 나타내기 - 밝기 변화
- ▶ 지시사항이 없는 부분은 《출력형태》와 동일하게 작성하시오.

【슬라이드 2】 아래의 작성조건 및 출력형태에 알맞게 두 번째 슬라이드에 작업하시오. (50점)

《출력형태》

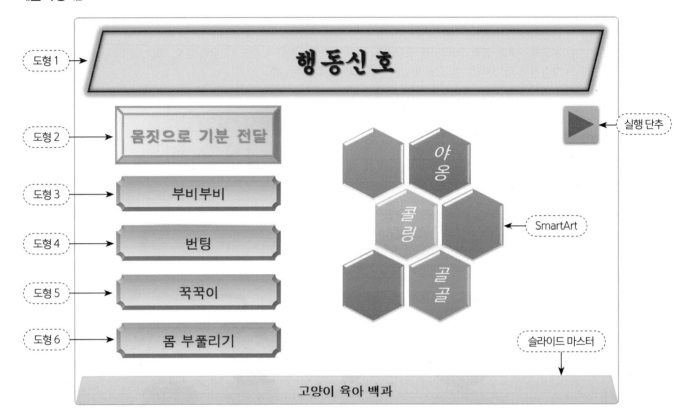

《작성조건》

(1) 제목

▶ 도형 1 ⇒ 기본 도형 : 평행 사변형, 도형 채우기(파랑, 강조 1, 80% 더 밝게), 도형 윤곽선(실선, 색 : 진한 파랑, 너비
　　　　: 2.25pt, 겹선 종류 : 단순형), 도형 효과(그림자 – 안쪽 – '안쪽: 가운데', 네온 – '네온: 11pt, 파랑, 강조색 1'),
　　　　글꼴(궁서체, 36pt, 굵게, 텍스트 그림자, 진한 파랑)

(2) 본문

▶ 도형 2 ⇒ 기본 도형 : '사각형: 빗면', 도형 채우기(주황, 밝은 그라데이션 – 오른쪽 위 모서리에서), 도형 윤곽선
　　　　　(실선, 색 : '주황, 강조 2' 너비 : 3pt, 겹선 종류 : 이중), 글꼴(돋움체, 22pt, 굵게, 텍스트 그림자, '녹색, 강조 6')

▶ 도형 3~6 ⇒ 기본 도형 : 배지, 도형 채우기(자주, 밝은 그라데이션 – 선형 아래쪽), 선 없음,
　　　　　　도형 효과(입체 효과 – 각지게), 글꼴(돋움, 20pt, 굵게, 진한 파랑)

▶ 실행 단추 ⇒ 실행 단추 : '실행 단추: 앞으로 또는 다음으로 이동', 하이퍼링크 : 다음 슬라이드,
　　　　　　도형 스타일('강한 효과 – 황금색, 강조 4')

▶ SmartArt 삽입 ⇒ 목록형 : 교대 육각형, 글꼴(돋움체, 24pt, 굵게, 기울임꼴, 가운데 맞춤), SmartArt 스타일
　　　　　　(색 변경 – '색상형 – 강조색', 3차원 – 광택 처리), (반드시 SmartArt 기능을 이용하여 작성할 것)

▶ 애니메이션 지정 ⇒ SmartArt : 나타내기 – 닦아내기

▶ 지시사항이 없는 부분은 《출력형태》와 동일하게 작성하시오.

【슬라이드 3】 아래의 작성조건 및 출력형태에 알맞게 세 번째 슬라이드에 작업하시오. (60점)

《출력형태》

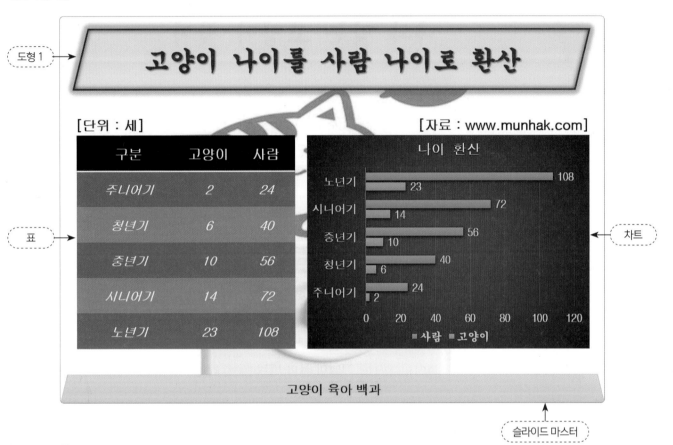

《작성조건》

(1) 제목

▶ 도형 1 ⇒ 기본 도형 : 평행 사변형, 도형 채우기('파랑, 강조 1, 80% 더 밝게'), 도형 윤곽선(실선, 색 : 진한 파랑, 너비
　　: 2.25pt, 겹선 종류 : 단순형), 도형 효과(그림자 - 안쪽 - '안쪽: 가운데', 네온 - '네온: 11pt, 파랑, 강조색 1'),
　　글꼴(궁서체, 36pt, 굵게, 텍스트 그림자, 진한 파랑)

(2) 본문 (※ 차트 작성은 반드시 '차트삽입 → 데이터 입력 → 차트 스타일' 순으로 작성바랍니다.)

▶ 텍스트 상자 1([단위 : 세]) ⇒ 글꼴(굴림, 20pt, 굵게)

▶ 표 ⇒ 표 스타일(어둡게 - '어두운 스타일 1 - 강조 2'), 가장 위의 행 : 글꼴(굴림, 20pt, 굵게, 텍스트 그림자, 가운데 맞춤),
　　나머지 행 : 글꼴(굴림, 18pt, 굵게, 기울임꼴, 가운데 맞춤)

▶ 텍스트 상자 2([자료 : www.munhak.com]) ⇒ 글꼴(굴림, 20pt, 굵게)

▶ 차트 ⇒ 가로 막대형 : 묶은 가로 막대형, 차트 스타일(색 변경 - '다양한 색상표 4', 스타일 7), 축 서식/데이터 레이블 :
　　글꼴(돋움체, 16pt, 굵게), 범례 서식 : 글꼴(궁서체, 16pt, 굵게), 데이터는 표 참고

▶ 배경 ⇒ 배경 서식(채우기 - 그림 또는 질감 채우기)에서 그림 2 삽입(현재 슬라이드만 적용)

▶ 애니메이션 지정 ⇒ 차트 : 나타내기 - 도형

▶ 지시사항이 없는 부분은 《출력형태》와 동일하게 작성하시오.

【슬라이드 4】 아래의 작성조건 및 출력형태에 알맞게 네 번째 슬라이드에 작업하시오. (60점)

《출력형태》

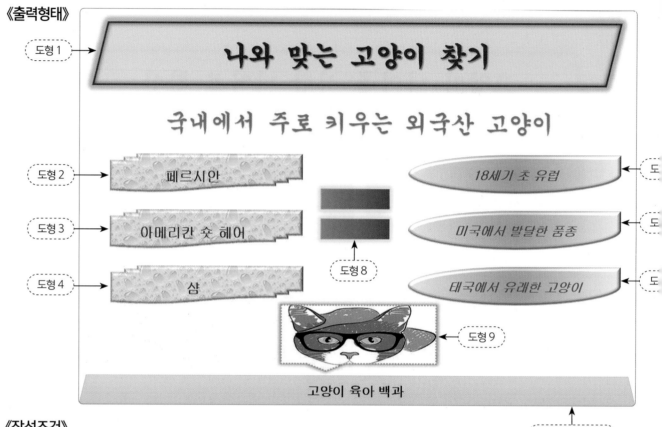

《작성조건》

(1) 제목
▶ 도형 1 ⇒ 기본 도형 : 평행 사변형, 도형 채우기(파랑, 강조 1, 80% 더 밝게), 도형 윤곽선(실선, 색 : 진한 파랑, 너비
　　　 : 2.25pt, 겹선 종류 : 단순형), 도형 효과(그림자 – 안쪽 – '안쪽: 가운데', 네온 – '네온: 11pt, 파랑, 강조색 1'),
　　　 글꼴(궁서체, 36pt, 굵게, 텍스트 그림자, 진한 파랑)

(2) 본문
▶ 도형 2~4 ⇒순서도 : '순서도: 다중 문서', 도형 채우기(질감 : 작은 물방울), 선 없음, 도형 효과(입체 효과 – 둥글게),
　　　　　 글꼴(굴림, 20pt, 굵게, 진한 파랑)
▶ 도형 5~7 ⇒ 기본 도형 : 눈물 방울, 도형 채우기(자주, 밝은 그라데이션 – 가운데에서), 선 없음,
　　　　　 도형 효과(입체 효과 – 둥글게), 글꼴(굴림, 18pt, 굵게, 기울임꼴, 진한 빨강)
▶ 도형 8 ⇒ 수식 도형 : 같음 기호, 도형 채우기('주황, 강조 2', 어두운 그라데이션 – 선형 왼쪽), 선 없음,
　　　　　 도형 효과(네온 – '네온: 8pt, 황금색, 강조색 4')
▶ 도형 9 ⇒ 설명선 : '말풍선: 사각형', 도형 채우기(그림 또는 질감 채우기) 기능을 사용하여 그림 3 삽입,
　　　　　 도형 윤곽선(실선, 색 : 녹색, 너비 : 2pt, 겹선 종류 : 단순형, 대시 종류 : 둥근 점선),
　　　　　 도형 효과(그림자 – 바깥쪽 – '오프셋: 가운데')
▶ WordArt 삽입(국내에서 주로 키우는 외국산 고양이) ⇒ WordArt 스타일('채우기: 파랑, 강조색 1, 그림자'),
　　　　　　　　　　　　　　　　　　　　　　 글꼴(궁서체, 32pt, 텍스트 그림자)
▶ 지시사항이 없는 부분은 《출력형태》와 동일하게 작성하시오.

제06회 최신기출문제

▸ 시험과목 : 프리젠테이션(파워포인트)
▸ 시험일자 : 20XX. XX. XX.(X)
▸ 응시자 기재사항 및 감독위원 확인

수 검 번 호	DIP - XXXX -	감독위원 확인
성 명		

응시자 유의사항

1. 응시자는 신분증을 지참하여야 시험에 응시할 수 있으며, 시험이 종료될 때까지 신분증을 제시하지 못할 경우 해당 시험은 0점 처리됩니다.

2. 시스템(PC 작동 여부, 네트워크 상태 등)의 이상 여부를 반드시 확인하여야 하며, 시스템 이상이 있을시 감독위원에게 조치를 받으셔야 합니다.

3. 시험 중 부주의 또는 고의로 시스템을 파손한 경우는 응시자 부담으로 합니다.

4. 답안 전송 프로그램을 통해 다운로드 받은 파일을 이용하여 답안 파일을 작성하시기 바랍니다.

5. 작성한 답안 파일은 답안 전송 프로그램을 통하여 전송됩니다. 감독위원의 지시에 따라 주시기 바랍니다.

6. 다음 사항의 경우 실격(0점) 혹은 부정행위 처리됩니다.

   ❶ 답안 파일을 저장하지 않았거나, 저장한 파일이 손상되었을 경우
   ❷ 답안 파일을 지정된 폴더(바탕화면 – "KAIT" 폴더)에 저장하지 않았을 경우
      ※ 답안 전송 프로그램 로그인 시 바탕화면에 자동 생성됨
   ❸ 답안 파일을 다른 보조기억장치(USB) 혹은 네트워크(메신저, 게시판 등)로 전송할 경우
   ❹ 휴대용 전화기 등 통신기기를 사용할 경우

7. 슬라이드는 반드시 순서대로 작성해야 하며, 순서가 다를 경우 "0"점 처리됩니다.

8. 시험지에 제시된 글꼴이 응시 프로그램에 없는 경우, 반드시 감독위원에게 해당 내용을 통보한 뒤 조치를 받아야 합니다.

9. 슬라이드 작성 시 도형의 그룹 설정을 사용하는 경우, 채점에서 감점 처리됩니다.

10. 시험의 완료는 작성이 완료된 답안을 저장하고, 답안 전송이 완료된 상태를 확인한 것으로 합니다. 답안 전송 확인 후 문제지는 감독위원에게 제출한 후 퇴실하여야 합니다.

11. 답안 전송이 완료된 경우에는 수정 또는 정정이 불가능합니다.

12. 시험 시행 후 합격자 발표는 홈페이지(www.ihd.or.kr)에서 확인하시기 바랍니다.

   ※ 합격자 발표 : 20XX. XX. XX.(X)

<유의사항>
- 《작성조건》을 준수하여 반드시 프리젠테이션 슬라이드로 작업합니다.
- 글꼴 및 기타 사항에 대해 별도의 지시사항이 없는 경우, 슬라이드 크기와 전체적인 균형을 고려하여 임의로 작성하되, 도형은 그룹으로 설정하지 않습니다.
- 모든 슬라이드 크기(A4), 방향(가로), 디자인 테마(Office 테마)로 지정합니다.
  ▶ 슬라이드 크기, 방향 조정 시 '맞춤 확인'으로 지정하여야 합니다.
- 공통적용사항(슬라이드 마스터)
  ▶ 도형 ⇒ 기본 도형 : 육각형, 도형 스타일('미세 효과 – 주황, 강조 2'), 글꼴(굴림체, 20pt, 굵게)
- 그림 삽입 시 다운로드 한 그림 파일을 반드시 사용하여야 합니다.
- ⸬⸬⸬➝은 지시사항이므로 작성하지 않습니다.
- 슬라이드에 제시된 글자 및 숫자 오타는 감점 처리됩니다.

【슬라이드 1】 아래의 작성조건 및 출력형태에 알맞게 첫 번째 슬라이드에 작업하시오. (30점)

《출력형태》

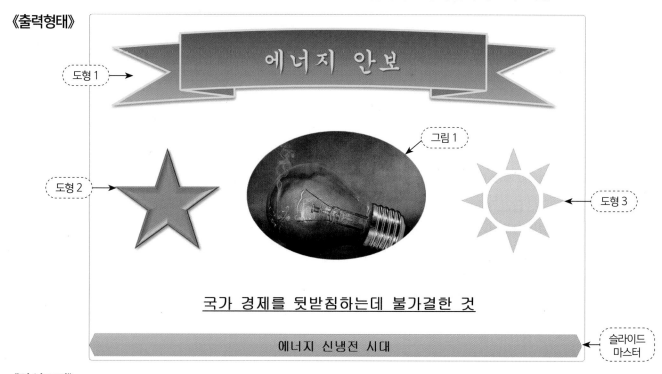

《작성조건》
▶ 도형 1 ⇒ 별 및 현수막 : '리본: 위로 구부러지고 기울어짐', 도형 채우기(그라데이션 : 미리 설정 – '가운데 그라데이션 – 강조 2', 종류 – 선형, 방향 – 선형 아래쪽), 도형 윤곽선(실선, 색 : 노랑, 너비 : 3pt, 겹선 종류 : 단순형), 도형 효과(그림자 – 바깥쪽 – '오프셋: 아래쪽'), 글꼴(궁서체, 40pt, 텍스트 그림자, 노랑)
▶ 도형 2 ⇒ 별 및 현수막 : '별: 꼭짓점 5개', 도형 채우기('주황, 강조 2'), 선 없음, 도형 효과(그림자 – 바깥쪽 – '오프셋: 오른쪽 아래', 입체 효과 – 부드럽게 둥글리기)
▶ 도형 3 ⇒ 기본 도형 : 해, 도형 스타일('미세 효과 – 황금색, 강조 4')
▶ 그림 삽입 ⇒ 그림 1 삽입, 크기(높이 : 7cm, 너비 : 10cm)
▶ 텍스트 상자(국가 경제를 뒷받침하는데 불가결한 것) ⇒ 글꼴(굴림체, 24pt, 굵게, 밑줄)
▶ 애니메이션 지정 ⇒ 도형 1 : 나타내기 – 날아오기
▶ 지시사항이 없는 부분은 《출력형태》와 동일하게 작성하시오.

【슬라이드 2】 아래의 작성조건 및 출력형태에 알맞게 두 번째 슬라이드에 작업하시오. (50점)

《출력형태》

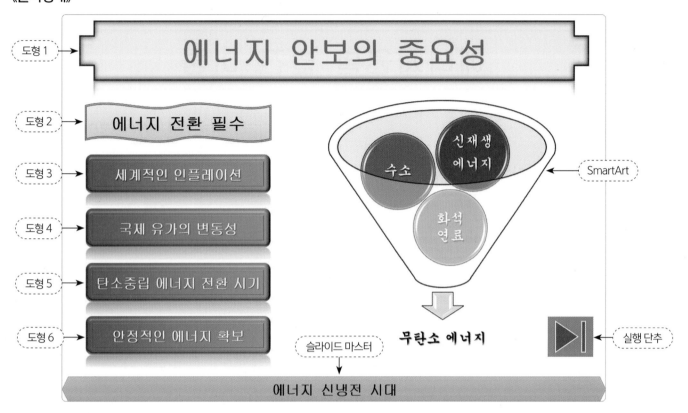

《작성조건》

(1) 제목

▶ 도형 1 ⇒ 기본 도형 : 십자형, 도형 채우기('황금색, 강조 4, 80% 더 밝게'), 도형 윤곽선(실선, 색 : 진한 파랑, 너비 : 2pt, 겹선 종류 : 단순형), 도형 효과(그림자 – 안쪽 – '안쪽: 가운데', 반사 –'근접 반사: 터치'), 글꼴(굴림체, 44pt, 굵게, 파랑)

(2) 본문

▶ 도형 2 ⇒ 별 및 현수막 : 이중 물결, 도형 채우기(주황, 밝은 그라데이션 – 선형 위쪽), 도형 윤곽선(실선, 색 : 진한 빨강, 너비 : 3pt, 겹선 종류 : 이중), 글꼴(굴림체, 24pt, 굵게, '검정, 텍스트 1')

▶ 도형 3~6 ⇒ 사각형 : '사각형: 둥근 모서리', 도형 채우기(파랑, 강조 5', 어두운 그라데이션 – 선형 오른쪽), 선 없음, 도형 효과(반사 – '근접 반사: 터치', 입체 효과 – 디벗), 글꼴(굴림, 20pt, 굵게, 텍스트 그림자)

▶ 실행 단추 ⇒ 실행 단추 : '실행 단추: 끝으로 이동', 하이퍼링크 : 마지막 슬라이드, 도형 스타일('밝은 색 1 윤곽선, 색 채우기 – 파랑, 강조 5')

▶ SmartArt 삽입 ⇒ 프로세스형 : 깔때기형, 글꼴(궁서, 20pt, 텍스트 그림자, 가운데 맞춤), SmartArt 스타일(색 변경 – '색상형 범위 – 강조색 3 또는 4', 3차원 – 만화), (반드시 SmartArt 기능을 이용하여 작성할 것)

▶ 애니메이션 지정 ⇒ SmartArt : 나타내기 – 날아오기

▶ 지시사항이 없는 부분은 《출력형태》와 동일하게 작성하시오.

【슬라이드 3】 아래의 작성조건 및 출력형태에 알맞게 세 번째 슬라이드에 작업하시오. (60점)

《출력형태》

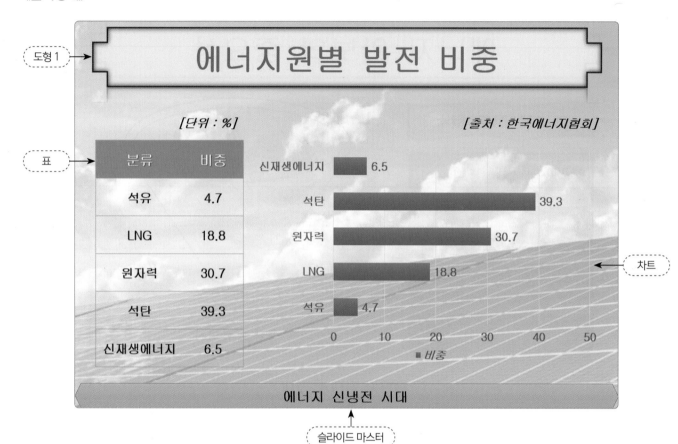

《작성조건》

(1) 제목

▶ 도형 1 ⇒ 기본 도형 : 십자형, 도형 채우기('황금색, 강조 4, 80% 더 밝게'), 도형 윤곽선(실선, 색 : 진한 파랑,
　　　너비 : 2pt, 겹선 종류 : 단순형), 도형 효과(그림자 – 안쪽 – '안쪽: 가운데', 반사 – '근접 반사: 터치'),
　　　글꼴(굴림체, 44pt, 굵게, 파랑)

(2) 본문 (※ 차트 작성은 반드시 '차트삽입 → 데이터 입력 → 차트 스타일' 순으로 작성바랍니다.)

▶ 텍스트 상자 1([단위 : %]) ⇒ 글꼴(굴림, 18pt, 굵게, 기울임꼴)

▶ 표 ⇒ 표 스타일(밝게 – 밝은 스타일 2 – 강조 5), 가장 위의 행 : 글꼴(굴림, 20pt, 굵게, 텍스트 그림자, 가운데 맞춤),
　　　나머지 행 : 글꼴(굴림, 18pt, 굵게, 가운데 맞춤)

▶ 텍스트 상자 2([출처 : 한국에너지협회]) ⇒ 글꼴(굴림, 18pt, 굵게, 기울임꼴)

▶ 차트 ⇒ 가로 막대형 : 묶은 가로 막대형, 차트 스타일(색 변경 – '단색 색상표 8', 스타일 5), 축 서식/데이터 레이블 :
　　　글꼴(굴림, 16pt, 굵게), 범례 서식 : 글꼴(굴림, 16pt, 굵게, 기울임꼴), 데이터는 표 참고

▶ 배경 ⇒ 배경 서식(채우기 – 그림 또는 질감 채우기)에서 그림 2 삽입(현재 슬라이드만 적용)

▶ 애니메이션 지정 ⇒ 차트 : 나타내기 – 닦아내기

▶ 지시사항이 없는 부분은 《출력형태》와 동일하게 작성하시오.

【슬라이드 4】 아래의 작성조건 및 출력형태에 알맞게 네 번째 슬라이드에 작업하시오. (60점)

《출력형태》

《작성조건》

(1) 제목

▶ 도형 1 ⇒ 기본 도형 : 십자형, 도형 채우기('황금색, 강조 4, 80% 더 밝게'), 도형 윤곽선(실선, 색 : 진한 파랑,
너비 : 2pt, 겹선 종류 : 단순형), 도형 효과(그림자 – 안쪽 – '안쪽: 가운데', 반사 –'근접 반사: 터치'),
글꼴(굴림체, 44pt, 굵게, 파랑)

(2) 본문

▶ 도형 2~4 ⇒ 별 및 현수막 : 이중 물결, 도형 채우기(질감 : 파랑 박엽지), 선 없음,
도형 효과(입체 효과 – 낮은 수준의 경사), 글꼴(굴림체, 20pt, 굵게, 텍스트 그림자, 자주)

▶ 도형 5~7 ⇒ 사각형 : '사각형: 잘린 한쪽 모서리', 도형 채우기('청회색, 텍스트 2', 밝은 그라데이션 – 가운데에서),
선 없음, 도형 효과(그림자 – 안쪽 – '안쪽: 가운데'), 글꼴(굴림, 20pt, 굵게, '검정, 텍스트 1')

▶ 도형 8 ⇒ 별 및 현수막 : '별: 꼭짓점 4개', 도형 채우기(연한 녹색, 어두운 그라데이션 – 선형 위쪽), 선 없음,
도형 효과(그림자 – 바깥쪽 – '오프셋: 오른쪽 아래')

▶ 도형 9 ⇒ 블록 화살표 : '설명선: 아래쪽 화살표', 도형 채우기(그림 또는 질감 채우기) 기능을 사용하여 그림 3 삽입,
도형 윤곽선(실선, 색 : 주황, 너비 : 2.5pt, 겹선 종류 : 단순형, 대시 종류 : 사각 점선),
도형 효과(그림자 – 바깥쪽 – '오프셋: 아래쪽')

▶ WordArt 삽입(에너지의 안정적인 공급) ⇒ WordArt 스타일('채우기: 회색, 강조색 3, 선명한 입체'),
글꼴(궁서체, 36pt, 진하게)

▶ 지시사항이 없는 부분은《출력형태》와 동일하게 작성하시오.

제07회 최신기출문제

▷ 시험과목 : 프리젠테이션(파워포인트)
▷ 시험일자 : 20XX. XX. XX.(X)
▷ 응시자 기재사항 및 감독위원 확인

수 검 번 호	DIP - XXXX -	감독위원 확인
성 명		

응시자 유의사항

1. 응시자는 신분증을 지참하여야 시험에 응시할 수 있으며, 시험이 종료될 때까지 신분증을 제시하지 못할 경우 해당 시험은 0점 처리됩니다.

2. 시스템(PC 작동 여부, 네트워크 상태 등)의 이상 여부를 반드시 확인하여야 하며, 시스템 이상이 있을시 감독위원에게 조치를 받으셔야 합니다.

3. 시험 중 부주의 또는 고의로 시스템을 파손한 경우는 응시자 부담으로 합니다.

4. 답안 전송 프로그램을 통해 다운로드 받은 파일을 이용하여 답안 파일을 작성하시기 바랍니다.

5. 작성한 답안 파일은 답안 전송 프로그램을 통하여 전송됩니다. 감독위원의 지시에 따라 주시기 바랍니다.

6. 다음 사항의 경우 실격(0점) 혹은 부정행위 처리됩니다.

   ❶ 답안 파일을 저장하지 않았거나, 저장한 파일이 손상되었을 경우
   ❷ 답안 파일을 지정된 폴더(바탕화면 – "KAIT" 폴더)에 저장하지 않았을 경우
      ※ 답안 전송 프로그램 로그인 시 바탕화면에 자동 생성됨
   ❸ 답안 파일을 다른 보조기억장치(USB) 혹은 네트워크(메신저, 게시판 등)로 전송할 경우
   ❹ 휴대용 전화기 등 통신기기를 사용할 경우

7. 슬라이드는 반드시 순서대로 작성해야 하며, 순서가 다를 경우 "0"점 처리됩니다.

8. 시험지에 제시된 글꼴이 응시 프로그램에 없는 경우, 반드시 감독위원에게 해당 내용을 통보한 뒤 조치를 받아야 합니다.

9. 슬라이드 작성 시 도형의 그룹 설정을 사용하는 경우, 채점에서 감점 처리됩니다.

10. 시험의 완료는 작성이 완료된 답안을 저장하고, 답안 전송이 완료된 상태를 확인한 것으로 합니다. 답안 전송 확인 후 문제지는 감독위원에게 제출한 후 퇴실하여야 합니다.

11. 답안 전송이 완료된 경우에는 수정 또는 정정이 불가능합니다.

12. 시험 시행 후 합격자 발표는 홈페이지(www.ihd.or.kr)에서 확인하시기 바랍니다.

   ※ 합격자 발표 : 20XX. XX. XX.(X)

<유의사항> ・《작성조건》을 준수하여 반드시 프리젠테이션 슬라이드로 작업합니다.
・글꼴 및 기타 사항에 대해 별도의 지시사항이 없는 경우, 슬라이드 크기와 전체적인 균형을 고려하여 임의로 작성하되, 도형은 그룹으로 설정하지 않습니다.
・모든 슬라이드 크기(A4), 방향(가로), 디자인 테마(Office 테마)로 지정합니다.
　▶ 슬라이드 크기, 방향 조정 시 '맞춤 확인'으로 지정하여야 합니다.
・공통적용사항(슬라이드 마스터)
　▶ 도형 ⇒ 블록 화살표 : '화살표: 줄무늬가 있는 오른쪽', 도형 스타일('미세 효과 – 주황, 강조 2'),
　　　글꼴(돋움, 20pt, 굵게, 자주)
・그림 삽입 시 다운로드 한 그림 파일을 반드시 사용하여야 합니다.
・⟮⟯▶은 지시사항이므로 작성하지 않습니다.
・슬라이드에 제시된 글자 및 숫자 오타는 감점 처리됩니다.

【슬라이드 1】 아래의 작성조건 및 출력형태에 알맞게 첫 번째 슬라이드에 작업하시오. (30점)

《출력형태》

《작성조건》
▶ 도형 1 ⇒ 기본 도형 : 오각형, 도형 채우기(그라데이션 : 미리 설정 – '방사형 그라데이션 – 강조 5', 종류 – 방사형,
　　　　방향 – 가운데에서), 도형 윤곽선(실선, 색 : 진한 파랑, 너비 : 3pt, 겹선 종류 : 단순형, 대시 종류 :
　　　　사각 점선), 도형 효과(그림자 – 원근감 – '원근감: 아래'), 글꼴(궁서체, 44pt, 굵게, 텍스트 그림자, 노랑)
▶ 도형 2 ⇒ 수식 도형 : 더하기 기호, 도형 채우기(연한 파랑, 밝은 그라데이션 – 가운데에서), 선 없음,
　　　　도형 효과(그림자 – 안쪽 – '안쪽: 가운데', 반사 – '근접 반사: 터치')
▶ 도형 3 ⇒ 수식 도형 : 나누기 기호, 도형 스타일('강한 효과 – 파랑, 강조 1'),
▶ 그림 삽입 ⇒ 그림 1삽입, 크기(높이 : 7cm, 너비 : 11cm)
▶ 텍스트 상자(쉽게 따라하는 반려견 트레이닝) ⇒ 글꼴(돋움체, 28pt, 굵게, 밑줄)
▶ 애니메이션 지정 ⇒ 도형 1: 나타내기 – 닦아내기
▶ 지시사항이 없는 부분은 《출력형태》와 동일하게 작성하시오.

【슬라이드 2】 아래의 작성조건 및 출력형태에 알맞게 두 번째 슬라이드에 작업하시오. (50점)

《출력형태》

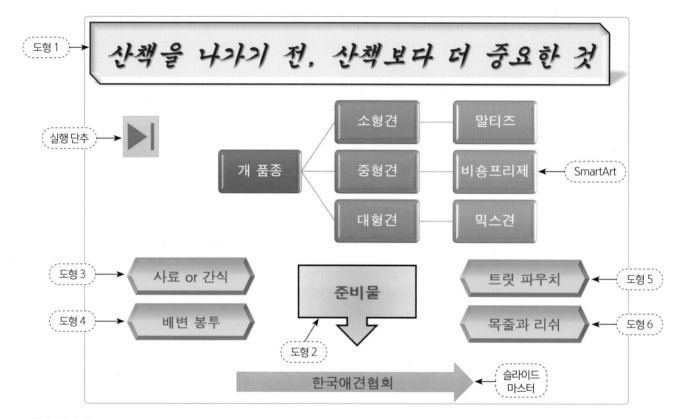

《작성조건》

(1) 제목

▶ 도형 1 ⇒ 사각형 : '사각형: 잘린 대각선 방향 모서리', 도형 채우기(파랑, 강조 1, 80% 더 밝게), 도형 윤곽선(실선,
색 : 진한 파랑, 너비 : 2pt, 겹선 종류 : 단순형), 도형 효과(그림자 – 원근감 – '원근감: 오른쪽 위',
입체 효과 – 부드럽게 둥글리기), 글꼴(궁서체, 36pt, 기울임꼴, 텍스트 그림자, 진한 파랑)

(2) 본문 (※ 차트 작성은 반드시 '차트삽입 → 데이터 입력 → 차트 스타일' 순으로 작성바랍니다.)

▶ 도형 2 ⇒ 블록 화살표 : '설명선: 아래쪽 화살표', 도형 채우기('녹색, 강조 6', 밝은 그라데이션 – 가운데에서), 도형
윤곽선(실선, 색 : '검정, 텍스트 1', 너비 : 2pt, 겹선 종류 : 단순형), 글꼴(돋움체, 22pt, 굵게, 텍스트 그림자, 자주)

▶ 도형 3~6 ⇒ 기본 도형 : 육각형, 도형 채우기(노랑, 어두운 그라데이션 – 선형 아래쪽), 선 없음,
도형 효과(입체 효과 – 각지게), 글꼴(돋움, 20pt, 굵게, 빨강)

▶ 실행 단추 ⇒ 실행 단추 : '실행 단추: 끝으로 이동', 하이퍼링크 : 마지막 슬라이드,
도형 스타일('미세 효과 – 황금색, 강조 4')

▶ SmartArt 삽입 ⇒ 계층 구조형 : 가로 계층 구조형, 글꼴(돋움, 20pt, 굵게, 가운데 맞춤), SmartArt 스타일(색 변경 –
'색상형 – 강조색', 3차원 – 경사), (반드시 SmartArt 기능을 이용하여 작성할 것)

▶ 애니메이션 지정 ⇒ SmartArt : 나타내기 – 확대/축소

▶ 지시사항이 없는 부분은 《출력형태》와 동일하게 작성하시오.

【슬라이드 3】 아래의 작성조건 및 출력형태에 알맞게 세 번째 슬라이드에 작업하시오. (60점)

《출력형태》

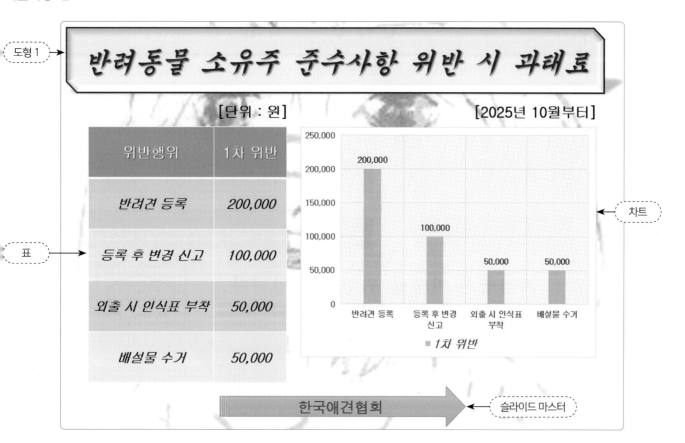

《작성조건》

(1) 제목

▶ 도형 1 ⇒ 사각형 : '사각형: 잘린 대각선 방향 모서리', 도형 채우기('파랑, 강조 1, 80% 더 밝게'), 도형 윤곽선(실선,
　　　색 : 진한 파랑, 너비 : 2pt, 겹선 종류 : 단순형), 도형 효과(그림자 – 원근감 – '원근감: 오른쪽 위',
　　　입체 효과 – 부드럽게 둥글리기), 글꼴(궁서체, 36pt, 기울임꼴, 텍스트 그림자, 진한 파랑)

(2) 본문 (※ 차트 작성은 반드시 '차트삽입 → 데이터 입력 → 차트 스타일' 순으로 작성바랍니다.)

▶ 텍스트 상자 1([단위 : 원]) ⇒ 글꼴(굴림, 20pt, 굵게)

▶ 표 ⇒ 표 스타일(중간 – '보통 스타일 2 – 강조 6'), 가장 위의 행 : 글꼴(굴림, 20pt, 굵게, 텍스트 그림자, 가운데 맞춤),
　　　나머지 행 : 글꼴(굴림, 18pt, 굵게, 기울임꼴, 가운데 맞춤)

▶ 텍스트 상자 2([2025년 10월부터]) ⇒ 글꼴(굴림, 20pt, 굵게)

▶ 차트 ⇒ 세로 막대형 : 묶은 세로 막대형, 차트 스타일(색 변경 – '단색 색상표 4', 스타일 8), 축 서식/데이터 레이블
　　　서식 : 글꼴(굴림, 11pt, 굵게), 범례 서식 : 글꼴(굴림, 16pt, 굵게, 기울임꼴), 데이터는 표 참고

▶ 배경 ⇒ 배경 서식(채우기 – 그림 또는 질감 채우기)에서 그림 2 삽입(현재 슬라이드만 적용)

▶ 애니메이션 지정 ⇒ 차트 : 나타내기 – 실선 무늬

▶ 지시사항이 없는 부분은 《출력형태》와 동일하게 작성하시오.

【슬라이드 4】 아래의 작성조건 및 출력형태에 알맞게 네 번째 슬라이드에 작업하시오. (60점)

《출력형태》

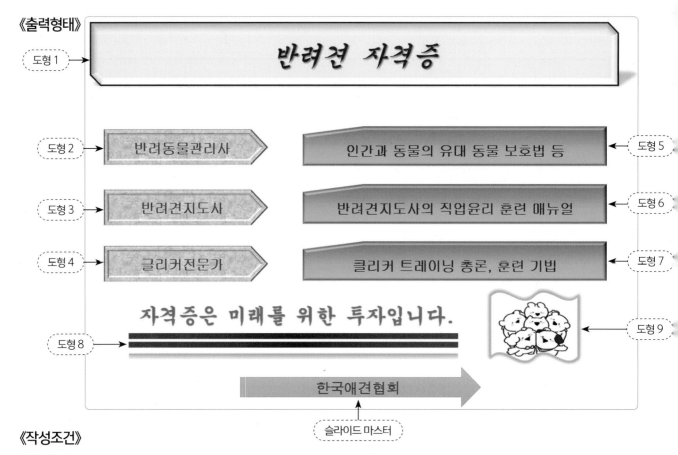

《작성조건》

(1) 제목
▶ 도형 1 ⇒ 사각형 : '사각형: 잘린 대각선 방향 모서리', 도형 채우기(파랑, 강조 1, 80% 더 밝게), 도형 윤곽선(실선,
　　　색 : 진한 파랑, 너비 : 2pt, 겹선 종류 : 단순형), 도형 효과(그림자 – 원근감 – '원근감: 오른쪽 위',
　　　입체 효과 – 부드럽게 둥글리기), 글꼴(궁서체, 36pt, 기울임꼴, 텍스트 그림자, 진한 파랑)

(2) 본문 (※ 차트 작성은 반드시 '차트삽입 → 데이터 입력 → 차트 스타일' 순으로 작성바랍니다.)
▶ 도형 2~4 ⇒ 블록 화살표 : '화살표: 오각형', 도형 채우기(질감 : 분홍 박엽지), 선 없음,
　　　　　도형 효과(입체 효과 – 딱딱한 가장자리), 글꼴(굴림, 20pt, 굵게, 자주)
▶ 도형 5~7 ⇒ 순서도 : '순서도: 카드', 도형 채우기(연한 녹색, 어두운 그라데이션 – 선형 아래쪽), 선 없음,
　　　　　도형 효과(입체 효과 – 둥글게), 글꼴(굴림, 20pt, 굵게, 진한 파랑)
▶ 도형 8 ⇒ 수식 도형 : 같음 기호, 도형 채우기(진한 빨강, 어두운 그라데이션 – 가운데에서), 선 없음,
　　　　　도형 효과(반사 – '1/2 반사: 8pt 오프셋')
▶ 도형 9 ⇒ 별 및 현수막 : 이중 물결, 도형 채우기(그림 또는 질감 채우기) 기능을 사용하여 그림 3 삽입, 도형 윤곽선
　　　　　(실선, 색 : 연한 녹색, 너비 : 2pt, 겹선 종류 : 단순형), 도형 효과(그림자 – 바깥쪽 – '오프셋: 가운데')
▶ WordArt 삽입(자격증은 미래를 위한 투자입니다.) ⇒ WordArt 스타일('채우기: 파랑, 강조색 1, 그림자'),
　　　　　　　　　　　　　　　글꼴(궁서체, 28pt, 굵게, 텍스트 그림자)
▶ 지시사항이 없는 부분은 《출력형태》와 동일하게 작성하시오.

제08회 최신기출문제

▸ 시험과목 : 프리젠테이션(파워포인트)
▸ 시험일자 : 20XX. XX. XX.(X)
▸ 응시자 기재사항 및 감독위원 확인

수 검 번 호	DIP - XXXX -	감독위원 확인
성 명		

응시자 유의사항

1. 응시자는 신분증을 지참하여야 시험에 응시할 수 있으며, 시험이 종료될 때까지 신분증을 제시하지 못할 경우 해당 시험은 0점 처리됩니다.

2. 시스템(PC 작동 여부, 네트워크 상태 등)의 이상 여부를 반드시 확인하여야 하며, 시스템 이상이 있을시 감독위원에게 조치를 받으셔야 합니다.

3. 시험 중 부주의 또는 고의로 시스템을 파손한 경우는 응시자 부담으로 합니다.

4. 답안 전송 프로그램을 통해 다운로드 받은 파일을 이용하여 답안 파일을 작성하시기 바랍니다.

5. 작성한 답안 파일은 답안 전송 프로그램을 통하여 전송됩니다. 감독위원의 지시에 따라 주시기 바랍니다.

6. 다음 사항의 경우 실격(0점) 혹은 부정행위 처리됩니다.

   ❶ 답안 파일을 저장하지 않았거나, 저장한 파일이 손상되었을 경우
   ❷ 답안 파일을 지정된 폴더(바탕화면 – "KAIT" 폴더)에 저장하지 않았을 경우
       ※ 답안 전송 프로그램 로그인 시 바탕화면에 자동 생성됨
   ❸ 답안 파일을 다른 보조기억장치(USB) 혹은 네트워크(메신저, 게시판 등)로 전송할 경우
   ❹ 휴대용 전화기 등 통신기기를 사용할 경우

7. 슬라이드는 반드시 순서대로 작성해야 하며, 순서가 다를 경우 "0"점 처리됩니다.

8. 시험지에 제시된 글꼴이 응시 프로그램에 없는 경우, 반드시 감독위원에게 해당 내용을 통보한 뒤 조치를 받아야 합니다.

9. 슬라이드 작성 시 도형의 그룹 설정을 사용하는 경우, 채점에서 감점 처리됩니다.

10. 시험의 완료는 작성이 완료된 답안을 저장하고, 답안 전송이 완료된 상태를 확인한 것으로 합니다. 답안 전송 확인 후 문제지는 감독위원에게 제출한 후 퇴실하여야 합니다.

11. 답안 전송이 완료된 경우에는 수정 또는 정정이 불가능합니다.

12. 시험 시행 후 합격자 발표는 홈페이지(www.ihd.or.kr)에서 확인하시기 바랍니다.

    ※ 합격자 발표 : 20XX. XX. XX.(X)

<유의사항>
- 《작성조건》을 준수하여 반드시 프리젠테이션 슬라이드로 작업합니다.
- 글꼴 및 기타 사항에 대해 별도의 지시사항이 없는 경우, 슬라이드 크기와 전체적인 균형을 고려하여 임의로 작성하되, 도형은 그룹으로 설정하지 않습니다.
- 모든 슬라이드 크기(A4), 방향(가로), 디자인 테마(Office 테마)로 지정합니다.
  ▶ 슬라이드 크기, 방향 조정 시 '맞춤 확인'으로 지정하여야 합니다.
- 공통적용사항(슬라이드 마스터)
  ▶ 도형 ⇒ 기본 도형 : 육각형, 도형 스타일('보통 효과 – 파랑, 강조 5'), 글꼴(돋움체, 20pt, 굵게)
- 그림 삽입 시 다운로드 한 그림 파일을 반드시 사용하여야 합니다.
- ⸨┈┈┈┈➤⸩ 은 지시사항이므로 작성하지 않습니다.
- 슬라이드에 제시된 글자 및 숫자 오타는 감점 처리됩니다.

【슬라이드 1】 아래의 작성조건 및 출력형태에 알맞게 첫 번째 슬라이드에 작업하시오. (30점)

《출력형태》

《작성조건》
▶ 도형 1 ⇒ 기본 도형 : 십자형, 도형 채우기(그라데이션 : 미리 설정 – '가운데 그라데이션 – 강조 6',
　　　　　　종류 – 선형, 방향 – 선형 왼쪽), 도형 윤곽선(실선, 색 : 주황, 너비 : 2pt, 겹선 종류 : 단순형),
　　　　　　도형 효과(그림자 – 바깥쪽 – '오프셋: 아래쪽'), 글꼴(궁서체, 40pt, 굵게, 텍스트 그림자, 주황)
▶ 도형 2 ⇒ 기본 도형 : 구름, 도형 채우기('주황, 강조 2'), 선 없음,
　　　　　　도형 효과(그림자 – 안쪽 – '안쪽: 왼쪽', 반사 – '근접 반사: 터치')
▶ 도형 3 ⇒ 기본 도형 : 번개, 도형 스타일('강한 효과 – 검정, 어둡게 1')
▶ 그림 삽입 ⇒ 그림 1 삽입, 크기(높이 : 8cm, 너비 : 11cm)
▶ 텍스트 상자(건강과 경제에 큰 피해를 주는 황사) ⇒ 글꼴(궁서, 24pt, 기울임꼴, 밑줄)
▶ 애니메이션 지정 ⇒ 도형 1: 나타내기 – 실선 무늬
▶ 지시사항이 없는 부분은 《출력형태》와 동일하게 작성하시오.

【슬라이드 2】 아래의 작성조건 및 출력형태에 알맞게 세 번째 슬라이드에 작업하시오. (60점)

《출력형태》

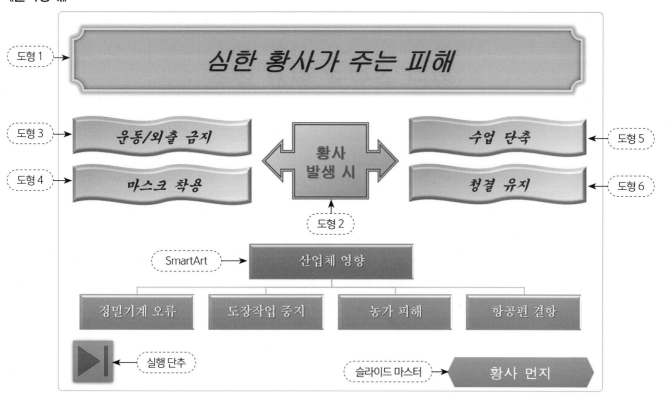

《작성조건》

(1) 제목

▶ 도형 1 ⇒ 기본 도형 : 배지, 도형 채우기(주황), 도형 윤곽선(실선, 색 : 노랑, 너비 : 3pt, 겹선 종류 : 단순형), 도형 효과
(그림자 – 안쪽 – '안쪽: 가운데', 네온 – '네온: 8pt, 파랑, 강조색 1'), 글꼴(굴림, 36pt, 굵게, 기울임꼴, 진한 파랑)

(2) 본문

▶ 도형 2 ⇒ 블록 화살표 : '설명선: 왼쪽/오른쪽 화살표', 도형 채우기(진한 파랑, 밝은 그라데이션 – '선형 대각선 –
오른쪽 아래에서 왼쪽 위로'), 도형 윤곽선(실선, 색 : '청회색, 텍스트 2', 너비 : 4pt, 겹선 종류 : 이중),
글꼴(굴림, 22pt, 굵게, 텍스트 그림자, 빨강)

▶ 도형 3~6 ⇒ 별 및 현수막 : 이중 물결, 도형 채우기(자주, 밝은 그라데이션 – '선형 대각선 – 왼쪽 위에서 오른쪽
아래로'), 선 없음, 도형 효과(입체 효과 – 기울기), 글꼴(궁서체, 20pt, 굵게, 기울임꼴, 진한 파랑)

▶ 실행 단추 ⇒ 실행 단추 : '실행 단추: 끝으로 이동', 하이퍼링크 : 마지막 슬라이드,
도형 스타일('강한 효과 – 파랑, 강조 5')

▶ SmartArt 삽입 ⇒ 계층 구조형 : 조직도형, 글꼴(바탕, 18pt, 굵게, 텍스트 그림자, 가운데 맞춤),
SmartArt 스타일(색 변경 – '강조 3 – 그라데이션 반복 – 강조 3', 3차원 – 광택 처리), (반드시
SmartArt 기능을 이용하여 작성할 것)

▶ 애니메이션 지정 ⇒ SmartArt : 나타내기 – 도형

▶ 지시사항이 없는 부분은 《출력형태》와 동일하게 작성하시오.

【슬라이드 3】 아래의 작성조건 및 출력형태에 알맞게 세 번째 슬라이드에 작업하시오. (60점)

《출력형태》

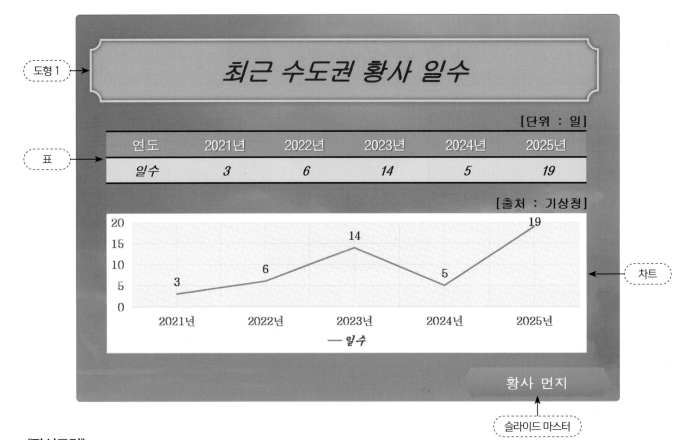

《작성조건》

(1) 제목

▶ 도형 1 ⇒ 기본 도형 : 배지, 도형 채우기(주황), 도형 윤곽선(실선, 색 : 노랑, 너비 : 3pt, 겹선 종류 : 단순형), 도형 효과
   (그림자 – 안쪽 – '안쪽: 가운데', 네온 – '네온: 8pt, 파랑, 강조색 1'), 글꼴(굴림, 36pt, 굵게, 기울임꼴, 진한 파랑)

(2) 본문 (※ 차트 작성은 반드시 '차트삽입 → 데이터 입력 → 차트 스타일' 순으로 작성바랍니다.)

▶ 텍스트 상자 1([단위 : 일]) ⇒ 글꼴(굴림체, 18pt, 굵게)

▶ 표 ⇒ 표 스타일(중간 – '보통 스타일 3 – 강조 3'), 가장 위의 행 : 글꼴(돋움체, 20pt, 굵게, 텍스트 그림자, 가운데 맞춤),
   나머지 행 : 글꼴(돋움체, 18pt, 굵게, 기울임꼴, 가운데 맞춤)

▶ 텍스트 상자 2([출처 : 기상청]) ⇒ 글꼴(굴림체, 18pt, 굵게)

▶ 차트 ⇒ 꺾은선형 : 꺾은선형, 차트 스타일(색 변경 – '다양한 색상표 3', 스타일 6), 축 서식/데이터 레이블 :
   글꼴(바탕, 16pt, 굵게), 범례 서식 : 글꼴(궁서, 16pt, 굵게, 기울임꼴), 데이터는 표 참고

▶ 배경 ⇒ 배경 서식(채우기 – 그림 또는 질감 채우기)에서 그림 2 삽입(현재 슬라이드만 적용)

▶ 애니메이션 지정 ⇒ 차트 : 나타내기 – 바운드

▶지시사항이 없는 부분은 《출력형태》와 동일하게 작성하시오.

【슬라이드 4】 아래의 작성조건 및 출력형태에 알맞게 네 번째 슬라이드에 작업하시오. (60점)

《출력형태》

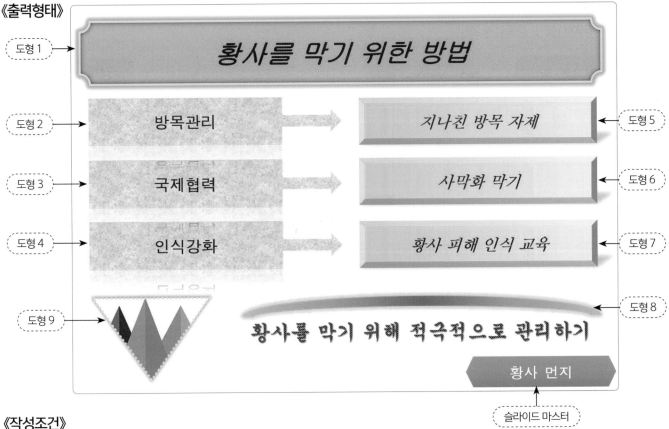

《작성조건》

(1) 제목

▶ 도형 1 ⇒ 기본 도형 : 배지, 도형 채우기(주황), 도형 윤곽선(실선, 색 : 노랑, 너비 : 3pt, 겹선 종류 : 단순형), 도형 효과
　　　　　(그림자 – 안쪽 – '안쪽: 가운데', 네온 – '네온: 8pt, 파랑, 강조색 1'), 글꼴(굴림, 36pt, 굵게, 기울임꼴, 진한 파랑

(2) 본문

▶ 도형 2~4 ⇒ 블록 화살표 : '설명선: 오른쪽 화살표', 도형 채우기(질감 : 꽃다발), 선 없음,
　　　　　　도형 효과(반사 – '1/2 반사: 터치'), 글꼴(돋움체, 22pt, 굵게, 진한 파랑)

▶ 도형 5~7 ⇒ 기본 도형 : '사각형: 빗면', 도형 채우기(연한 파랑, 밝은 그라데이션 – 선형 오른쪽), 선 없음, 도형 효과
　　　　　　(그림자 – 원근감 – '원근감: 오른쪽 위'), 글꼴(바탕, 22pt, 굵게, 기울임꼴, '파랑, 강조 1, 50% 더 어둡게')

▶ 도형 8 ⇒ 기본 도형 : 막힌 원호, 도형 채우기('황금색, 강조 4', 어두운 그라데이션 – '가운데에서'), 선 없음,
　　　　　도형 효과(네온 – '네온: 8pt, 회색, 강조색 3')

▶ 도형 9 ⇒ 순서도 : '순서도: 병합', 도형 채우기(그림 또는 질감 채우기) 기능을 사용하여 그림 3 삽입,
　　　　　도형 윤곽선(실선, 색 : 노랑, 너비 : 3pt, 겹선 종류 : 단순형, 대시 종류 : 둥근 점선),
　　　　　도형 효과(그림자 – 바깥쪽 – '오프셋: 가운데')

▶ WordArt 삽입(황사를 막기 위해 적극적으로 관리하기) ⇒ WordArt 스타일('무늬 채우기: 흰색, 어두운 상향 대각선
　　　　　　　　　　　　　　　　　　줄무늬, 그림자'), 글꼴(궁서, 28pt, 굵게, 텍스트 그림자)

▶ 지시사항이 없는 부분은 《출력형태》와 동일하게 작성하시오.

제09회 최신기출문제

- ▸ 시험과목 : 프리젠테이션(파워포인트)
- ▸ 시험일자 : 20XX. XX. XX.(X)
- ▸ 응시자 기재사항 및 감독위원 확인

수 검 번 호	DIP - XXXX -	감독위원 확인
성 명		

응시자 유의사항

1. 응시자는 신분증을 지참하여야 시험에 응시할 수 있으며, 시험이 종료될 때까지 신분증을 제시하지 못할 경우 해당 시험은 0점 처리됩니다.

2. 시스템(PC 작동 여부, 네트워크 상태 등)의 이상 여부를 반드시 확인하여야 하며, 시스템 이상이 있을시 감독위원에게 조치를 받으셔야 합니다.

3. 시험 중 부주의 또는 고의로 시스템을 파손한 경우는 응시자 부담으로 합니다.

4. 답안 전송 프로그램을 통해 다운로드 받은 파일을 이용하여 답안 파일을 작성하시기 바랍니다.

5. 작성한 답안 파일은 답안 전송 프로그램을 통하여 전송됩니다. 감독위원의 지시에 따라 주시기 바랍니다.

6. 다음 사항의 경우 실격(0점) 혹은 부정행위 처리됩니다.
   ❶ 답안 파일을 저장하지 않았거나, 저장한 파일이 손상되었을 경우
   ❷ 답안 파일을 지정된 폴더(바탕화면 – "KAIT" 폴더)에 저장하지 않았을 경우
      ※ 답안 전송 프로그램 로그인 시 바탕화면에 자동 생성됨
   ❸ 답안 파일을 다른 보조기억장치(USB) 혹은 네트워크(메신저, 게시판 등)로 전송할 경우
   ❹ 휴대용 전화기 등 통신기기를 사용할 경우

7. 슬라이드는 반드시 순서대로 작성해야 하며, 순서가 다를 경우 "0"점 처리됩니다.

8. 시험지에 제시된 글꼴이 응시 프로그램에 없는 경우, 반드시 감독위원에게 해당 내용을 통보한 뒤 조치를 받아야 합니다.

9. 슬라이드 작성 시 도형의 그룹 설정을 사용하는 경우, 채점에서 감점 처리됩니다.

10. 시험의 완료는 작성이 완료된 답안을 저장하고, 답안 전송이 완료된 상태를 확인한 것으로 합니다. 답안 전송 확인 후 문제지는 감독위원에게 제출한 후 퇴실하여야 합니다.

11. 답안 전송이 완료된 경우에는 수정 또는 정정이 불가능합니다.

12. 시험 시행 후 합격자 발표는 홈페이지(www.ihd.or.kr)에서 확인하시기 바랍니다.
    ※ 합격자 발표 : 20XX. XX. XX.(X)

<유의사항>
- 《작성조건》을 준수하여 반드시 프리젠테이션 슬라이드로 작업합니다.
- 글꼴 및 기타 사항에 대해 별도의 지시사항이 없는 경우, 슬라이드 크기와 전체적인 균형을 고려하여 임의로 작성하되, 도형은 그룹으로 설정하지 않습니다.
- 모든 슬라이드 크기(A4), 방향(가로), 디자인 테마(Office 테마)로 지정합니다.
  ▶ 슬라이드 크기, 방향 조정 시 '맞춤 확인'으로 지정하여야 합니다.
- 공통적용사항(슬라이드 마스터)
  ▶ 도형 ⇒ 기본 도형 : 육각형, 도형 스타일('강한 효과 – 주황, 강조 2'), 글꼴(굴림체, 20pt, 굵게)
- 그림 삽입 시 다운로드 한 그림 파일을 반드시 사용하여야 합니다.
- ⸦⸧→은 지시사항이므로 작성하지 않습니다.
- 슬라이드에 제시된 글자 및 숫자 오타는 감점 처리됩니다.

【슬라이드 1】 아래의 작성조건 및 출력형태에 알맞게 첫 번째 슬라이드에 작업하시오. (30점)

《출력형태》

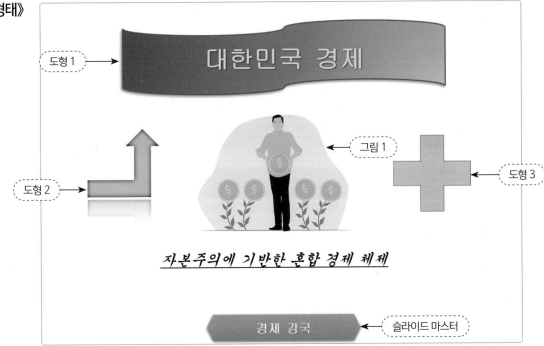

《작성조건》
▶ 도형 1 ⇒ 순서도 : '순서도: 천공 테이프', 도형 채우기(그라데이션 : 미리 설정 – '아래쪽 스포트라이트 – 강조 1', 종류 – 방사형, 방향 – 오른쪽 아래 모서리에서), 도형 윤곽선(실선, 색 : 자주, 너비 : 2pt, 겹선 종류 : 단순형), 도형 효과(그림자 – 바깥쪽 – '오프셋: 왼쪽 아래'), 글꼴(굴림체, 40pt, 굵게, 텍스트 그림자, 노랑)
▶ 도형 2 ⇒ 블록 화살표 : '화살표: 위로 굽음', 도형 채우기('녹색, 강조 6, 40% 더 밝게'), 선 없음, 도형 효과(그림자 – 안쪽 – '안쪽: 가운데', 반사 – '근접 반사: 4pt 오프셋')
▶ 도형 3 ⇒ 수식 도형 : 더하기 기호, 도형 스타일('색 채우기 – 황금색, 강조 4')
▶ 그림 삽입 ⇒ 그림 1 삽입, 크기(높이 : 7cm, 너비 : 9cm)
▶ 텍스트 상자(자본주의에 기반한 혼합 경제 체제) ⇒ 글꼴(궁서, 24pt, 기울임꼴, 밑줄)
▶ 애니메이션 지정 ⇒ 도형 1 : 나타내기 – 닦아내기
▶ 지시사항이 없는 부분은 《출력형태》와 동일하게 작성하시오.

【슬라이드 2】아래의 작성조건 및 출력형태에 알맞게 두 번째 슬라이드에 작업하시오. (50점)

《출력형태》

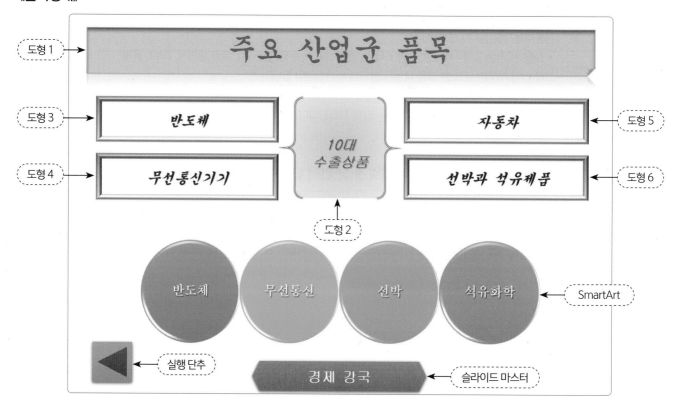

《작성조건》

(1) 제목

▶ 도형1 ⇒ 기본 도형 : '사각형: 모서리가 접힌 도형', 도형 채우기('황금색, 강조 4, 40% 더 밝게'), 도형 윤곽선
　　　　　　(실선, 색 : 연한 녹색, 너비 : 1pt, 겹선 종류 : 단순형), 도형 효과(그림자 – 안쪽 – '안쪽: 위쪽',
　　　　　　반사 – '근접 반사: 터치'), 글꼴(궁서체, 40pt, 파랑)

(2) 본문

▶ 도형 2 ⇒ 기본 도형 : 양쪽 중괄호, 도형 채우기(연한 녹색, 밝은 그라데이션 – 가운데에서), 도형 윤곽선
　　　　　　(실선, 색 : '주황, 강조 2', 너비 : 3pt, 겹선 종류 : 이중), 글꼴(굴림, 20pt, 기울임꼴, 텍스트 그림자, 빨강)

▶ 도형 3~6 ⇒ 기본 도형 : 액자, 도형 채우기(진한 빨강, 밝은 그라데이션 – 선형 아래쪽), 선 없음,
　　　　　　도형 효과(입체 효과 – 둥글게), 글꼴(궁서체, 20pt, 굵게, 기울임꼴, 진한 파랑)

▶ 실행 단추 ⇒ 실행 단추 : '실행 단추: 뒤로 또는 앞으로 이동', 하이퍼링크 : 이전 슬라이드,
　　　　　　도형 스타일('강한 효과 – 녹색, 강조 6')

▶ SmartArt 삽입 ⇒ 프로세스형 : 하위 단계 프로세스형, 글꼴(바탕체, 18pt, 굵게, 텍스트 그림자, 가운데 맞춤),
　　　　　　SmartArt 스타일(색 변경 – '색상형 범위 – 강조색 5 또는 6', 3차원 – 광택 처리), (반드시
　　　　　　SmartArt 기능을 이용하여 작성할 것)

▶ 애니메이션 지정 ⇒ SmartArt : 나타내기 – 나누기

▶ 지시사항이 없는 부분은《출력형태》와 동일하게 작성하시오.

【슬라이드 3】 아래의 작성조건 및 출력형태에 알맞게 세 번째 슬라이드에 작업하시오. (60점)

《출력형태》

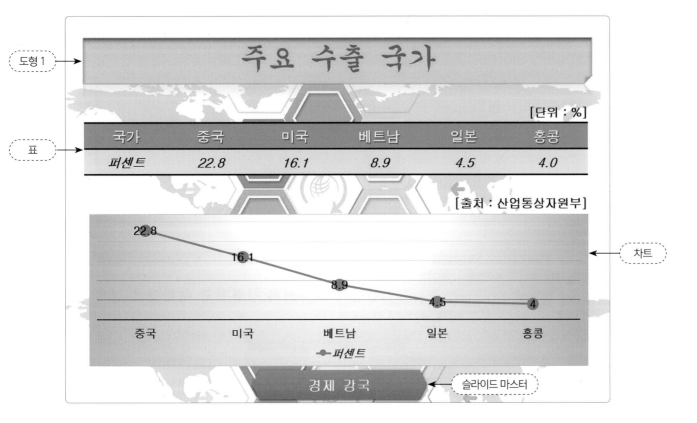

《작성조건》

(1) 제목

▶ 도형 1 ⇒ 기본 도형 : '사각형: 모서리가 접힌 도형', 도형 채우기('황금색, 강조 4, 40% 더 밝게'), 도형 윤곽선
(실선, 색 : 연한 녹색, 너비 : 1pt, 겹선 종류 : 단순형), 도형 효과(그림자 – 안쪽 – '안쪽: 위쪽',
반사 – '근접 반사: 터치'), 글꼴(궁서체, 40pt, 파랑)

(2) 본문 (※ 차트 작성은 반드시 '차트삽입 → 데이터 입력 → 차트 스타일' 순으로 작성바랍니다.)

▶ 텍스트 상자 1([단위 : %]) ⇒ 글꼴(굴림, 18pt, 굵게)

▶ 표 ⇒ 표 스타일(중간 – '보통 스타일 3 – 강조 6'), 가장 위의 행 : 글꼴(돋움, 20pt, 굵게, 텍스트 그림자, 가운데 맞춤),
나머지 행 : 글꼴(돋움, 18pt, 굵게, 기울임꼴, 가운데 맞춤)

▶ 텍스트 상자 2([출처 : 산업통상자원부]) ⇒ 글꼴(굴림, 18pt, 굵게)

▶ 차트 ⇒ 꺾은선형 : 표식이 있는 꺾은선형, 차트 스타일(색 변경 – '다양한 색상표 3', 스타일 2), 축 서식/데이터
레이블 : 글꼴(돋움, 16pt, 굵게), 범례 서식 : 글꼴(돋움, 16pt, 굵게, 기울임꼴), 데이터는 표 참고

▶ 배경 ⇒ 배경 서식(채우기 – 그림 또는 질감 채우기)에서 그림 2 삽입(현재 슬라이드만 적용)

▶ 애니메이션 지정 ⇒ 차트 : 나타내기 – 시계 방향 회전

▶ 지시사항이 없는 부분은 《출력형태》와 동일하게 작성하시오.

【슬라이드 4】 아래의 작성조건 및 출력형태에 알맞게 네 번째 슬라이드에 작업하시오. (60점)

《출력형태》

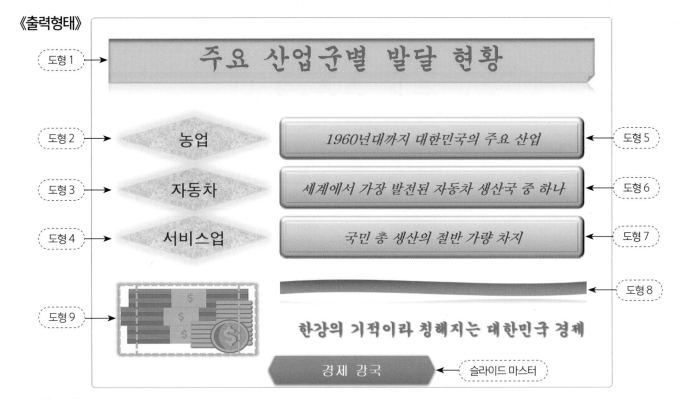

《작성조건》

(1) 제목

▶ 도형 1 ⇒ 기본 도형 : '사각형: 모서리가 접힌 도형', 도형 채우기('황금색, 강조 4, 40% 더 밝게'), 도형 윤곽선
　　　　(실선, 색 : 연한 녹색, 너비 : 1pt, 겹선 종류 : 단순형), 도형 효과(그림자 – 안쪽 – '안쪽: 위쪽',
　　　　반사 – '근접 반사: 터치'), 글꼴(궁서체, 40pt, 파랑)

(2) 본문

▶ 도형 2~4 ⇒ 기본 도형 : 다이아몬드, 도형 채우기(질감 : 꽃다발), 선 없음, 도형 효과(네온 –'네온: 18pt,
　　　　황금색, 강조색 4'), 글꼴(돋움체, 24pt, 굵게, 진한 파랑)

▶ 도형 5~7 ⇒ 순서도 : '순서도: 대체 처리', 도형 채우기(자주, 밝은 그라데이션 – 선형 위쪽), 선 없음,
　　　　도형 효과(입체 효과 – 디벗), 글꼴(바탕, 20pt, 굵게, 기울임꼴, 진한 빨강)

▶ 도형 8 ⇒ 별 및 현수막 : 물결, 도형 채우기('회색, 강조 3', 어두운 그라데이션 – 선형 아래쪽), 선 없음,
　　　　도형 효과(반사 – '근접 반사: 4pt 오프셋')

▶ 도형 9 ⇒ 순서도 : '순서도: 종속 처리', 도형 채우기(그림 또는 질감 채우기) 기능을 사용하여 그림 3 삽입,
　　　　도형 윤곽선(실선, 색 : 연한 녹색, 너비 : 3pt, 겹선 종류 : 단순형, 대시 종류 : 사각 점선),
　　　　도형 효과(그림자 – 바깥쪽 – '오프셋: 가운데')

▶ WordArt 삽입(한강의 기적이라 칭해지는 대한민국 경제) ⇒ WordArt 스타일('채우기: 파랑, 강조색 1, 그림자'),
　　　　　　　　　　　　　　　　　　　　　글꼴(궁서, 24pt, 굵게, 텍스트 그림자)

▶ 지시사항이 없는 부분은 《출력형태》와 동일하게 작성하시오.

제10회 최신기출문제

▸ 시험과목 : 프리젠테이션(파워포인트)
▸ 시험일자 : 20XX. XX. XX.(X)
▸ 응시자 기재사항 및 감독위원 확인

수 검 번 호	DIP - XXXX -	감독위원 확인
성 명		

응시자 유의사항

1. 응시자는 신분증을 지참하여야 시험에 응시할 수 있으며, 시험이 종료될 때까지 신분증을 제시하지 못할 경우 해당 시험은 0점 처리됩니다.

2. 시스템(PC 작동 여부, 네트워크 상태 등)의 이상 여부를 반드시 확인하여야 하며, 시스템 이상이 있을시 감독위원에게 조치를 받으셔야 합니다.

3. 시험 중 부주의 또는 고의로 시스템을 파손한 경우는 응시자 부담으로 합니다.

4. 답안 전송 프로그램을 통해 다운로드 받은 파일을 이용하여 답안 파일을 작성하시기 바랍니다.

5. 작성한 답안 파일은 답안 전송 프로그램을 통하여 전송됩니다. 감독위원의 지시에 따라 주시기 바랍니다.

6. 다음 사항의 경우 실격(0점) 혹은 부정행위 처리됩니다.

   ❶ 답안 파일을 저장하지 않았거나, 저장한 파일이 손상되었을 경우
   ❷ 답안 파일을 지정된 폴더(바탕화면 – "KAIT" 폴더)에 저장하지 않았을 경우
      ※ 답안 전송 프로그램 로그인 시 바탕화면에 자동 생성됨
   ❸ 답안 파일을 다른 보조기억장치(USB) 혹은 네트워크(메신저, 게시판 등)로 전송할 경우
   ❹ 휴대용 전화기 등 통신기기를 사용할 경우

7. 슬라이드는 반드시 순서대로 작성해야 하며, 순서가 다를 경우 "0"점 처리됩니다.

8. 시험지에 제시된 글꼴이 응시 프로그램에 없는 경우, 반드시 감독위원에게 해당 내용을 통보한 뒤 조치를 받아야 합니다.

9. 슬라이드 작성 시 도형의 그룹 설정을 사용하는 경우, 채점에서 감점 처리됩니다.

10. 시험의 완료는 작성이 완료된 답안을 저장하고, 답안 전송이 완료된 상태를 확인한 것으로 합니다. 답안 전송 확인 후 문제지는 감독위원에게 제출한 후 퇴실하여야 합니다.

11. 답안 전송이 완료된 경우에는 수정 또는 정정이 불가능합니다.

12. 시험 시행 후 합격자 발표는 홈페이지(www.ihd.or.kr)에서 확인하시기 바랍니다.

   ※ 합격자 발표 : 20XX. XX. XX.(X)

<유의사항>
- 《작성조건》을 준수하여 반드시 프리젠테이션 슬라이드로 작업합니다.
- 글꼴 및 기타 사항에 대해 별도의 지시사항이 없는 경우, 슬라이드 크기와 전체적인 균형을 고려하여 임의로 작성하되, 도형은 그룹으로 설정하지 않습니다.
- 모든 슬라이드 크기(A4), 방향(가로), 디자인 테마(Office 테마)로 지정합니다.
  - ▶ 슬라이드 크기, 방향 조정 시 '맞춤 확인'으로 지정하여야 합니다.
- 공통적용사항(슬라이드 마스터)
  - ▶ 도형 ⇒ 기본 도형 : 육각형, 도형 스타일('미세 효과 – 황금색, 강조 4'), 글꼴(궁서체, 20pt, 굵게, 진한 빨강)
- 그림 삽입 시 다운로드 한 그림 파일을 반드시 사용하여야 합니다.
- ⸨⋯⋯⟩➞은 지시사항이므로 작성하지 않습니다.
- 슬라이드에 제시된 글자 및 숫자 오타는 감점 처리됩니다.

【슬라이드 1】 아래의 작성조건 및 출력형태에 알맞게 첫 번째 슬라이드에 작업하시오. (30점)

《출력형태》

《작성조건》

▶ 도형 1 ⇒ 순서도 : '순서도: 대체 처리', 도형 채우기(그라데이션 : 미리 설정 – '밝은 그라데이션 – 강조 3', 종류 – 선형, 방향 – 선형 아래쪽), 도형 윤곽선(실선, 색 : 파랑, 너비 : 8pt, 겹선 종류 : 이중), 도형 효과(그림자 – 바깥쪽 – '오프셋: 오른쪽 아래'), 글꼴(굴림, 40pt, 굵게, 빨강)

▶ 도형 2 ⇒ 순서도 : '순서도: 판단', 도형 채우기('주황, 강조 2'), 선 없음, 도형 효과(그림자 – 바깥쪽 – '오프셋: 오른쪽 아래', 입체 효과 – 둥글게)

▶ 도형 3 ⇒ 수식 도형 : 곱하기 기호, 도형 스타일('미세 효과 – 주황, 강조 2')

▶ 그림 삽입 ⇒ 그림 1삽입, 크기(높이 : 8cm, 너비 : 6cm)

▶ 텍스트 상자(대국민 친환경 생활실천 프로젝트) ⇒ 글꼴(굴림, 24pt, 굵게, 밑줄, 진한 파랑)

▶ 애니메이션 지정 ⇒ 도형 1 : 나타내기 – 시계 방향 회전

▶ 지시사항이 없는 부분은 《출력형태》와 동일하게 작성하시오.

【슬라이드 2】 아래의 작성조건 및 출력형태에 알맞게 두 번째 슬라이드에 작업하시오. (50점)

《출력형태》

《작성조건》

(1) 제목

▶ 도형 1 ⇒ 순서도 : '순서도: 내부 저장소', 도형 채우기(연한 녹색), 도형 윤곽선(실선, 색 : 녹색, 너비 : 2.5pt,
　　　　겹선 종류 : 단순형), 도형 효과(그림자 - 안쪽 - '안쪽: 가운데', 입체 효과 - 각지게),
　　　　글꼴(궁서체, 36pt, 굵게, 진한 파랑)

(2) 본문

▶ 도형 2 ⇒ 기본 도형 : '사각형: 모서리가 접힌 도형', 도형 채우기(자주, 밝은 그라데이션 - 가운데에서), 도형 윤곽선
　　　　(실선, 색 : 자주, 너비 : 3pt, 겹선 종류 : 이중), 글꼴(굴림, 24pt, 굵게, 텍스트 그림자, '검정, 텍스트 1')

▶ 도형 3~6 ⇒ 사각형 : '사각형: 잘린 한쪽 모서리', 도형 채우기('주황, 강조 2', 밝은 그라데이션 - 가운데에서),
　　　　도형 윤곽선(실선, 색 : 녹색, 너비 : 3pt, 겹선 종류 : 단순형), 글꼴(굴림, 20pt, 굵게, '검정, 텍스트 1')

▶ 실행 단추 ⇒ 실행 단추 : '실행 단추: 처음으로 이동', 하이퍼링크 : 첫째 슬라이드,
　　　　도형 스타일('미세 효과 - 파랑, 강조 5')

▶ SmartArt 삽입 ⇒ 목록형 : 세로 글머리 기호 목록형, 글꼴(돋움, 24pt, 굵게, 가운데 맞춤), SmartArt 스타일(색 변경
　　　　- '색상형 범위 - 강조색 3 또는 4', 3차원 - 경사), (반드시 SmartArt 기능을 이용하여 작성할 것)

▶ 애니메이션 지정 ⇒ SmartArt : 나타내기 - 날아오기

▶ 지시사항이 없는 부분은 《출력형태》와 동일하게 작성하시오.

【슬라이드 3】 아래의 작성조건 및 출력형태에 알맞게 세 번째 슬라이드에 작업하시오. (60점)

《출력형태》

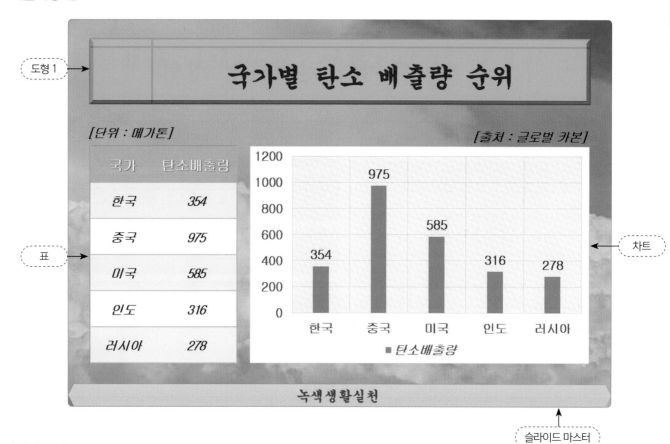

《작성조건》

(1) 제목

▶ 도형 1 ⇒ 순서도 : '순서도: 내부 저장소', 도형 채우기(연한 녹색), 도형 윤곽선(실선, 색 : 녹색, 너비 : 2.5pt,
　　　　 겹선 종류 : 단순형), 도형 효과(그림자 - 안쪽 - '안쪽: 가운데', 입체 효과 - 각지게),
　　　　 글꼴(궁서체, 36pt, 굵게, 진한 파랑)

(2) 본문 (※ 차트 작성은 반드시 '차트삽입 → 데이터 입력 → 차트 스타일' 순으로 작성바랍니다.)

▶ 텍스트 상자 1([단위 : 메가톤]) ⇒ 글꼴(굴림, 18pt, 굵게, 기울임꼴)

▶ 표 ⇒ 표 스타일(중간 - '보통 스타일 1 - 강조 4'), 가장 위의 행 : 글꼴(굴림체, 20pt, 굵게, 텍스트 그림자, 가운데 맞춤),
　　 나머지 행 : 글꼴(굴림체, 18pt, 굵게, 기울임꼴, 가운데 맞춤)

▶ 텍스트 상자 2([출처 : 글로벌 카본]) ⇒ 글꼴(굴림, 18pt, 굵게, 기울임꼴)

▶ 차트 ⇒ 세로 막대형 : 묶은 세로 막대형, 차트 스타일(색 변경 - '다양한 색상표 3', 스타일 8), 축 서식/데이터 레이블 :
　　 글꼴(굴림, 18pt, 굵게), 범례 서식 : 글꼴(굴림, 18pt, 굵게, 기울임꼴), 데이터는 표 참고

▶ 배경 ⇒ 배경 서식(채우기 - 그림 또는 질감 채우기)에서 그림 2 삽입(현재 슬라이드만 적용)

▶ 애니메이션 지정 ⇒ 차트 : 나타내기 - 닦아내기

▶ 지시사항이 없는 부분은 《출력형태》와 동일하게 작성하시오.

[슬라이드 4] 아래의 작성조건 및 출력형태에 알맞게 네 번째 슬라이드에 작업하시오. (60점)

《출력형태》

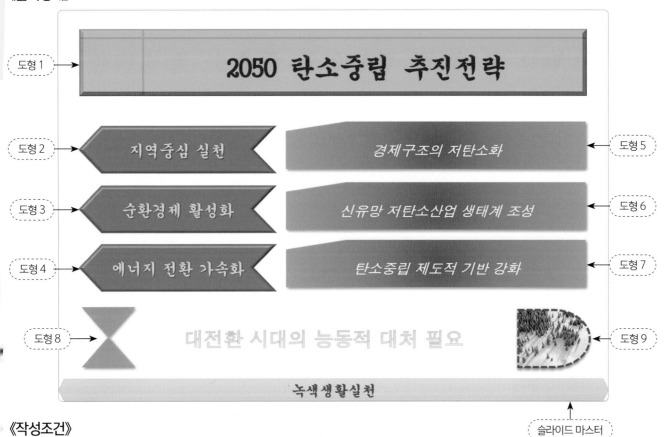

《작성조건》

(1) 제목
▶ 도형 1 ⇒ 순서도 : '순서도: 내부 저장소', 도형 채우기(연한 녹색), 도형 윤곽선(실선, 색 : 녹색, 너비 : 2.5pt,
　　　　　　겹선 종류 : 단순형), 도형 효과(그림자 – 안쪽 – '안쪽: 가운데', 입체 효과 – 각지게),
　　　　　　글꼴(궁서체, 36pt, 굵게, 진한 파랑)

(2) 본문
▶ 도형 2~4 ⇒ 블록 화살표 : '화살표: 갈매기형 수장', 도형 채우기(파랑), 선 없음, 도형 효과(입체 효과 – 둥글게),
　　　　　　글꼴(궁서, 22pt, 굵게, 텍스트 그림자, 노랑)
▶ 도형 5~7 ⇒ 순서도 : '순서도: 카드', 도형 채우기('녹색, 강조 6', 어두운 그라데이션 – 가운데에서), 선 없음,
　　　　　　도형 효과(그림자 – 바깥쪽 – '오프셋: 오른쪽 아래'), 글꼴(돋움, 20pt, 굵게, 기울임꼴)
▶ 도형 8 ⇒ 순서도 : '순서도: 대조', 도형 채우기(녹색), 선 없음, 도형 효과(그림자 – 바깥쪽 – '오프셋: 오른쪽 아래')
▶ 도형 9 ⇒ 순서도 : '순서도: 지연', 도형 채우기(그림 또는 질감 채우기) 기능을 사용하여 그림 3 삽입,
　　　　　　도형 윤곽선(실선, 색 : 자주, 너비 : 3pt, 겹선 종류 : 단순형, 대시 종류 : 사각 점선),
　　　　　　도형 효과(그림자 – 바깥쪽 – '오프셋: 아래쪽')
▶ WordArt 삽입(대전환 시대의 능동적 대처 필요) ⇒ WordArt 스타일('그라데이션 채우기: 황금색, 강조색 4,
　　　　　　　　　　　　　　　　　　윤곽선: 황금색, 강조색 4'), 글꼴(돋움, 28pt, 굵게)
▶ 지시사항이 없는 부분은《출력형태》와 동일하게 작성하시오.

memo